excerpta classica
X

Dieterich'sche Verlagsbuchhandlung
excerpta classica

Band X

Giovanni Boccaccio

POESIE
NACH DER PEST

Der Anfang des *Decameron*

Vorwort
Erster Tag: Einleitung
Novelle I – IV

Italienisch – Deutsch

Neu übersetzt und erklärt
von
Kurt Flasch

CIP-Titelaufnahme der Deutschen Bibliothek

Boccaccio, Giovanni:
Poesie nach der Pest : der Anfang des „Decameron";
italienisch – deutsch / Giovanni Boccaccio.
Neu übers. und erkl. von Kurt Flasch. –
Mainz : Dieterich, 1992
(Excerpta classica ; Bd. 10)
Einheitssacht.: Il decamerone Teilausg.
ISBN 3-87162-027-0 brosch.
ISBN 3-87162-028-9 Gewebe
NE: Flasch, Kurt [Übers.]; GT

ISBN 3-87162-027-0 brosch.
ISBN 3-87162-028-9 Pp.
Copyright © 1992
by Dieterich'sche Verlagsbuchhandlung, Mainz
Gesetzt aus der Walbaum-Antiqua
Gesamtherstellung:
AZ-Druckhaus, Kempten/Allgäu
Einband nach einem Entwurf von
Rambow und van de Sand, Frankfurt/Main

Inhalt

Vorwort 9

KURT FLASCH:
POESIE NACH DER PEST

Poesie als Philosophie
Eine Einleitung 13

Vergnüglich erzählen
in moralischer Absicht
Das Vorwort des Decameron 33

Die Pest
Erster Tag: Einleitung (Teil I) . . . 69

Die Gegengesellschaft
Erster Tag: Einleitung (Teil II) . . . 95

Die Schlüsselnovelle:
Der Notar als Heiliger
Novelle I des ersten Tages 115

Anders als erwartet
Novelle II–IV des ersten Tages . . . 155

Boccaccio-Legenden 177

GIOVANNI BOCCACCIO:
DER ANFANG DES *DECAMERON*

Vorwort	198
Erster Tag: Einleitung	208
Novelle I	270
Novelle II	316
Novelle III	332
Novelle IV	342
Bibliographie	356
Nachwort	367

Für Eugenio Garin

E dobbiamo credere
non sempre nelle catedre,
non sempre nelle scuole,
non sempre nelle disputazioni
leggersi e intendersi filosofia:

ella si legge spessissimamente
ne' petti delli uomini e delle donne.

Wir dürfen nicht glauben,
man finde und erfasse die Philosophie
immer nur auf Lehrstühlen,
immer nur an Hochschulen,
immer nur in akademischen Streitgesprächen.

Sehr oft findet man sie
in der Brust von Männern und Frauen.

Giovanni Boccaccio
Esposizioni sopra la Comedia di Dante
Canto IV (II), 64

Vorwort

Boccaccio zu lesen ist leicht. Bücher *über* Boccaccio zu lesen ist schwer. Das vorliegende kleine Buch ist vergnüglich, weil es den Anfang des *Decameron* in einer neuen deutschen Übersetzung bringt. Es enthält das *Vorwort*, die *Einleitung zum ersten Tag* und die *ersten vier Novellen*. Diese Texte habe ich ohne Auslassungen in gegenwärtiges, moderat modernes Deutsch übersetzt. Dabei habe ich die Ausgabe von Vittore Branca zugrunde gelegt: Giovanni Boccaccio, *Decameron*, Turin 1980, ²1984.
Doch das Nachdenken über das Leichte kann nicht immer leicht sein. So entstand eine Mischung von leicht und schwer, denn das Buch beginnt mit einem Essay über die *Poesie nach der Pest*, der einen neuen Zugang zu Boccaccios Hauptwerk versucht. Er geht dem Text Boccaccios nach und sucht dessen denkerischen Anspruch und geschichtliche Bedeutung. Wer darin liest und nach einigen Seiten ermattet, mag sich mit einer der Novellen auffrischen. Ich habe ohnehin vermieden, schwerfällig und mit gelehrtem Panzer aufzutreten, einmal, weil das Boccaccio, der mir gewiß vom Paradies aus zusieht, zu Spott reizen könnte, sodann, weil ich ein umständlicheres Buch über *Boccaccio und die Philosophie* in Arbeit habe. Dort werden die Rezensenten alle Belege finden, die sie hier

vielleicht vermissen. Ganz ohne Zitate ging es allerdings auch hier nicht, denn Boccaccios Text wird bunter, lustiger und nachdenkenswerter, wenn man ihn in der kulturellen und intellektuellen Situation seiner Entstehung zeigt. Es war die Zeit einer ökonomischen, sozialen, kirchlichen und politischen Krise. Es war die Zeit einer ethisch-politischen Neuorientierung und einer intellektuellen Kritik der bisherigen Wissenschaft. Und es war die Zeit der großen Pest. Sie möchten wissen, wie man bei all diesen Zusammenbrüchen noch lachen kann? Dann lesen Sie meinen Versuch über die *Poesie nach der Pest.*

Mainz, im April 1992 *Kurt Flasch.*

POESIE
NACH DER PEST

Poesie als Philosophie
Eine Einleitung

Die folgenden Seiten plädieren dafür, das Hauptwerk Boccaccios auf eine *neue Art* zu lesen. Vielleicht ist es am besten, wenn ich gleich zu Anfang erzähle, wie ich darauf kam:
Im September 1982 konnte ich mir einen uralten Wunsch erfüllen. Ich konnte für zehn Monate nach Florenz ziehen. Ich wollte mir eine Anschauung verschaffen von der florentinischen Kunst des 14. und 15. Jahrhunderts. Ich wollte die Philosophie, die Wissenschaft und die Literatur der Renaissance studieren, und zwar unter der Anleitung von Eugenio Garin, dem bedeutendsten Gelehrten auf diesem Feld. Als ich den Brenner überquerte, lagen in meinem Kofferraum die Werke des Pico della Mirandola und des Nicolaus Cusanus, aber auch ein unfertiges Manuskript einer Geschichte des philosophischen Denkens im Mittelalter[1]. Das Manuskript war bis zur Darstellung des 14. Jahrhunderts gediehen; in Italien wollte ich den Fortgang der Philosophiegeschichte bis zu

---

[1] Das Buch ist 1986 bei Reclam erschienen: K. Flasch, *Das philosophische Denken im Mittelalter*. Von Augustin zu Machiavelli, Stuttgart 1986. In Florenz gearbeitet sind die Kapitel 44 bis 56.

den ersten Jahrzehnten des 16. Jahrhunderts beschreiben. Für Allotria blieb wenig Zeit.

Mein Projekt war deutsch-akademisch, also ungeheuer ernsthaft: Von den italienischen Dichtern interessierte mich nur einer: Dante[2]. Zunächst fing ich klein an; ich beteiligte mich an einem universitären Kursus in Dante-Philologie bei Francesco Manzoni. Gelegentlich las ich Petrarca, Leopardi und Pirandello. An Boccaccio dachte ich nicht.

Der Herbst 1982 war in Deutschland politisch aufregend. Der Machtwechsel stand bevor. Um mich mit neuesten Nachrichten zu versorgen, ging ich oft zum Kiosk der Auslandspresse im Hauptbahnhof Santa Maria Novella. Ganz in der Nähe läßt Boccaccio bekanntlich sein *Decameron* beginnen. Bei einem dieser Zeitungs-

---

[2] Aus Deutschland brachte ich meine Dante-Ausgabe mit; es war die der Società Dantesca Italiana — mit dem heute veralteten Kommentar von Scartazzini und Vandelli, der suggeriert, Dante sei Thomist gewesen (Dante Alighieri, *La Divina Commedia*, col commento Scartazziniano rifatto da G. Vandelli, Mailand [16]1955). Ein halbes Jahr später hatte ich das Vergnügen, meinen Freund Cesare Vasoli zum Postamt zu begleiten, wo er per Einschreiben seinen Kommentar zu Dantes *Convivio* aufgab, in dem er, nach den Studien von Bruno Nardi, die umstandslose Annäherung Dantes an Thomas von Aquino, die einige Jahrzehnte lang üblich war, zurückweist (Dante Alighieri, *Opere minori*, tomo I, parte II. Einleitung und Kommentar zum *Convivio* in: C. Vasoli, *La Letteratura italiana*. Storia e testi, vol. 5, tomo I, parte II, Mailand–Neapel 1988).

käufe fiel mein Blick auf zwei billige Bände einer Taschenbuchausgabe des *Decameron*; ich erwarb sie, ein wenig geniert. Zur Entschuldigung sagte ich mir, damit könne ich mein Italienisch verbessern und mich abends, nach getaner Arbeit, ein bißchen amüsieren. Daß *Dante* ein Philosoph war und daß man *seine* Werke nicht in der Bahnhofsbuchhandlung, sondern erst nach gründlicher Prüfung kaufte, das stand für mich fest. Boccaccio dagegen mochte angehen als Sprachmeister und zum Vergnügen. Mit diesen Vorurteilen begann ich, das *Decameron* zu lesen.

Der Text sollte mich zum Umdenken zwingen. Ich schlug das *Vorwort* auf: Es begründet die Aufgaben der Poesie aus der unterdrückten Lage der Frauen. Das Vergnügen, das diese Dichtung verspricht, rückte in dunkles Licht. *Liebe*, das ist nach diesem *Vorwort* eine todbringende Krankheit − und doch, heißt es, würden die Geschichten erzählt, um neue Liebe möglich zu machen: Eine unerwartet komplizierte Konzeption von Poesie.
Italienisch lernen konnte ich an diesem Text, gut, aber das *Vergnügen* ließ vorerst auf sich warten. Denn auf das *Vorwort* folgt die gnadenlos genaue Schilderung der Pest. Das *Decameron* ist unlösbar mit ihr verbunden. Boccaccios Fabuliervergnügen kontrastiert mit dem Leiden der von Männern dominierten Frauen, und alles bunte Leben bewegt sich vor dem schwar-

zen Hintergrund der Pest. Das *Decameron* ist *Poesie nach der Pest*. Und der Autor sagt klar, daß er dies weiß.

Dann kam ich zur ersten Novelle. Vergnüglich ist sie, diese letzte Beichte eines ausgefuchsten Notars, der einen heiligen Beichtvater täuscht. Boccaccio sagt, er lasse die Geschichte erzählen, damit wir unseren Spaß daran haben. Aber was dachte er selbst darüber? Immerhin ist es die Lügenkomödie eines Sterbenden. Sie zeigt einen neuen Menschenschlag. Der frühbürgerliche toskanische Geldmann und Notar betritt die Bühne der Weltgeschichte und der Weltliteratur. Er glänzt durch radikale Konsequenz bei der Instrumentalisierung anderer Menschen und heiliger Bräuche. Selbst den abgefeimten Florentiner Kaufleuten, die ihn hinter der Wand belauschen, läuft ein Schauer über den Rücken — wenigstens für einen Augenblick. Dann siegt auch bei ihnen die kalte Zweckrationalität. Die Erzählung *spielt* mit einem Sakrament der Kirche; sie wirft auf die Heiligenverehrung ein ironisches Zwielicht. Beides war im 14. Jahrhundert alles andere als ein harmloses Vergnügen. Gewagtes Gedankenspiel, nicht bloße Unterhaltungskunst, und eben deshalb unterhaltsam — das war mein erster Lese-Eindruck an einem Florentiner Herbstabend.
Am nächsten Tag las ich die erste Novelle ein zweites Mal. Schon die Überschrift faszinierte: Sie inszeniert ein Spiel: Wir haben *zwei* Na-

men, geht es auch um *zwei* Personen? Sodann wirft sie, gleich im ersten Textabschnitt, die Frage auf, ob wir den Namen Gottes noch loben können. Dies ist nicht mehr selbstverständlich nach Pest, Hunger, Kirchenzerfall und Krieg im Spätmittelalter.

Die Eingangssätze bilden ein kunstvoll-dichtes Gewebe. Immer wieder machen sie den Gegensatz von Sachen (*cosa, cose*) und Wörtern (*nome*) fühlbar. Am Ende der Erzählung schließt sich der Abgrund, der zunächst methodisch aufgerissen wurde. Der Erzähler versichert uns: Wir sollen den Namen Gottes loben. Wir sollen vertrauensvoll die Heiligen anrufen. Aber der Umweg zu dieser beruhigenden Gewißheit ist gewaltig; man vergißt ihn nicht. Der Stachel des Verdachts sitzt tief: Könnte nicht alles anders sein? Die Kluft zwischen Wörtern und Sachen ist aufgerissen. Der Erzähler der ersten Novelle zieht ausdrücklich daraus Folgerungen für seine Art des Erzählens und analysiert damit die neue Situation der Poesie. Die Poesie muß von jetzt an anders sein. Sie ist Poesie *nach* Dante und *nach* der Pest. Diese Dichtung kennt keine definitive Geographie der jenseitigen Gefilde; sie verteilt die Menschen nicht mehr auf die ewigen Straf- und Erquickungslager. Sie gibt ihr Urteil nicht als das Jüngste Gericht aus. Sie konstruiert und reflektiert menschliche Erfahrung. Sie überspringt das Erscheinende nicht; sie stellt anschaulich und kohärent dar, was *erscheinen kann*.

Der Erzähler begründet seine Selbstbeschränkung auch mit der Lehre von der Allmacht Gottes. Sie geht ihre unbegreiflichsten Wege, ohne Willkür zu sein. Wenn sie die Welt regiert, müssen (sollen, dürfen, können?) wir sie auf sich beruhen lassen. Wir können aber weiter über das Erscheinende reden. Dabei zeigt sich, daß es seine eigene Logik hat. Wir können weiter Geschichten erzählen, gerade weil wir wissen, daß wir dabei nur dem Urteil von Menschen folgen.

Die Eingangserzählung des *Decameron* zerstörte das Boccaccio-Bild, mit dem ich zu lesen begonnen hatte. *So* redet kein naiver Erzähler. Die erste Novelle ist eine raffiniert konstruierte Fußangel, die uns ins Reich prekärer Gedanken zieht. Sie lebt davon, daß das Verhältnis von Wörtern und Sachen problematisch geworden ist. Sie bräche in sich zusammen, wäre die irdische Welt noch — wie bei Dante — durchsichtig für die jenseitige. Sie erzählt von Situationen, in denen Namen und Personen, Wörter und Sachen, Gesehenes und Innenwelt paradigmatisch *nicht* zusammenstimmen. Sie analysiert, immer anschaulich bleibend, das brisante Spannungsfeld von Kirchenbrauch und reflektierter Erfahrung. Sie inszeniert den Konflikt zwischen unfehlbarer Wahrheitsverwaltung und kohärenter Kaufmannslist.
Beim zweiten Durchgang durch diesen Text strich ich in meiner Taschenbuchausgabe alle

Stellen an, die Wörter und Sachen in Konflikt zeigen. Dabei ging es nicht nur um die Lügen des Notars, sondern um den als problematisch deklarierten Namen Gottes und um die bewußte Beschränkung der Poesie auf das Erscheinende. Der Erzähler interessiert sich mit auffallender Präzision für die Irrtümer des Beichtvaters, der zu *sehen* glaubt, was im Innern des Beichtenden vorgeht. Er lehrt uns, den Unterschied einzuüben zwischen dem, was wir *sehen* und dem, was wir wissen. Der Erfinder eines solchen Erzählers war unmöglich ein bloßer Unterhalter. Mein Durchgang durch die Novelle endete damit, daß ich ihr, anspielend auf einen Buchtitel von Michel Foucault, eine neue Überschrift gab: *Die Wörter und die Sachen im 14. Jahrhundert.*

Während meiner letzten Monate in Deutschland hatte ich in meinem unfertigen Manuskript die Entwicklung des spätmittelalterlichen Denkens beschrieben. Ich hatte zu zeigen versucht, Wilhelm von Ockham verwechsle nicht das Motiv der göttlichen Allmacht mit Willkür; er trage es nicht nur im religiös-erbaulichen Sinne vor, sondern gewinne der dadurch provozierten und nicht geleugneten Ungewißheit einen ungestörten, erfahrungsorientierten Wissensaufbau ab. Ich hatte gezeigt: Im 14. Jahrhundert ist ein Mißtrauen in die Sprache aufgekommen, das der Ontologie des 13. Jahrhunderts noch fremd war. Diese Ontologie hatte unbesorgt ihre sprachlichen Strukturen in die Wirklichkeit verlegt; aber diese Selbstgewißheit des Denkens ging nach 1300 mit guten Gründen zu Bruch. Das stolze Gefühl der kirchlichen Führungsschicht, ihre Theologie sei wirkliches Wissen, sie sei gar die höchste Wissenschaft, wurde erschüttert.

Verwirrt ging ich an jenem Abend ins Bett. War ich nach Florenz gekommen, um in spätmittelalterliche Probleme zurückzufallen? Suchte ich nicht die „Renaissance"? Am nächsten Morgen verwarf ich meine spontane Assoziation von Boccaccio mit Wilhelm von Ockham. Ich ermahnte mich lebhaft: „Vergiß hier deinen nordischen Nebel! Du bist endlich am Arno, nicht an der Themse! Lerne südliche Sinnlichkeit und Direktheit!" Ich beschloß, mein *Decameron* unbeirrt weiterzulesen, um mein Italienisch zu verbessern, mich dabei zu amüsieren und alle spätscholastischen Finessen zu vergessen. Ich wollte den Süden freihalten von „britischer Barbarei". Zugleich folgte ich damit, dachte ich, der ersten Forderung historischen Denkens — zeitliche und regionale Unterschiede zu respektieren.

So lebte ich einige Wochen vor mich hin: Tagsüber saure Arbeit bei Pico, Patrizi und Dante, abends ein bißchen Erfrischung bei Boccaccio. Das alte Schema hatte meinen Lese-Eindruck besiegt. Die „hohe" Kultur war von der „niederen" Unterhaltung wieder getrennt.

Doch dann, beim Studium der Renaissancephilosophie, stieß ich in dem gelehrten Buch von Cesare Vasoli über Rhetorik und Humanismus[3] auf eine beiläufige Notiz, die wiederum alles umwarf: Cesare Vasoli wies darauf hin, Italien habe die neue englische Logik des 14. Jahrhunderts sehr früh, sicher schon *vor 1350*, rezipiert. Vasoli zitierte als Beleg für seine Ansicht zwei Briefstellen von — Giovanni Boccaccio[4].
Ich stürzte in die Bibliothek, um diese Briefe zu lesen. Gab es eine belegbare Verbindung zwischen Boccaccio und Wilhelm von Ockham? Hatte mein Eindruck beim Lesen des *Decameron* doch nicht getrogen? War das *Decameron* kein beruhigtes südliches Idyll, sondern eine Gewitterzone spätmittelalterlicher Konflikte? War vielleicht auch meine Idee von einem Gegensatz zwischen prallem südlichem Leben und nordischer Gedankenversponnenheit falsch?

Boccaccios lateinisch geschriebene Briefe sind seit 1928 bequem im Druck zugänglich. Es handelt sich um zwei Dokumente, in denen der

---

[3] C. Vasoli, *La dialettica e la retorica dell'Umanesimo*, Mailand 1968, bes. S. 12, Anm. 10.
[4] Giovanni Boccaccio, Brief *Mavortis miles*, in: *Opere latine minori*, ed. A. F. Massèra, Bari 1928, S. 111–114, bes. S. 112. Die Bedeutung der modernen Logik für den Dichter hebt auch der Brief an einen Unbekannten von 1339 hervor (in: G. Boccaccio, *Opere latine minori*, ed. A. F. Massèra, S. 118).

Autor die Unentbehrlichkeit der *Dialektik* für den Dichter hervorhebt. Boccaccio betont dort, es müsse die *neueste* Dialektik sein, die den Dichter leite, eben *die* Dialektik, deren Klassiker Ockham sei. Im dem Brief, der nach seinen Anfangsworten *Mavortis miles* zitiert wird, spricht Boccaccio von dem englischen Minderbruder mit größtem Respekt: er nennt ihn in einem Atem mit den größten Autoritäten des Mittelalters und des Humanismus, neben Cicero und Boethius.

Die Briefe werfen eine Reihe von Problemen auf. Es steht nicht einmal fest, ob es sich um Briefe oder Briefentwürfe handelt. Aber es ist so gut wie sicher, daß der Brief *Mavortis miles* an Petrarca gerichtet ist. Der junge Boccaccio preist Petrarca als sein Vorbild, und zwar gerade wegen der von ihm erreichten Einheit von Philosophie, Theologie und Poesie. Bemerkenswert an beiden Briefen ist die frühe Entstehung im Jahr 1339 — zehn Jahre vor dem *Decameron*. Ockham lebte noch; er arbeitete in München im Dienst des Kaisers daran, die geistigen Grundlagen des päpstlichen Anspruchs auf Weltherrschaft zu zerstören. Boccaccio bezieht sich nicht auf den politischen Denker, sondern auf den Dialektiker. *Dialektik* bedeutete soviel wie *Logik*. Dabei handelte es sich nicht um die formalisierte Logik des 20. Jahrhunderts, sondern um die Erörterung des Verhältnisses von Wörtern und Sätzen zu Sachen, dann auch um Regeln für das Gewinnen neuer Sätze aus vorhandenen. Es ging um *Sprachlogik*. Daher die Bedeutung der Dialektik für die Poesie.

Ockham hatte das Verhältnis von Sprechen, Denken und Wirklichkeit neu bestimmt. Petrarca war kein Bewunderer von Ockham. Aber für Boccaccio war Petrarca das Ideal eines Dichters, der zugleich ein Weiser ist. Ein Weiser kennt die sieben freien Künste; er ist in der Philosophie und Theologie ein Meister; er lebt mit den römischen Klassikern und bewegt sich souverän in den autoritativen Textbüchern des Mittelalters. Die Poesie faßt all diese Wissensformen in sich; sie steht nicht beziehungslos *neben* ihnen. Dieses normative Konzept war kein flüchtiger Einfall des sechsundzwanzigjährigen Boccaccio. Es verband ihn sein Leben lang mit Dante und Petrarca.

Einige Jahre nach Abfassung der beiden Briefe, vermutlich 1342, schrieb Boccaccio eine biographische Skizze über Petrarca[5]. Wiederum ging es ihm mehr um theoretische Leitlinien als um biographische Details. Sein Text umfaßt nur wenige Seiten, aber er insistiert auf der Bedeutung Ciceros und Senecas für das Denken, das Sprechen und das Leben des idealisierten Pe-

---

[5] G. Boccaccio, *De vita et moribus Domini Francisci Petrarchi*, in: G. Boccaccio, *Opere latine minori*, ed. A. F. Massèra, S. 239: *Hinc vero morales est phylosophos diligenti studio ymitatus, et maxime M. Tullium Ciceronem et egregium Senecam cordubensem, in tantum quod iam locutione et moribus alterum istorum possit merito iudicari.*

trarca. Petrarca erscheint als ein zweiter Cicero oder Seneca. Der Dichter ist der Weise, der seine Philosophie auch *lebt*; er *beherrscht* alle philosophischen Disziplinen – vor allem die Moral, die Physik und die philosophische Theologie[6].

Boccaccios biographische Skizze erzählt eine bezeichnende Episode: Petrarca sei nach Neapel an den Hof König Roberts gekommen und habe der hochgebildeten Hofgesellschaft bewiesen, die Poesie sei *Wissen*. Petrarca habe so überzeugend geredet, daß der König, der sich bis dahin nur mit Philosophie und Theologie befaßt und die Poesie geringgeschätzt habe, sein Schüler habe werden wollen[7]. Dieser König war selbst ein theologisch-philosophischer Schriftsteller; Boccaccio wird ihn später als seinen *Freund* und *Lehrer in der Philosophie und in der Medizin* bezeichnen. Die Bekehrung dieses Philosophenkönigs zur Poesie als der umfassenden Wissensform war mehr als eine Episode; sie war Symbol und neue Norm.

Boccaccio gehörte zur Hofgesellschaft König Roberts. Als Schüler Roberts und als Petrarca-

---

[6] G. Boccaccio, *De vita et moribus Domini Francisci Petrarchi*, in: G. Boccaccio, *Opere latine minori*, ed. A. F. Massèra, S. 243: *Phylosophorum vero doctrinas morales naturales atque theologicas ut sumpserit teneatque, ipsius gesta verba scriptaque iam repandunt.*

[7] G. Boccaccio, *De vita et moribus Domini Francisci Petrarchi*, in: G. Boccaccio, *Opere latine minori*, ed. A. F. Massèra, S. 240.

Verehrer legte er sein eigenes Konzept von Poesie dar, indem er seinen Helden Petrarca, der neun Jahre älter war als er, als einen neuen Typus des Intellektuellen beschrieb, der jenseits der Schulwissenschaften steht und eine eigene, höhere Art von lebensbezogenem Wissen entwickelt, das die herkömmlichen Weisen des Wissens teils kritisiert, teils integriert. Die Briefe von 1339 standen also in einem größeren geschichtlichen und intellektuellen Zusammenhang. Sie waren Bestandteil der neapolitanischen Hofkultur um 1340, die mit den geistigen und künstlerischen Zentren der damaligen Welt, mit Florenz, Paris, Avignon und Oxford in Verbindung stand. Sie sind Dokumente einer Schriftsteller-Generation, die, von Dante inspiriert, nichts Geringeres wollte als — eine Reform des Lebens und des Wissens: *Vita nuova.*

Wenige Tage nach meiner Lektüre dieser Boccaccio-Briefe traf ich Eugenio Garin in der Internationalen Buchhandlung in der Via Tornabuoni. Inzwischen war mir klargeworden, daß er lange vor mir entscheidende Zusammenhänge erfaßt hatte. Er hatte 1954 Boccaccio als Denker und Erforscher der antiken Mythologie gewürdigt[8]; er hatte 1960 in London einen Vortrag gehalten über den Einfluß der „britischen

---

[8] E. Garin, *Le favole antiche*, in: *Medioevo e Rinascimento.* Studi e ricerche. Ich zitiere nach der 2. Auflage, Bari 1961, S. 66–89.

Barbaren" auf die florentinische Kultur des 14. Jahrhunderts; auch er hatte auf die beiden Boccaccio-Briefe aufmerksam gemacht[9]. Freudig erzählte ich ihm von meiner Entdeckung; er ermutigte mich, ihr weiter nachzugehen und verwies mich auf die Boccaccio-Handschriften der großen Florentiner Bibliotheken.

Die nächsten Wochen verbrachte ich in der Biblioteca Laurenziana. Dort finden sich zwei großformatige Handschriften, die Boccaccio mit eigener Hand beschrieben hat, ein philosophisch-theologisch-poetisches Arbeitsbuch in zwei Teilen[10]. Es beweist Boccaccios rastlose Studien antiker und mittelalterlicher Autoren; es belegt seine philosophischen Interessen und seine Arbeit an philosophisch-poetischen Texten des Mittelalters; es dokumentiert den Reichtum und die Vielseitigkeit der neapolita-

---

[9] E. Garin, *La cultura fiorentina nella seconda metà del 300 e i „barbari britanni"*, in: *La Rassegna della letteratura italiana* 64 (1960), bes. S. 187, Anm. 16.

[10] Der sog. *Zibaldone Laurenziano* ist Cod. XXIX 8, berühmt wegen der von Boccaccio gesammelten Dokumente zur Dante-Biographie. Er enthält auch Material zu Petrarca. In unserem Zusammenhang wichtig ist der *Liber de dictis philosophorum antiquorum*. Der zweite Boccaccio-Codex der Laurenziana ist Cod. XXXIII 31. Er enthält u. a. von Bernardus Silvestris *De mundi universitate (Microcosmus et Megacosmus)*. Die Handschriften sind genauer beschrieben im Katalog der *Mostra di manoscritti, documenti e edizioni*, Firenze, Biblioteca Medicea Laurenziana; vol. 1: *Manoscritti e documenti*, Certaldo 1975, S. 117–124.

nischen Hofkultur; es zeigt die Verehrung für Dante und Petrarca.

Die Nationalbibliothek Florenz besitzt ein weiteres Arbeitsbuch Boccaccios[11]. Auch hier handelt es sich um ein großformatiges Manuskript mit zahllosen Notizen und Auszügen, oft historischen und mythologischen Inhalts: Boccaccio hat sich eine 1355 gehaltene lateinische Rede des Zanobi da Strada über die Poesie abgeschrieben; er hat sich eine Zitatensammlung aus Seneca angelegt, moralphilosophische Sentenzen über die Armut wie über die Liebe.

Diese Dokumente (und andere) beweisen: Boccaccio hatte ein aktives Interesse an Philosophie; er hielt sie für die unerläßliche Vorbereitung des Dichters; die Dichtung selbst war ihm Philosophie. Aber woher rührte dann meine frühere Meinung, das *Decameron* tauge höchstens zum Amüsement und zum Italienischlernen? Wie war ich darauf gekommen, es erhebe keinen theoretischen Anspruch? Woher hatte ich das Vorurteil, Boccaccio sei im Unterschied zu Dante und zu Petrarca kein Poeta-Philosophus?

Zwischen den Klassikern und uns stehen Jahrhunderte der Auslegung und der Entstellung.

---

[11] Es ist der sog. *Zibaldone Magliabechiano*, Bibl. Naz. B. R. 50. Die Seneca-Zitate dort cc. 147–160. Beschreibung der Handschrift in: *Mostra di manoscritti, documenti e edizioni* (vgl. Anm. 10), S. 124–126.

Die Herabsetzung Boccaccios zu einem theoretisch anspruchslosen Unterhaltungsschriftsteller hat Tradition. Sie wird objektiv vorhandenen Bedürfnissen entsprochen haben. Sie speist sich aus mehreren Wurzeln, die ich im Schlußkapitel unter dem Titel *Boccaccio-Legenden* näher untersuche. Viele Leser störte am *Decameron* die freizügig-ironische Darstellung des Klerus und christlicher Gebräuche. Da Boccaccio eine bestimmte Art von Moral, nämlich die monastisch-klerikale, als heuchlerisch entlarvt hat, sagten viele ihm nach, er habe gar keine Moral. Und ein Schriftsteller ohne Moral war für viele Kunstrichter überhaupt kein Schriftsteller oder jedenfalls kein Klassiker.

Zwar gibt es seit dem 18. Jahrhundert eine katholische Boccaccio-Auslegung. Ihr blieb aber wenig anderes übrig als die erbaulichen Windungen zu katalogisieren und zu ent-ironisieren. Gab sie sich gelehrt, wies sie die mittelalterlich-folkloristischen „Ursprünge" einzelner Stoffe nach. Sie bemühte sich, Boccaccio nicht nur moralisch, sondern asketisch-erbaulich zu stilisieren; sie zwängte Boccaccios komplexe Weltgestaltung in einen „gotischen Rahmen". Aber sie war — von Bottari bis Branca[12] — mühsam und defensiv; sie beließ Boccaccio keinen

---

[12] G. Bottari, *Lezioni sopra* Il Decamerone, Florenz 1818; V. Branca, *Boccaccio medievale e nuovi studi sul* Decamerone, zuerst Florenz 1956; ich benutze die fünfte Auflage, Florenz 1981.

eigenen theoretischen und ethisch-politischen Weltentwurf.

Die national-italienischen Interpreten waren in einer anderen, aber vergleichbaren Verlegenheit. Sie sahen die ältere Literatur danach durch, was sich zur pädagogischen Formierung im Sinne des Risorgimento eignete. Dafür fanden sie bei Dante viel, bei Petrarca einiges; bei Boccaccio entdeckten sie nur Antiklerikalismus – und wiederum: einige volksnahe *Stoffe*. Der einflußreichste Historiker der italienischen Literatur, Francesco de Sanctis, hatte die Parole ausgegeben, die unzählige Male südlich wie nördlich der Alpen nachgesprochen oder variiert worden ist: Das *Decameron* sei ein Karneval der Phantasie, ein Aufstand des Fleisches gegen die klerikale Askese. Boccaccio fehle, im Gegensatz zu Dante, jede gedankliche Tiefe und jegliche Subtilität der Argumentation: *Keine Denkerfalte*, schrieb De Sanctis dreist, *hat je diese Stirn gezeichnet*[13]. Zu dieser Stilisierung ins Sentimental-Poetische gehört, daß Boccaccio nichts mit der mittelalterlichen Philosophie zu tun gehabt haben soll; er sei nur Poet, nicht Denker gewesen, abseits aller ernsthaften scholastischen Kultur[14]. De Sanctis wußte, daß Boc-

---

[13] F. De Sanctis, *Storia della letteratura italiana*, ed. B. Croce, Band 1, Bari 1912, S. 308.

[14] F. De Sanctis, *Storia della letteratura italiana* (vgl. Anm. 13), S. 277: *alieno da ogni seria cultura scolastica.* Vgl. S. 278: *nessuna originalità e profondità di pensiero,*

caccio gelehrte lateinische Bücher geschrieben hat, die, wie die *Genealogia deorum gentilium*, philosophische Traktate einschließen; aber er ließ ihn darum allenfalls als Gelehrten, nicht als Denker gelten. De Sanctis mißachtete damit sowohl den theoretischen Gehalt dieser Texte wie ihre kulturpolitische Situation, in der selbst die Sammlung von Notizen zur antiken Götterlehre den Charakter eines Eingriffs hatte.

Gegen beide Vorurteile ist Boccaccio zu rehabilitieren. Sein Text bestätigt weder die laizistisch-literaturwissenschaftliche Version, die im *Decameron* nur gedankenarme Poesie sah, noch ihre abstrakte Entgegensetzung, die medievalistische Zurechtlegung, die im *Decameron* nur Erbaulich-Asketisches findet und Boccaccios Konzepte auf Hugo von Sankt Viktor oder gar auf Augustinus zurückdatiert. – Boccaccio als Dichter-Denker des 14. Jahrhunderts gehört in die Nähe Dantes und dessen Programm der Einheit von Philosophie, Theologie, Politik und Poesie. Aber von Dante trennen ihn zugleich objektive Faktoren der Resignation: die soziale Entwicklung in Florenz und der Niedergang der Reichsidee, vor allem aber die Pest und die Krise im Verhältnis von Sprache und Welt. Diese Krise wird mit dem Namen Wilhelm von

---

nessuna sottigliezza di argomentazione, bes. aber S. 326: *Regnano nel suo spirito, divinità, Virgilio e Ovidio e Livio e Cicerone, non ci è Bibbia che tenga, non ci è San Tommaso.*

Ockham bezeichnet, aber nicht erschöpfend beschrieben. Erst vor dem Hintergrund dieser Entwicklungen zeigt sich der Realitätsgehalt und damit der Denkanspruch der Poesie des *Decameron*.

Dies plausibel zu machen ist das Ziel der folgenden Seiten. Sie versuchen, am Text des *Decameron* selbst zu zeigen, wie und warum er *unsere* Trennungen von Poesie und Wissen, von Theorie und Praxis, von Literaturwissenschaft und Philosophie von sich abstößt. Meine Analyse soll dem Text keine bestimmte Philosophie überstülpen, sondern das dem Wortlaut immanente Denken des Dichters zur Geltung bringen. Der philosophische Gedanke soll sich in der Struktur des Textes und in seinem poetischen Gehalt zeigen. Mein Ziel ist nicht eine neue pauschale Charakterisierung Boccaccios, sondern ein neuer Einblick in den charakteristischsten Teil seines Hauptwerks.
Einleitende Glaubensbekenntnisse zu einer der herrschenden literaturwissenschaftlichen Orthodoxien wird man von mir nicht verlangen; sie wären purer Verbalismus. Die Dichtung gehört nicht den Literaturwissenschaftlern, sondern den Lesern. Ein Historiker des Denkens hat Grund (ich meine: harten, faktischen, philologischen Grund), Boccaccio auf seine Weise zu lesen. Wir brauchen keine neue Globalformel. Auch Boccaccios nachweisbares Studium der Philosophie rechtfertigt kein neues Schlag-

wort. Es geht nicht darum, statt des liberal-frivolen Boccaccio oder statt des erbaulich-mittelalterlichen nun Boccaccio als Ockhamisten vorzustellen. Poesie, die Philosophie sein will, kann sich mit keiner Schulrichtung gleichsetzen.
Boccaccio ist gegen seine Bewunderer wie gegen seine grundsatzlosen Benutzer zu verteidigen. Sie haben ihn auf Gedankenarmut hin stilisiert. Boccaccio hat auf den Spuren Dantes versucht, eine inzwischen veränderte Welt zu begreifen; er hat sich des schärfsten Denk-Instrumentariums versichert, das in diesen Krisenjahrzehnten erreichbar war. Wer diesen Zusammenhang verkannte, fand im *Decameron* nur Bettgeschichten und Frivolität, Sinnentaumel und Kleruskritik. Andere wandten sich gegen eine solche modernisierende Auslegung. Mit relativem Recht. Aber dafür stürzten sie sich auf Folklore-Motive oder vergafften sich in die madonnenhaften Züge der Griselda der letzten Novelle. Versuchen wir einmal, herauszutreten aus solchen abstrakten Kennzeichnungen Boccaccios. Daher folge ich von nun an dem Aufbau des *Decameron*: *Vorwort, Einleitung, Novelle eins bis vier.* Im Schlußkapitel komme ich auf die Boccaccio-Legenden zurück, die gewöhnlich den Weg zum *Decameron* versperren.

Vergnüglich erzählen in moralischer Absicht

Das Vorwort des Decameron

1. Das *Decameron*, so meinen viele, bedarf keiner Einführung: Klar, abgegrenzt und sinnlich steht es vor dem Leser, auch vor dem Leser unseres ausgehenden Jahrhunderts. Es ist bunt und mathematisch streng gebaut wie der Campanile Giottos am Dom von Florenz, mit dem es die Entstehungszeit teilt; der Bau des Turms begann 1334 und endete 1359; das *Decameron* ist zwischen 1349 und 1351, eventuell auch 1353, geschrieben. *Mathematisch* wirkt es freilich erst auf den zweiten Blick, und doch entfaltet es ein reiches Lebensbild in genau hundert Geschichten und verteilt sie exakt auf zehn Tage. Auf diese Architektur bezieht sich der Name des Buches. *Decameron* heißt: *Das Buch der zehn Tage*. Es galt im Mittelalter schon lange *vor* Boccaccio als elegant, einen griechischen Titel über sein Buch zu setzen. Das klang gut und erinnerte an eine ferne goldene Welt, nämlich an die Kaiserstadt Byzanz.
Das Wort *Decameron* führte noch eine andere Assoziation mit sich: Bekanntlich ist die Welt in sechs Tagen geschaffen worden. Das Universum war ein Sechstagewerk, ein *Hexaemeron*. Das erste Buch der Bibel, die *Genesis*, erzählte

dazu die nötigen Einzelheiten, und die Theologen kommentierten das *Hexaemeron*, um den Menschen zu erklären, wie alles entstanden ist. In solchen Kommentaren hatte das griechische Wort auch die Jahrhunderte überstanden, in denen man wenig oder gar kein Griechisch konnte. Boccaccio war einer der ersten westlichen Gelehrten, der wieder Griechisch lernte; in einem feinen Doppelspiel von Anlehnung und Distanz bildete er den ehrwürdig-gewichtigen Theologentitel *Sechstagewerk* um und machte daraus sein poetisch-leichtes *Zehntagewerk*. Den Anklang an die Weltentstehungsbücher behielt er bei, denn es ging ihm, wie sich zeigen wird, um das poetische Projekt einer neuen ethisch-politischen Welt nach der Pestkatastrophe von 1348.

Wie man sieht, bedarf zumindest das Wort *Decameron* einer Erklärung. Es markiert die kulturelle Situation von Florenz um 1350; es signalisiert einen Übergang: Neben dem Sechstagewerk der Theologen gibt es jetzt auch das Zehntagewerk der Poesie.

Boccaccio hat seinem Buch außer diesem Namen noch einen Bei- oder Zunamen gegeben: *Fürst Galeotto*. Damit rief er eine andersgeartete Assoziation wach, nämlich an die höfische Welt des Westens und an selbstlose Freundesliebe, die den Liebesgenuß begünstigt. Denn *Galeotto* ist eine Figur des französischen Ritterromans von Lanzelot. Der König Galehaut oder Galahot liebte seinen Freund, eben Lanzelot, so sehr, daß er ihm zu einem Rendezvous mit seiner Frau, der Königin, verhalf. Boccaccio erklärt den Beinamen nicht weiter. Wir sind frei, uns irgend etwas dabei zu denken, was auf uneigennützige Vermittlung in Liebesgeschichten hinausläuft: Wie der König zugunsten seines Freundes zurücktritt, so wirbt der Dichter Boccaccio nicht für sich, sondern freut sich, wenn die Frauen, die sein Buch lesen, von Schwermut genesen und sich die Liebesfreuden gönnen, von denen die eleganten Verse französischer Romane erzählen. Die Bürgersfrauen sollen sich die Freiheit nehmen, die an den mondänen Höfen Frankreichs herrscht — wenn die Romane recht haben. Boccaccio spielte auf märchenhafte Träumereien an, nicht nur von Byzanz, sondern auch von französischer Eleganz; so stellten sich die Bürger der reichen italienischen Handelsstädte ein *anderes Leben* vor. Dabei mischten sie die Mythen: uralte Kaiserpracht am Bosporus, vornehme höfisch-westliche Sitten, neueste französische Mode, Luxus und Ausschweifung am Papsthof zu Avignon, intellektuelle Abenteuer aus Paris, der Hauptstadt des Wissens. Dies alles klang an in dem Doppeltitel: *Decameron — Fürst Galeotto*[15].

---

[15] Informativ zu dem Stichwort „Galeotto", wenn auch mit einer die Differenz zu Dante abschwächenden Tendenz, ist R. Hollander, *Boccaccio's Two Venuses*, New York 1977, S. 102—116 sowie die Anmerkungen auf S. 226.

Zugleich beschwor der Name *Galeotto* die berühmteste Liebesgeschichte aus Dantes *Göttlicher Komödie* herauf, nämlich die zwischen Francesca da Rimini und Paolo Malatesta. Das Liebespaar war in flagranti erwischt und von dem erzürnten Gatten getötet worden. Der Jenseitswanderer Dante trifft die beiden im *Inferno*. Er weiß schon, wie es zu ihrem Tod kam, aber er zeigt an der Stätte ihrer ewigen Verdammnis eine befremdliche Neugierde: Er fragt sie, woran sie erkannt hätten, daß sie sich liebten. Dante interessiert sich für den prickelnd-gefährlichen Augenblick, in dem Liebende sich einander erklären. Francesca erzählt ihm, sie seien allein gewesen und hätten ohne Arg gemeinsam den französischen Liebesroman *Galeotto* gelesen. Beim Lesen trafen sich ihre Blicke; sie sahen beide, daß sie erbleicht waren; sie taten, als ob nichts sei und lasen weiter, doch als sie an die Stelle kamen, wo der edle Geliebte des Romans die Frau auf ihr feines Lächeln hin küßt, da besiegte die Liebe jedes Zögern:

*Da küßte der Mann, mit dem ich auf immer
 vereint bin,
am ganzen Leibe zitternd meinen Mund.
So wurde dieses Buch — und der es schrieb —
 für uns zum Galeotto,
und an jenem Tage lasen wir nicht weiter.*
[Inferno V 135–138]

Der Höllenbesucher Dante sank, als er das hörte, wie tot zur Erde. Er war erschüttert von dem Schicksal der Liebenden, die gemeinsam den Tod und ewiges Verderben auf sich gezogen hatten. Der Autor der *Göttlichen Komödie* zeigte ein an Sympathie grenzendes Verständnis für die Sünden der Liebe, dennoch versetzte er die beiden in die Hölle, wenn auch an eine privilegierte Stelle. *Galeotto*, das war ihm ein Buch, das ins Verderben führt. Boccaccio gab dreißig Jahre später, im Umkreis Dantes lebend, seinem Hauptwerk eben diesen Namen: *Galeotto*. Damit bezeichnete er Nähe und geschichtlichen Abstand zu Dante.

2. *Decameron* und *Galeotto* — diese beiden Namen melden den überdimensionalen Anspruch des Buches an, in Konkurrenz zu treten mit theologischen Globaltheorien, mit Dantes Universalgemälde und mit französischen Liebesromanen; sie ziehen kulturelle Welten zusammen; sie verknüpfen die Kaufmannsstadt am Arno mit den Weltzentren Konstantinopel und Paris; sie verbinden biblische Weltentstehungslehre und Kirchenväterweisheit mit einer Männerfreundschaft nach der Art französischer Romane und mit Dantes Höllenvision: Der moderne Leser müßte verzweifeln, wenn es in dieser Art weiterginge. Aber der Autor erweist sich als Meister der Regie. Die Assoziationsspiele, mit denen er sein Buch eröffnet, erforderten schon im 14. Jahrhundert Anstrengung. Daher

beginnt Boccaccio nach dem Tiefsinnswort *Decameron* und nach der Befreiung des Liebesvermittlers Galeotto aus der Hölle mit einem privat klingenden Bekenntnis. Er spricht von *sich*, fast im Plauderton. Er montiert ein Textstück, das er *Vorwort* (*Proemio*) nennt, welches, so scheint es, keiner Erklärung bedarf[16].

Doch die private Tonart könnte Nähe vortäuschen. Hier spricht ein fiktiver Erzähler; wir wissen nicht, ob es die historische Person Boccaccio ist. Das ist auch nicht nötig; danach zu fragen, ist unfruchtbar, da unentscheidbar. Jedenfalls berichtet der Erzähler, Amor habe ihn von Jugend an gequält. Daß Liebe an den Rand des Todes führt, das weiß der aufmerksame Leser schon, der sich an Paolo und Francesca erinnert. Der Erzähler ruft es noch einmal, Wendungen Ovids verwertend[17], in Erinnerung: Ihn, der das stürmische Meer der Liebe nicht gescheut hat, hätte die Leidenschaft längst umgebracht, wäre da nicht die Hilfe eines Freundes gewesen. Er, der Erzähler, hat

---

[16] Durchgängig zu Rate gezogen habe ich die Anmerkungen von V. Branca in seiner Ausgabe des *Decameron*, Turin 1984, ferner die Hinweise von C. Muscetta, *Boccaccio*. Letteratura Italiana Laterza 8, ²1974, ebenso die von P. Brockmeier in seiner zweisprachigen Auswahlausgabe, Stuttgart 1988, S. 276 ff. – Für die Biographie vgl. V. Branca, *G. Boccaccio*. Profilo biografico, Florenz 1977.

[17] Vgl. die Nachweise in: R. Hollander, *Boccaccio's Last Fiction*. „Il Corbaccio", Philadelphia 1988, S. 78–79.

Mitleid gefunden; das hat ihm das Leben gerettet, und er will sich bedanken, indem er seinerseits den Schwächsten Mut macht. Die Schwächsten aber, fährt er fort, sind zweifellos die Frauen, die lieben. Für sie schreibt er; ihnen will er helfen, die Schwermut zu vertreiben, zu der sie ihre eingeschränkte Lebensweise verurteilt.

Mit dramatischer Härte schildert Boccaccio das Los der Frauen im 14. Jahrhundert: Sie sind eingesperrt in dunklen Häusern; sie wachsen auf unter der harten Herrschaft eines Mannes. Stirbt der Vater früh — bei dem gefährlichen Leben eines erfolgreichen Fernkaufmanns und bei der geringen Lebenserwartung im 14. Jahrhundert war das die Regel —, dann vertreten ihn die Brüder mit gleicher Härte; zuweilen sind sie entschlossen, den Mann umzubringen, der sich ohne ihre Erlaubnis der Schwester nähert. Ob sie sich mit ihm einlassen darf, darüber entscheiden Geschäftsinteressen, nicht das, wie die Männer meinen, desorientierte Gefühl einer Frau. Illusionslos beschreibt Boccaccio in der fünften Novelle des vierten Tages die latente Gewalt der Kaufleute. Die geschäftstüchtigen Brüder kennen nichts als die bare Zahlung. Sie scheuen nicht den Mord am Geliebten, nicht den Wahnsinn der liebenden Frau.

Wenn die Frauen schließlich heiraten, so wechseln sie aus der Verfügungsgewalt des Vaters und der Brüder in die des Ehemanns. Wieder sind sie eingeschlossen in Häuserhöhlen; wieder ist ihnen die Abwechslung versagt, mit der die Männer sich trösten können, wenn sie in der Liebe unglücklich sind[18].

Die hundert Geschichten, die Boccaccio erzählen läßt, sollen den eingesperrten Frauen, die an der Liebe leiden, Abwechslung verschaffen; sie sollen die Obsession lösen, zu der unglückliche Liebe führt, da die Frauen sich nicht frei — wie die Männer — ins Vielerlei des Lebens stürzen dürfen[19].

Dieses *Vorwort* zeichnet einfache, große Linien, nicht frei von moralischem Pathos. Boccaccios Dichtung malt nicht länger den Himmel und die Hölle aus; sie befreit aus der Hölle eines eingepferchten Frauenlebens. Sie schafft neue Lebensmöglichkeiten, wenn auch nur in Gedanken. Aber auf die Freisetzung der Gedanken kommt es an, wenn verliebte Frauen in ihrem Unglück fixiert sind auf das, was sie un-

---

[18] Zur Lage der Frauen im Mittelalter vgl. M. M. Postan, *Medieval Women*, Cambridge 1975; E. Ennen, *Frauen im Mittelalter*, München ³1987, vor allem den 2. Band der von G. Duby und M. Perrot herausgegebenen *Geschichte der Frauen: Mittelalter*, von Ch. Klapisch—Zuber. Informativ ist: F. Bertini (Hg.), *Heloise und ihre Schwestern*. Acht Frauenportraits aus dem Mittelalter, italienisch Bari 1989, deutsch München 1991. Dort in der Einführung auch weitere Literatur.

[19] Vgl. V. Kirkham, *Boccaccio's Dedication to Women in Love*, in: *Renaissance Studies in Honor of Craig Hugh Smyth*, Florenz 1985, S. 333—343.

glücklich macht. Sie können nur dann wieder Subjekte ihrer Handlungen werden, wenn sie sich frei auf neue Inhalte einlassen können. Die Poesie ersetzt ihnen die fehlende Bewegungsfreiheit; die hundert Geschichten bieten die Zerstreuung, die sie zu sich selbst kommen läßt, denn hier können sie sich Inhalte selber geben, ohne die Erlaubnis ihrer Herren einzuholen. Eine Frau, die las und auch noch selbständig auswählte, was sie las, war im 14. Jahrhundert beunruhigend. Deutsche Toscana-Enthusiasten seien daran erinnert, daß die *Lichtstadt Florenz* (Ludwig Curtius) noch im 14. und 15. Jahrhundert ihre Frauen im Dunkeln hielt, nicht viel anders als islamische Fundamentalisten sich heute die gottgewollte Ordnung denken. Es gab Ansätze, ihre Bildung zu verbessern. Einige Reformer wollten ihnen gar Zugang zu der lateinisch-sprechenden Wissenschaft gestatten; aber an die strenge Unterordnung der Frauen unter die Männer und an ihre Einschließung in die finsteren Gemächer der Wohntürme rührte niemand.

3. Das Stichwort des Erzählers heißt *Mitleid*, nicht *Emanzipation*. Wir mögen das loben, wir mögen das tadeln — Tatsache ist, daß er die Lage der Frauen realistisch beschreibt. Doch das ist zu wenig gesagt; Boccaccio ging es nicht nur darum, gegebene Situationen abzubilden, sondern, wie er sich ausdrückte, dem Fehler der Fortuna entgegenzuwirken, daß sie immer zu

den Stärkeren hält[20]. So kommt sie den Schwächeren, nämlich den Frauen, nicht zu Hilfe. Deswegen schrieb Boccaccio seine Geschichten für sie (*Vorwort* 13). Boccaccio wußte, daß diese Hilfe wenig bedeutet angesichts realer Leiden; aber seine Erzählungen können *nützen*, vor allem den Schwächsten, eben den Frauen. Freilich schrieb Boccaccio nur für *die* Frauen, die *lieben* – die anderen brauchen keine Dichtung; ihnen genüge ihr Nähzeug. Es fehlt hier durchaus der Gedanke an ein allgemeines und gleiches Frauenrecht; man sollte deshalb nicht vom Feminismus Boccaccios reden, wo es um Mitleid und um individuelle erotische Hilfeleistung im Stile Galeottos geht. Doch unterschätze man diese Hilfe nicht, weil sie unprinzipiell daherkommt. Sie gilt *allen* Frauen, die lieben und leiden. Diese poetische Therapie stellt die Abhängigkeit der Frauen von den Wünschen und Befehlen der Eltern und der Männer an den Pranger; sie löst melancholische Gedanken durch erfreuliche ab. Der Erzähler hebt die Wohltat heftiger Reize hervor: Sie lenken den Leidenden wenigstens für eine Weile ab. Statt

---

[20] Man übersieht oft die Rolle der Fortuna bei Boethius und bei Denkern des Mittelalters. Man folgert daraus gern, Boccaccio gehöre zur „Renaissance", etwa in die Nähe Machiavellis. Vgl. dazu V. Cioffari, *The Function of Fortune in Dante, Boccaccio and Machiavelli*, in: *Italica* 24 (1947), S. 1–13. – Instruktiv: K. Heitmann, *Fortuna und virtus*. Eine Studie über Petrarcas Lebensweisheit, Köln–Graz 1958.

moralistisch zur Gemütsstärke zu ermahnen, bietet er seine hundert Novellen als poetisches Heilmittel an. Wie Galeotto spielt er den Mittler. Von früh an, sagt er von sich, habe er geliebt und an der Liebe gelitten. Er kennt das grausame Spiel; er leidet mit den Frauen, die in ihren Liebesleiden keine Bewegungsfreiheit und folglich keine Zerstreuung haben. Er steht jetzt im reifen Mannesalter; die wilde Leidenschaft ist gewichen. Nicht daß die Liebe völlig geschwunden wäre, aber sie ist ruhiger und beschaulich geworden; sie bringt nur noch Vergnügen, nicht mehr Leiden. In antikisierender Redeweise schreibt Boccaccio, *Amor* habe ihn *aus seinen Banden befreit* (*Vorwort* 15).

Amor erscheint als selbständig wirkende Instanz neben dem Christengott; er ergreift und befreit, wen er will. Unser Erzähler redet nicht von einem moralischen Sieg des rationalen Wollens über die blinden Leidenschaften. Er feiert keinen asketischen Durchbruch wie Augustinus mit der Geschichte seiner sogenannten „Bekehrung" in den *Confessiones*. Die Befreiung aus den Ketten Amors ist nicht der Aufstieg zum *Paradies* Dantes; in ihr liegt kein Bedauern über eine frühere moralische Verfehlung. Der Ich-Erzähler hebt im Gegenteil hervor, einsichtige Menschen hätten ihn wegen seiner maßlosen Liebe gelobt. Seine neue Distanz zur Liebeswut ist ein Naturvorgang oder eine seelische Reifung, keine absichtsvolle Tat; sie führt nicht zu monastischen Tugenden; sie gestattet vielmehr, wie der letzte Satz des Vorworts markant hervorhebt, eine neue Aufmerksamkeit auf irdisches *Vergnügen*, auf die Freuden der Liebe, besonders aber auf die minimale und fragile Selbstbestimmung der Frauen durch Poesie, die ihre natürliche Lebendigkeit freisetzt, indem sie ihren Verstand befreit aus der mit dem Leidensdruck verbundenen Erstarrung.

4. Boccaccio hat mit unübertrefflicher Deutlichkeit gesagt, was er mit seinem *Decameron* erreichen wollte. Er hat seine Absichtserklärung so klar formuliert an den Anfang seines Buches gestellt, daß kein Disput nötig wäre, wenn nicht die hartnäckige Fortwirkung populär gewordener Boccaccio-Bilder oder einseitige Reaktionen darauf den Wortlaut verdeckten. Sehen wir uns im *Vorwort* den Textabschnitt 14 näher an. Der Erzähler kündigt an, er werde 100 Novellen vortragen, die von vergnüglichen und traurigen Liebeserfahrungen und von anderen unerwartet-zufälligen Begebenheiten (*fortunati avvenimenti*) handelten. Diese hundert Geschichten spielten teils in der Antike, teils in den neueren Zeiten (*moderni tempi*). Sie nehmen also keine Rücksicht auf die kirchliche Zeiteinteilung *vor* und *nach* Christi Geburt; in ihnen kommen Christen, aber auch antike Heiden, Juden und Anhänger des Islam vor; sie zeigen Glück und Unglück der Liebe und die Zufallsabhängigkeit des menschlichen Lebens

überhaupt. Das *Vorwort* erklärt, was die Frauen, die diese Geschichten lesen, von ihnen erwarten können: *Vergnügen und nützlichen Rat* (*diletto ... e utile consiglio*). Heute klingt es „unpoetisch", wenn Poesie „nützlichen Rat" verspricht. Dabei ist die Vorstellung, daß Dichtung die Aufgabe habe, zu nutzen und zu vergnügen, keine sonderlich originelle Dichtungstheorie; sie ist seit Horaz vielfach wiederholt worden[21]; Boccaccio brauchte sie nur auf seine Novellen anzuwenden und zu präzisieren: Vergnügen bringen sie, weil amüsante Dinge in ihnen vorkommen; Nutzen schaffen sie, weil die Leserinnen daraus erkennen können, *was abzulehnen* (*zu fliehen*) *und was zu erstreben ist* (*che sia da fuggire e che sia similmente da seguitare*).

Diese letztere Formel bezeichnete für jeden Gebildeten des 13. und 14. Jahrhunderts ein klares Programm, das er zumindest aus Cicero kannte: Es geht nicht darum, was dem einzelnen im konventionellen Sinne nutzt oder schadet, sondern es geht um das, was *wirklich* und was *im Grunde* nützlich oder schädlich ist[22]. In diesem

---

[21] Horaz, *Epistula ad Pisones* − *De arte poetica* 343−344: *Omne tulit punctum, qui miscuit* utile dulci, *Lectorem delectando pariterque monendo.*

[22] Cicero, *De officiis* I 35,128, ed. C. F. W. Mueller, Leipzig 1955, S. 44, 12−15: *Nos autem naturam* sequamur *et ab omni, quod abhorret ab oculorum auriumque approbatione* fugiamus. Die Formel mit dem stoischen Naturrechtsmotiv und mit ihrem charakteristischen Gegensatz von *sequi* (auch *adpetere*) und *fugere* (auch *vi-*

Sinne gebrauchten auch die Philosophen des Mittelalters diese Formel; sie kommt schulübergreifend vor; Thomas von Aquino benutzte sie genauso wie Wilhelm von Ockham. Sie zeigte regelmäßig an: Hier geht es um die Grundbegriffe der Moralphilosophie. Im Textabschnitt 14 des *Vorworts* des *Decameron* besagt die Formel: Dieses Buch will unterhalten und amüsante Geschichten erzählen, aber so, daß die Frauen daraus eine elementare Unterrichtung in Moralphilosophie erhalten. Sie können daraus erkennen, was in ihrem *wahren* Interesse liegt. Boccaccio hebt ausdrücklich den Erkenntnisgewinn (*potranno cognoscere*) hervor, den seine Erzählungen bringen.

Das *Decameron* als vergnügliche und anschauliche Moralphilosophie für Frauen — Boccaccio spricht das ebenso unzweideutig aus, wie es vielen weitverbreiteten Boccaccio-Bildern widerspricht. Wer bei Dichtung keinen Erkenntnisgewinn erwartet, wer also „das Wahre" vom „Schönen" abgetrennt hat, kann Boccaccios Programm nicht gelten lassen. Wer einen so prinzi-

---

tare) war in der Antike nicht eben selten. Vgl. auch Cicero, *De natura deorum* III 13,33, ed. W. Ax, Leipzig 1961, S. 130, 16–20; Quintilian, *Institutio* XI 1,54. Für das Mittelalter ein zufällig herausgegriffenes Beispiel: Thomas von Aquino, *Summa theol.* I–II, 94,2. – W. Hollander, *Boccaccio's Last Fiction*, S. 79, kennt die Formel nur aus dem in der rhetorischen Tradition Ciceros erzogenen Ovid und verkennt ihren philosophischen Charakter.

piellen Moralbegriff zugrundelegt, daß Moral grundsätzlich nicht anschaulich gemacht oder gar vergnüglich vorgetragen werden kann, wird Boccaccios eindeutige Erklärung überlesen oder umdeuten. Wer schließlich unter *Moral* nur eine bestimmte, zum Beispiel die augustinisch-monastische, versteht, wird die Assoziation von Moral und irdischem Vergnügen verwerfen und dem *Decameron* seinen moraltheoretischen Anspruch absprechen. Aber wir müssen von Boccaccio selbst erfragen, welche Moral er hat lehren wollen. Hier ist noch nicht der rechte Ort, dies inhaltlich auszuführen. Der mitdenkende Leser des *Vorworts* wird sich eingestehen, daß er noch nicht weiß, wie die Moral aussieht, die er den Beispielerzählungen des *Decameron* entnehmen soll; aber der Autor hat, wie die ersten Novellen beweisen, vorgesehen, daß den Leser diese Frage vom *Vorwort* an begleitet.

Nun haben viele sich daran gewöhnt, Boccaccio als Immoralisten anzusehen. Manche stützen sich auf diese Charakterisierung des Autors des *Decameron*, um ihn mit Machiavelli in Verbindung zu bringen, den sie ebenfalls fälschlich für einen Immoralisten halten. Doch bleiben wir fürs erste beim *Vorwort* des *Decameron*. Es wimmelt darin von Moralismen. Wer nie den Namen *Boccaccio* gehört oder mit modernen Assoziationen verknüpft hätte, müßte gleich beim Lesen des ersten Satzes einen moralphilosophischen Traktat erwarten, denn hier wird Mitleid anempfohlen, nicht nur als weiche Naturbegabung einiger Menschen, sondern als etwas, das *jedem gut anstehe*. Mitleid gilt hier als etwas, was *jeder* Mensch haben und üben soll. Boccaccio redet nicht von *Pflicht*. Er wählt eine humane und eher weiche Wendung für das, was man von jedem Menschen erwarten kann: Aufmerksamkeit auf das Leiden anderer.

Das *Vorwort* enthält im Abschnitt 7 einen weiteren moralphilosophischen Lehrpunkt. Es erklärt die Dankbarkeit für eine hohe oder gar die höchste Tugend. Dies sind Aufgaben der Moralphilosophie: Herauszufinden, was *jedem Menschen gut ansteht* (wie in Textabschnitt 2), und die Ranghöhe der Tugenden zu bestimmen (wie in Textabschnitt 7). Ein Immoralist redet anders. Ein Immoralist stellt seine Tätigkeit nicht in den Dienst der Leidenden; er nimmt sich nicht vor, durch sein Tun den Fehler des Schicksals auszugleichen, daß es immer den Starken hilft. Für den Immoralisten macht das Schicksal keine Fehler − das *Decameron* aber ist eine einzige Gegenaktion gegen den Fehler der Fortuna, die Schwachen zusätzlich zu benachteiligen.

Daß Dichtung zur Moralphilosophie gehört, daß sie *beweisen* will, daß Poesie also Erkenntnisgewinn verspricht und eine neue ethisch-politische Lebensordnung herbeiführen soll, das widerspricht einigen, nicht allen, modernen Denkgewohnheiten über Poesie; im Umkreis Boccaccios war es eher das Übliche; man kann dies bei Guido Cavalcanti, besonders aber bei

Dante nachweisen[23]. Dante hat ausdrücklich versichert, seine *Göttliche Komödie* gehöre zur Moralphilosophie; sie sei auf das gute Handeln, nicht auf die reine Kontemplation hingeordnet; Boccaccio hat in seiner *Erklärung der Göttlichen Komödie* diese Selbsteinordnung Dantes nachdrücklich bestätigt[24]. Im 20. Jahrhundert liegen die Grenzen zwischen Poesie und Philosophie anders als gegen 1300. Der Leser des *Decameron* weiß hier schon, daß die Moral, die das *Decameron* zu lehren verspricht, nicht mehr dieselbe Moral sein kann wie die Dantes. *Galeotto* war für Dante Anlaß des Höllenunglücks, für Boccaccio der gern gewählte Titel für seine vergnügenstiftende Poesie. Dies allein schon deutet auf schwerwiegende Unterschiede hin. Wenn Boccaccio Moral lehren wollte, dann ist anzunehmen, er habe eine andere Art von

---

[23] Wie weit diese Vorstellung, der Poet sei Philosoph, verbreitet war, zeigen auch R. G. Witt, *Colluccio Salutati and the Conception of the Poeta Theologus in the Fourteenth Century*, in: *Renaissance Quarterly* 30 (1977), S. 538–563, und Ch. Trinkaus, *The Poet as Philosopher. Petrarch and the Formation of Renaissance Consciousness*, New Haven–London 1979. Vgl. neuestens die instruktive Studie von D. Di Cesare, *La poesia come poiesis politica in Coluccio Salutati*, in: B. Mojsisch / O. Pluta (Hg.), *Historia Philosophiae Medii Aevi. Studien zur Geschichte der Philosophie des Mittelalters*, Band 1, Amsterdam 1991, S. 193–210.

[24] Dante Alighieri, *Epistola* XIII 40, ed. A. Frugoni / G. Brugnoli, in: Dante Alighieri, *Opere minori*, Band 2, Mailand–Neapel 1979, S. 624.

Dichtung geschaffen, um eine *andere* Moral zu lehren. Aber eine *andere* Moral ist immer noch eine *Moral*, und wer wie der Autor des *Decameron* zeigen wollte, *was zu fliehen und was zu erstreben ist*, der war nach herkömmlicher Terminologie schlicht ein Lehrer der Moral.

Boccaccio beendet den Textabschnitt 14 mit einer für dessen Auslegung wichtigen Erklärung: Solange die Frauen schwer leiden, weil ihre Gedanken melancholisch fixiert sind, können sie diese Früchte der Erzählungen nicht ernten (*le quali cose senza passamento di noia non credo che possano intervenire*). Wer will, daß die Frauen sich als moralische Subjekte begreifen und daß sie frei verwerfen und anstreben, der muß ihre trüben Gedanken durch vergnügliche ersetzen. Nur so gewinnen sie Beweglichkeit; nur dann erfassen sie, was ihnen gut tut und was ihnen schadet. Die Geschichten Boccaccios werden erzählt, damit Frauen aufhören, in ihrem Kummer auf einen einzigen Punkt zu starren. Denn nur dann können sie wieder die Weite des Bewußtseins und damit ihre moralische Selbstbestimmung gewinnen. Diese Geschichten sind Therapie in moralischer, d. h. in moralermöglichender Absicht. Gerade deshalb müssen sie vergnüglich sein.

5. Heute assoziieren mehr Menschen den Namen *Boccaccio* mit einer Nachtbar oder einer Pizzeria als mit Ethik. Aber wem es gar nicht in den Sinn will, daß Boccaccio ein Moralphilo-

soph war, dem sei eine Reise nach Mailand empfohlen. Denn dort liegt in der Biblioteca Ambrosiana eine Handschrift, die Boccaccios moralphilosophisches Interesse belegt. Ich entferne mich für einen Augenblick vom *Vorwort* des *Decameron*, um dieses Manuskript zu beschreiben: In der Mitte jeder Seite steht, in großer Schrift von professioneller Hand, der Text der *Nikomachischen Ethik* des Aristoteles. Diesen Haupttext umrahmt ein Kommentar-Text; es handelt sich dabei um die Erklärung der *Nikomachischen Ethik* des Thomas von Aquino. Boccaccio hat die Aristoteles-Erklärung des Thomas mit eigener Hand abgeschrieben; er hatte also ein Interesse daran, diesen Text nicht nur zu studieren, sondern zu weiteren Studien zu *besitzen*[25].

Boccaccio war nicht reich genug, sich umfangreiche Bücher abschreiben zu lassen. Wir müssen uns also vorstellen, daß er einige Monate darangesetzt hat, den großen Kommentar des Thomas zur *Ethik* des Aristoteles eigenhändig zu kopieren. Das Mailänder Exemplar zeigt, daß Boccaccio den Text nicht nur abgeschrieben, sondern auch mit Randbemerkungen ver-

---

[25] Es ist Cod. lat. A 204 inf. der Ambrosiana. Vgl. dazu die Handschriftenbeschreibung in *Mostra di manoscritti, documenti e edizioni*. VI Centenario della morte di Giovanni Boccaccio, vol. 1, Certaldo 1975, S. 139–140; P. O. Kristeller, *Le Thomisme et la pensée italienne*, Paris 1967, S. 70.

sehen, also intensiv durchgearbeitet hat. Es liegt an unseren Vorurteilen, nicht an Boccaccio, wenn wir uns schwertun, Boccaccio mit Moralphilosophie und mit Thomas von Aquino in Verbindung zu bringen. Zwar glaubten einige Biographen zu wissen, Boccaccio, der von 1327 bis 1341 am Hofe des Königs von Neapel lebte, sei der Geliebte einer unehelichen Tochter des Königs aus dem Hause Aquino gewesen. Sie gefielen sich in der Vorstellung, so etwas wie die Großnichte des heiligen Thomas im Bett des Dichters zu finden. Mit Sicherheit hingegen lag der Ethikkommentar des Thomas auf seinem Tisch. Ob Boccaccio in Neapel Liebesaffären hatte, stehe dahin; jedenfalls hat er einen Haupttext der europäischen Moralphilosophie gründlich studiert.

Schlägt man die *Nikomachische Ethik* des Aristoteles auf, wird Boccaccios Interesse begreiflich. Denn gleich im ersten Buch lehrt Aristoteles, alles Handeln gehe auf Glück aus, die Ethik und die Politik dienten nur dem menschlichen Glück. Es gebe divergierende Vorstellungen von menschlichem Glück: Die einen setzten das menschliche Glück in den sinnlichen Genuß, die anderen in ein erfolgreiches Geschäftsleben. Aristoteles beschreibt diese Positionen nicht nur; er kritisiert sie auch. Seine Konzeption von Ethik und von Glück ist eine andere: Danach besteht das wahre Glück des Menschen, dem alles ethische Handeln zur Vorbereitung dient, in einem der reinen Theorie gewidmeten Leben.

Aristoteles' Glückskonzeption ist intellektualistisch, aber sie ist diesseitig. Für Aristoteles verlöre das sittliche Handeln jeden Sinn, wenn man das Glück erst im Jenseits erwarten dürfte. Glückseligkeit kann nach Aristoteles nicht etwas sein, das uns von einem höheren Wesen umgeworfen wird wie ein Mantel; wir müssen sie entweder selbst bewirken, hier auf der Erde, oder wir haben sie niemals. Wenn das Glück das Ziel aller menschlichen Handlungen ist, dann ist die Annahme widersinnig, Gott gebe nach freiem Ermessen dem einen Menschen Glück, dem anderen ewiges Unglück[26].

Diese aristotelische Konzeption der Ethik und des irdischen, selbstbewirkten Glücks schuf innerhalb der christlichen Zivilisation des Westens Konflikte. Der Tod war nach dieser Philosophie das größte Übel, während wir ihn nach Paulus sehnlichst zu erwarten haben, weil er uns mit Christus endgültig vereint. Die aristotelische Voraussetzung, es gebe eine wahre Glückseligkeit in diesem irdischen Leben, widersprach dem Apostel Paulus, dem Kirchenvater Augustinus und der monastisch-christlichen Tradition des Mittelalters.

Selbst hervorragende Boccaccio-Forscher wie

---

[26] Aristoteles, *Ethica Nicomachea*, ed. I. Bywater, Oxford, zuerst 1894, viele Nachdrucke. Deutsch von F. Dirlmeier, zuerst in der Akademie-Ausgabe Berlin, dann auch als Fischer-Taschenbuch, Hamburg 1957.

Robert Hollander[27] und Vittore Branca vernachlässigen die Vielfalt ethischer Positionen im Mittelalter. Sie unterstellen, mindestens bis Dante habe es nur die augustinisch-christliche Ethik gegeben; sie diskutieren, ob Boccaccio ihr noch zuzurechnen sei oder nicht. Aber die augustinisch-monastische Ethik − in der laikalen Zivilisation der Noblen des 8. bis 11. Jahrhunderts ohnehin schwer anzubringen, gar durchzusetzen − hatte mindestens drei epochale Einschnitte hinnehmen müssen:

a. Abaelard hatte im 12. Jahrhundert die subjektive Intention entdeckt und die Lust aufgewertet.

b. 1250/52 las Albert der Große in Köln über die *Nikomachische Ethik* des Aristoteles[28]. Das lateinische Mittelalter kannte auch vor 1200 schon vollständige nicht-christliche Lebenslehren, vor allem aus Cicero und Seneca. Aber jetzt erklärte Albert dem lateinischen Westen erstmals den vollständigen Text einer ausgearbei-

---

[27] Bei einem so sorgfältigen Leser wie R. Hollander fällt besonders auf, wie global er von der Ethik des Mittelalters spricht, vgl. bes. *Boccaccio's Two Venuses* (wie oben Anm. 15), S. 108, 116 und die Anmerkung 47 auf S. 228.

[28] Albertus Magnus, *Super Ethica, Commentum et quaestiones*. Edit. Colonesis, Band 14, Münster 1968. − Dazu einführend auch J. A. Weisheipl, *Albert der Große − Leben und Werke*, in: M. Entrich (Hg.), *Albertus Magnus. Sein Leben und seine Bedeutung*, Graz−Wien−Köln 1982, S. 28.

teten antiken Ethik in allen Details. Er entwickelte dabei das Konzept einer immanent-philosophischen Güterlehre ohne theologische Interventionen; ausdrücklich schloß er dabei Debatten über das jenseitige Leben und über die Unsterblichkeit aus seiner Ethik-Vorlesung aus. Er führte vor, wie es in dieser Ethik um selbstbereitetes menschliches Glück gehe. Er zeigte, daß ein so angesehener Lehrer wie Aristoteles über das menschliche Selbstvertrauen, über das Privateigentum, über die Lust und über die Ehe anders gedacht hatte als die augustinisch-monastische Tradition. Als Albert in Köln die *Nikomachische Ethik* vortrug, saß unter seinen Zuhörern Thomas von Aquino. Thomas ging dann zwar nicht so weit wie Albert in der Betonung der Autonomie der Philosophie, aber er gab eine klare Darstellung der aristotelischen Ethik und wies theologische Einwände zurück[29]. Er folgte Albert auch darin, daß er — über den Text des Aristoteles hinaus — seinem Leser Einblick ermöglichte in das reiche Spektrum ethischer Grundsatzdebatten der Antike. So korrigierte Thomas beispielsweise das popu-

---

[29] Zur Entwicklungsgeschichte der mittelalterlichen Ethik vgl. G. Wieland, *Ethica — Scientia practica*. Die Anfänge der philosophischen Ethik im 13. Jahrhundert. Baeumkers Beiträge N.F. 21, Münster 1981; vor allem aber L. Sturlese, *Il razionalismo filosofico e scientifico di Alberto il Grande*, in: *Documenti e studi sulla tradizione filosofica medievale* I, 2 (1990), S. 373—426, besonders S. 384—385.

läre Bild der Epikureer. Epikureer galten im Mittelalter schlicht als Schweine. Thomas hingegen erkannte ausdrücklich an, die Epikureer hätten sich ernsthaft um Tugend bemüht[30]. Wer an einer Ethik des Vergnügens interessiert war, konnte einen solchen Wink weiterentwikkeln.

c. Ab 1250 strömte eine Vielfalt ethischer Ansichten in den lateinischen Westen; es gab erstmals die Möglichkeit eines gewissen Pluralismus in ethischen Diskussionen. Neue Führungsschichten — etwa die Bürger einer reichen Kommune wie Florenz — konnten anfangen, ihr eigenes Ethos zu formulieren und dadurch zu konsolidieren. Es unterschied sich sowohl von dem der alten Adelsherrschaft wie von dem der augustinisch-monastischen Tradition. Dies hatte theoretische Debatten zur Folge, die mehr waren als ein bloß akademischer Disput. Der Versuch des Thomas von Aquino, das reiche antik-arabische Erbe in die augustinische Weltansicht zu integrieren, konnte nicht

---

[30] Thomas von Aquino, *In decem libros Ethicorum Aristotelis ad Nicomachum expositio*, lib. 1, lectio 5 n. 57, ed. R. M. Spiazzi, Turin 1949, S. 17: *Nam etiam Epicurei, qui voluptatem summum bonum existimabant, diligenter colebant virtutes.* — Über Epikur im Mittelalter vgl. die grundlegende Studie von M. R. Pagnoni, *Prime note sulla tradizione medievale ed umanistica di Epicuro*, in: *Annali della Scuola Normale Superiore di Pisa*, Classe di lettere e filosofia, Serie III 4 (1974), S. 1443–1477.

alle denkenden Zeitgenossen überzeugen. Alberts schroffe Unabhängigkeitserklärungen einer immanent-philosophischen Moral waren in Paris und anderswo auf fruchtbaren Boden gefallen, so daß es um 1270 einflußreiche Lehrer gab, die den Gegensatz herausarbeiteten zwischen der augustinisch-christlichen Jenseitsbeziehung und philosophischer Ethik. 1277 verbot der Bischof von Paris eine Reihe von Sätzen, die sich auf diese irdische Glückserwartung bezogen, und selbst Thomas von Aquino war in diese Verurteilung insofern verwickelt, als er in seinem Ethikkommentar den Satz, der Mensch verliere mit dem Tod alles Wertvolle, nicht angegriffen, sondern nur abgeschwächt hatte[31].

Wer wie Boccaccio wissen wollte, was Menschen suchen und was sie vermeiden sollen, wer erfahren wollte, ob und wie sich irdisches, selbstbewirktes Glück in eine theologische Weltauffassung integrieren ließ, mußte den Kommentar des Thomas zur *Nikomachischen Ethik* wichtig finden.

Die Aristotelische *Ethik* bot Boccaccio wohl noch einen anderen Anreiz: Dieses Buch *dedu-*

---

[31] Dies war die fünfzehnte der insgesamt 219 Thesen, die der Bischof von Paris verbot. Vgl. besonders die Thesen 22 und 23 bei H. Denifle / A. Chatelain, *Chartularium Universitatis Parisiensis* I, Paris 1899, S. 543–560, bes. S. 544 und 545. – Dazu K. Flasch, *Aufklärung im Mittelalter? Die Verurteilung von 1277*, Mainz 1989. Siehe besonders die Stichwörter *Diesseitigkeit*, *Ehtik* und *Glückseligkeit* im Register.

ziert nicht aus der obersten Zielvorgabe die richtigen menschlichen Verhaltensweisen, also die *Tugenden*, sondern es versucht, das richtige Leben aus der Beschreibung gegebener atheniensischer Lebensweisen zu ermitteln. Dabei versenkt sich Aristoteles in eine Fülle von Details; er beschreibt Gewohnheiten, Meinungen und Erwartungen der Menschen in einem Stadtstaat, mit dem der Stadtstaat Florenz einige objektive Gemeinsamkeiten aufwies. Aus dem Buch des Aristoteles konnte man etwas darüber erfahren, wie Stadtbürger tatsächlich leben. Die Beschreibung dieser bunten Mannigfaltigkeit der Verhaltensweisen war für einen Moralphilosophen unentbehrlich, der die Absicht hatte, seine Lehren durch kleine Geschichten vorzutragen.

Das Interesse Boccaccios für Thomas von Aquino beweist nicht, daß Boccaccio Thomist war oder es sein wollte. Thomas war ein brauchbarer Kommentator. Er wußte den vielteiligen Text gut zu gliedern; er stellte schwierige Stellen klar. Und man konnte sich auf ihn berufen, wenn man eine aristotelische Lebenskonzeption in einer durch die dominikanische Inquisition kontrollierten Stadt vertreten wollte. Eines aber beweist die Mailänder Handschrift mit Sicherheit: Boccaccio hat ein intensives Studium der Philosophie, besonders der Moralphilosophie, betrieben. Dies heißt nicht, die Moral, die er den Frauen vergnüglich vor Augen stellen wollte, sei die Aristotelische.

Dennoch bildete die Auseinandersetzung mit der Aristotelischen *Ethik* und mit Thomas als deren Kommentator für ihn eine wichtige Etappe.

6. Poesie als Philosophie — dieser für viele von uns befremdlichen Vorstellung sind wir bereits begegnet, aber bevor ich zu Boccaccios *Vorwort* zurückkehre, bedarf sie einer weiteren Abstützung. Boccaccio hat diese Konzeption von Dichtung in seinen Briefen von 1339 umrissen und in seiner Petrarca-Biographie von 1342 vertieft. Aber die Vorstellung von einem Boccaccio, der mit Theorie nichts im Sinne habe, sitzt so tief, daß sie in der Hypothese wiederkehrt, Boccaccio habe den philosophischen Anspruch der Poesie später aufgegeben oder jedenfalls nicht für seine eigenen volkssprachlichen Texte gelten lassen.

Dieser Einwand ist instruktiv; er führt zu subtilen Erörterungen über lateinische und volkssprachliche Literatur im 14. Jahrhundert. Es steht in der Tat nicht fest, daß diese verschiedenen kulturellen und sozialen Ebenen denselben Regeln unterstanden. Die letzte Entscheidung kann nur der poetische Text selbst bringen. Was nun das *Decameron* angeht, so empfiehlt sich ein kleiner Umweg. Er führt über einen volkssprachlichen Text Boccaccios, der manche Leser des *Decameron* durch seine angebliche Frauenverachtung überrascht hat, den *Corbaccio*, der wahrscheinlich 1354/1355, jedenfalls *nach* dem *Decameron* geschrieben ist[32]. Dort läßt Boccaccio über die Hauptfigur sagen:

Von deiner Kindheit an,
sehr viel mehr als es deinem Vater lieb war,
gefielen dir die Studien, die zur heiligen
　　Philosophie [*sacra filosofia*] *gehören,*
und am meisten der Teil, der zur Poesie gehört[33].

Wir lesen Boccaccios Texte heute nicht mehr als verschlüsselte autobiographische Skizzen; aber wir wissen, daß der junge Boccaccio Konflikte mit seinem Vater *hatte*. Dieser Vater stand als erfolgreicher Kaufmann im Dienst des Bankhauses Bardi; wir müssen ihn uns als Finanzberater und als Vertrauten des Königs Robert von Neapel vorstellen. Der Vater hatte seinen Sohn für den Kaufmannsberuf bestimmt. *Zeitverschwendung* nannte der Sohn später seine Lehrzeit in einem Geschäftshaus von Neapel. Aber wenn der Sohn schon den Kauf-

---

[32] In der Datierung folge ich R. Hollander, *Boccaccio's Last Fiction*. „Il Corbaccio", Philadelphia 1988, bes. S. 26–33. Vgl. S. 77.

[33] G. Boccaccio, *Corbaccio* 191; vgl. V. Branca, *Boccaccio medievale*, Florenz 1977, S. 30. — Ausführlich zu seiner Poetik hat sich Boccaccio geäußert in der *Genealogia deorum gentilium*, besonders Buch XIV und XV, ed. V. Romano, Band 2, Bari 1951. Deren Anwendung auf das *Decameron* wirft schwierige Probleme auf, denen ich hier nicht nachgehen kann. Vgl. einstweilen F. Bruni, *Boccaccio. L'invenzione della letteratura mezzana*, Bologna 1990, bes. S. 9–14.

mannsberuf ablehnte, sollte er wenigstens Jura studieren. Der junge Giovanni hat dies denn auch in Neapel getan — übrigens bei einem berühmten Juristen der Universität, der zugleich ein bedeutender Dichter war: bei Cino da Pistoia. Wohin Boccaccio wirklich tendierte, sagt der zitierte Vers. Er stimmt mit einer Reihe anderer Zeugnisse zusammen; aber selbst wenn er autobiographisch gar nicht zu verwenden wäre, beleuchtet er Boccaccios Konzept von Poesie als Philosophie. Dabei war ein Philosophiebegriff im Spiel, der nicht nur uns fremd ist, sondern auch Boccaccios Zeitgenossen Verständnisprobleme schuf: Unser Text spricht von *Studien* im Plural, von Studien, die zur Philosophie gehören. Im 14. Jahrhundert war klar, worauf sich das bezog, nämlich auf die sieben freien Künste, die zur Philosophie hinführen und zu ihr gehören. Aber was sollte es heißen, die Philosophie sei *heilig*? Wo gab es eine Philosophie, welche die Poesie als *wahr* anerkannte oder sie gar als einen Teil der Philosophie gelten ließ?

Wer um 1350 *so* von der Philosophie sprach, meinte keine akademisch etablierte Disziplin. Er meinte ein freies Nachdenken jenseits der Schulstreitigkeiten und Disziplinentrennungen. Er meinte eine Philosophie, die wie die der ältesten griechischen Weisen zugleich Lebenslehre, also Ethik, Politik, Poesie und Theologie war. Wer so redete, weigerte sich, seinen Begriff von Philosophie aus den Hörsälen der Universitäten zu beziehen. Gleichwohl konnte er sich auf die höchste Autorität aller Schulen berufen, nämlich auf Aristoteles. Boccaccio ließ sich diesen Vorteil bei seiner Selbstverteidigung nicht entgehen; er kannte nachweislich den Text aus der *Metaphysik* des Aristoteles, der von den ersten griechischen Philosophen sagt, sie hätten poetisch über das Wesen und Werden der Welt, über die Physis, gesprochen und hätten erstmals Theologie getrieben[34]. Wer diese Stelle im 14. Jahrhundert zitierte, forderte seine Hörer auf, bei dem Wort *Philosophie* nicht an die gleichzeitige Universitätswissenschaft zu denken, sondern an die Heroen des vorsokratischen Denkens, an Homer und Hesiod, an Thales und Parmenides. Ihre Philosophie war eine poetische und eine *heilige* Philosophie. *Heilig* heißt sie, weil diese ältesten Weisen ihre philosophische Gotteslehre dichterisch vortrugen. Dante hatte diese alte Konzeption als ein Reformprogramm der Philosophie *und* der Poesie in der neueren Zeit wiederentdeckt, und die zitierte Passage im *Corbaccio* sagt, daß die wahre Philosophie die Suche nach der erneuerten Einheit von Weisheit, Poesie und Ethik/Politik sein muß.

Damit sind wir noch nicht beim *Decameron*. Zwar wissen wir jetzt, daß Boccaccio von 1339 bis an sein Lebensende die Einheit von Poesie und Philosophie behauptet hat. Aber hat er es auf sein *Decameron* angewendet? Im *Schluß-*

---

[34] Aristoteles, *Metaphysik* A 3, 983b 29.

wort des Verfassers 21 (Branca S. 1259) schrieb er, das *Decameron* sei nicht für Philosophen, sondern für Frauen geschrieben, die weder in Athen noch in Bologna noch in Paris studieren könnten. Diese Leserinnen hätten Zeit; sie sollten das *Decameron* lesen, um sich die Zeit und die Schwermut zu vertreiben. Wer keine Zeit habe, solle es gar nicht erst in die Hand nehmen, und wer in Bologna oder Paris Philosophie studiere, brauche sie nicht aus Fabeln zu ermitteln. Für studierte Leute habe er sich wohl kürzer fassen können, aber für die müßigen Frauen der reichen Florentiner Kaufleute sei das Buch nicht zu lang. Boccaccio war wegen seines *Decameron* heftig angegriffen worden, noch bevor es vollendet war: Scharfe und giftige Zähne, schreibt er, hätten ihn am liebsten zerrissen, weil er angeblich den Frauen zu sehr gefallen wolle, weil er unkeusche Wörter gebrauche und die Mönche verspotte. Er solle sich lieber ums Geldverdienen kümmern als um diese nutzlosen, sogar schädlichen unmoralischen Geschichten; wenn er schon dichten wolle, solle er sich mit den Musen auf dem Parnaß abgeben, aber nicht mit den jungen Frauen am Arno[35]. Dies ist der Zusammenhang, in dem Boccaccio sein *Decameron* ironisch herunter-

---

[35] Boccaccios Selbstverteidigung findet sich in der *Einleitung zum vierten Tag* und im *Schlußwort des Verfassers*, dann auch im XIV. und XV. Buch der *Genealogia deorum gentilium*, ed. V. Romano, Band 2, Bari 1951.

spielt; es sei in der Volkssprache, in Prosa und in anspruchsloser Weise geschrieben, zum Zeitvertreib unbeschäftigter Frauen, nicht für Philosophen; es solle weder in Kirchen noch in den Hörsälen der Philosophen vorgelesen werden, also habe er sich jede Freiheit nehmen können. Mit solchen Selbstauslegungen verzichtet Boccaccio nicht auf den Anspruch, eine anschauliche Moralphilosophie zu lehren. Im Gegenteil, er bekräftigt ihn. Er bestätigt den Bezug seiner Poesie auf die Philosophie, wenn er schreibt, die Philosophen hätten sie nicht nötig. Gerade an der Stelle, wo er in der *Einleitung zum vierten Tag* seine Ansprüche am weitesten zu reduzieren scheint, spielt er mit einem Zitat aus Dante[36] und beschreibt sein *Decameron* mit Ausdrücken, die Dante für seine *Göttliche Komödie* gebraucht hatte, d. h. er wiederholt den im *Vorwort* angemeldeten Anspruch, eine Poesie zu schaffen, die zur Philosophie gehört, besonders zur Moralphilosophie, da sie lehrt, was zu erstreben und was zu meiden sei. Und mitten in seinen ironischen Selbstverkleinerungen warnt er davor, man möge seine Geschichten wegen ihres bescheidenen Auftretens nicht unterschätzen — vielleicht habe er sich vom Par-

---

[36] G. Boccaccio, *Decameron*, Introduzione IV Giornata 3, ed. V. Branca, S. 459 f: *le quali non solamente in fiorentin volgare e in prosa scritte per me sono e senza titolo, ma ancora in istilo umilissimo e rimesso.* Vgl. Dante, *Epistola* XIII 28.

naß und von den Musen nicht so weit entfernt, wie viele glaubten[37]. Eine deutlichere Mahnung verlangen nur Pedanten. Aber die hat der Verfasser des *Decameron* längst davon dispensiert, sein viel zu dickes Buch zu lesen.

7. Wer das *Decameron* liest, muß mit Verkleidungskomödien rechnen. Boccaccio wußte, daß er Gegner hatte, die buchstäblich mit Feuer arbeiteten. Er warf ihnen vor, sie versteckten ihren Unverstand im Rauch der Scheiterhaufen. Boccaccio mußte sich vorsehen, und das hat er getan. Selbstauslegungen von Dichtern stehen oft in einem rätselhaften Verhältnis zum Werk, aber Boccaccio hat offenbar bewußt Spuren gelegt. Es sind Spuren, die von ihm wegführen. Er stilisierte das *Decameron* so, als habe er damit nur indirekt zu tun gehabt. Damit kehren wir ein letztes Mal zu Boccaccios *Vorwort* zurück. Er erklärt in Abschnitt 13, er berichte nur die Geschichten, welche die sieben Frauen und die drei Männer sich erzählt hätten; er gebe die Lieder wieder, welche die Frauen damals gesungen hätten. Später, in der *Einleitung zum vierten Tag*, entschuldigt er sich mit seriöser

---

[37] G. Boccaccio, *Decameron*, Introduzione IV giornata 36, ed. V. Branca, S. 468: *né dal monte Parnaso né dalle Muse non mi allontano quanto molti per avventura s'avisano.* − Zu den Selbstauslegungen des Verfassers des *Decameron* ist nützlich zu lesen: J. H. Potter, *Five Frames for the* Decameron. Communication and Social Systems in the *Cornice*, Princeton 1982.

Miene. Wenn die eine oder andere Geschichte
mißraten oder zu freizügig sei, so sei das nicht
seine Schuld; wer ihn anklagen wolle, möge
erst einmal beweisen, daß die jungen Leute da-
mals etwas anderes erzählt hätten[38]. Dieser Be-
weis war schwer zu erbringen. Doch hat die
Rückverweisung auf die Zeit, zu der die Ge-
schichten erzählt wurden, einen poetischen Ne-
beneffekt: Sie läßt zum ersten Mal im *Decame-
ron* die überstandene Todesgefahr der Pestzeit
anklingen – ohne daß dieses gewaltige Thema
das *Vorwort* zerstört. Boccaccio wußte, daß Le-
serinnen (und Leser) nicht gerne an Katastro-
phen erinnert werden. Daher hielt er das Pest-
thema aus dem *Vorwort* heraus, bis auf diesen
einzigen dumpfen Trauerton, den er dann in
der *Einleitung zum ersten Tag* zum erschüttern-
den Fortissimo steigern wird.

In diesem Zusammenhang nun stellt Boccaccio
es uns ausdrücklich frei, wie wir seine Ge-
schichten genau bezeichnen wollen: *Hundert
Novellen* oder *Fabeln* oder *Gleichnisse* (*Para-
beln*) oder *Historien* (*Geschichten*), wie immer
wir sie nennen wollen, kündigt er an. Das heißt
doch, meine ich, ganz klar, daß Boccaccio sich
in der Bezeichnung seiner hundert Textstücke
nicht festlegen will. Er gebraucht meist den
Ausdruck *Novelle*, der auf die Neuigkeit des
Hauptereignisses und auf die Kürze der Texte

---

[38] G. Boccaccio, *Decameron*, Introduzione IV Giornata 39, ed. V. Branca, S. 469.

hinweist; er stellt es uns frei, von *Fabeln* zu sprechen, denn erfunden sind sie alle, nicht von ihm freilich, sondern von den zehn Erzählern, wie er simuliert; wir dürfen sie seinetwegen auch *Gleichnisse* nennen, denn sie sind lehrreiche Erzählungen wie die neutestamentliche Geschichte vom verlorenen Sohn. Er hat auch nichts dagegen, daß wir sie *Historien* nennen — etwa so, wie die Deutschen von der *Historia des Doktor Faustus* sprechen, nicht im Sinne des *historischen Wissens* des 18. oder 19. Jahrhunderts. Da sie alle erzählt werden, damit die Leserinnen lernen können, Gut und Böse zu unterscheiden, brauchen sie nicht buchstäblich wahr zu sein. Aus allen kann man lernen, wie zufallsabhängig das menschliche Leben ist und wie klug-vorsichtig wir uns in ihm bewegen müssen.

Das alles sagt Boccaccio mit der ihm eigenen Klarheit. Dennoch hat sich an diese Stelle seines *Vorworts* eine Debatte über das Wesen der *Novelle* und über die Unterschiede zwischen Novelle, Fabel und Historie geknüpft, eine Diskussion, die Boccaccio offenbar vermeiden wollte. Man kann zwar auch aus diesen Debatten einigen Nutzen ziehen; sie werden uns daher noch beschäftigen. Aber zunächst ist ihnen der Text des Dichters entgegenzuhalten, dem es offenbar gleichgültig war, wie man die *Novelle* definiert, oder gar, wie man zwischen *Novelle*, *Fabel* und *Historie* differenzieren könnte. Boccaccio besaß nicht diese Leidenschaft einiger Romanisten für die sogenannte Gattungstheorie. Zwar wußte er, welchen Erzähltypus er seinen zehn jungen Leuten in den Mund zu legen gedachte; keineswegs konnte er theorielos draufloserzählen. Aber ihm ging es um Welterkenntnis und um die Einladung zu einer neuen Form des Zusammenlebens, nicht um Literaturtheorie; er wollte den Frauen, die nicht nach Bologna gehen durften, zeigen, was erstrebenswert und was wahrhaft schädlich ist. Es ging ihm darum, ihnen die Vielfalt der Welt und den Unterschied von Gut und Böse zu zeigen. Boccaccio, dieser kämpfende Intellektuelle, wollte keine neutrale *Gattungstheorie*, die ihm freilich weniger Ärger eingetragen hätte als sein so dezidiertes *Decameron*. Wenn er vom Himmel her dem Treiben der *Decameron*-Ausleger zusieht, huscht neuerdings öfter ein maliziöses Lächeln über sein Gesicht: Daß doch diesen Boccaccio-Beflissenen so gar nichts Anzügliches und auch sonst nicht viel einfällt, wenn sie, immer wieder, problemüberströmt, aufstöhnend fragen: Was ist bloß eine *Gattung*?

Die Pest

Erster Tag: Einleitung (Teil I)

Es folgt das größte Textstück des *Decameron*, die *Einleitung zum ersten Tag*. Boccaccio hat es scharf gegliedert. Der erste Abschnitt (2–48 einschließlich) erzählt die Pest in Florenz anno 1348; der zweite Abschnitt (49 bis zum Schluß) berichtet, wie die zehn jungen Leute beschließen, Florenz zu verlassen. In dem von Boccaccio selbst geschriebenen Exemplar des *Decameron*, das heute als Codex Hamilton 90 in Berlin liegt, markierte der Autor diese Zäsur bei Abschnitt 49 mit einer großen Initiale[39]. Er sah hier einen Neuansatz. Mit Recht.

Zunächst nimmt Boccaccio noch einmal die Anrede an die Frauen auf (2–7). Der Ton ist zurückgenommen, familiär, fast plaudernd noch, wenn er ihnen gesteht: Ein Buch, das beginnt, indem es die große Pest schildert, muß euch Frauen abschrecken, da ihr von Natur aus mitleidig seid. Aber ich habe nicht die Absicht, meine Leserinnen zu vertreiben, deshalb versichere ich euch, daß es nicht das ganze Buch hindurch mit Seufzern und Tränen weitergeht.

---

[39] Codex Hamilton 90 der Bibliothek Preußischer Kulturbesitz, Berlin, fol. 3 rb. Ich benutze die Faksimileausgabe von V. Branca, Florenz 1975.

Die Extreme berühren sich; dem äußersten Schmerz muß Freude folgen. Niemand würde sie noch erwarten nach diesem ungeheuren Leid; daher muß man sie ankündigen.

Freude heißt das Ziel, zu dem der Autor führen will. Nicht Weltverzicht, sondern Genuß und Vergnügen (*la dolcezza e il piacere*) soll das Buch bringen; aber anständigerweise, ehrlicherweise, gerechterweise (*onestamente*) kann es die Katastrophe nicht verschweigen. Die Notwendigkeit selbst zwingt den Autor, mit der Pest zu beginnen.

Welche Notwendigkeit? *Muß* er die Pest wirklich schildern? War die Erinnerung noch zu frisch, um umstandslos zum Erzählen heiterer Geschichten überzugehen? Ein Unglück, von dem viele glaubten, es werde eine Stadt wie Florenz völlig auslöschen, ein Unglück, dessen man so gar nicht Herr geworden war und das jederzeit wiederkehren konnte, war nicht einfach wegzuwischen[40]. Wo Menschen nachdenk-

---

[40] Zur Pest von 1348 vgl. M. B. Becker, *Florence in Transition*, Baltimore 1967; G. A. Brucker, *Renaissance Florence and Florentine Politics and Society, 1343–1378*, New York 1962; ders., *Florence and the Black Death*, in: *Boccaccio. Secoli di vita*, ed. M. Cottino-Jones / E. F. Tuttle, Ravenna 1977, S. 21–30; W. M. Bowsky, *The Black Death. A Turning Point in History?* New York 1971; M. Meiss, *Painting in Florence and Siena after the Black Death, 1350–1375*, Princeton 1971; D. Williman (Hg.), *The Black Death*, Binghamton (N.Y.) 1982; J. Ruffié / J.-Ch. Sournia, *Die Seuchen in der Geschichte*

lich zusammensaßen, war es noch gegenwärtig. Man könnte sagen, Boccaccio *mußte* die Pest erzählen, weil er diesen psychologischen Zwang nur lösen konnte, indem er ihn respektierte. Aber das wissen wir nicht. Wir müssen uns an den Text, nicht an verborgene Innenwelten des Autors und der zeitgenössischen Leser halten. Was also sagt der Text zu der Frage, warum die Pest geschildert wird?

Wahrscheinlich sind mehrere Antworten möglich. Beginnen wir mit einem ersten Aspekt.

1. Indem der Text eingangs die Pest eindringlich vergegenwärtigt, schafft er für alle folgenden Geschichten ein ästhetisch-moralisches Gegengewicht. Alles Spielerische, alles Heitere entfaltet sich vor einem ungeheuren Schatten; alle künftig erzählte Freude bezieht sich ästhetisch auf ein Leiden, dem keine individuelle Trauer hat gerecht werden können, weshalb Boccaccio auch keinen Versuch macht, die individuelle Spiegelung des Leidens innerhalb der Pestschilderung vorzubringen; er berichtet hier von keiner individuellen Erschütterung, etwa durch den Verlust einer Mutter oder eines Kindes. Das Unglück ist kollektiv; es zer-

---

der Menschheit. Zuerst Paris, deutsch Stuttgart 1987. Doch vgl. auch L. F. Hoffmann, *La Peste à Barcelone*, Paris 1964; W. H. Mollaret / J. Brosselet, *La Peste, source méconnue de l'inspiration artistique*, Antwerpen 1965; M. Sendrail, *Histoire culturelle de la maladie*, Toulouse 1980.

stört die Signaturen der Individualität; seine Wahrheit sind die Massengräber, die Boccaccio kalt — wir sind in einer Weltstadt des Fernhandels — mit den Warenladungen großer Schiffe vergleicht (42)[41]. Dieses über-individuelle Elend bildet die Folie für alle hundert Geschichten, denn alle Novellen wurden, der Fiktion zufolge, während der Pestzeit erzählt; sie haben den zehn jungen Leuten geholfen, ihren Lebenssinn wachzuhalten. Zu ihrem fiktiven Gehalt tragen sie zusätzlich das fiktive Merkmal, in der äußersten Belastung nützlich gewesen zu sein, gewissermaßen als die poetische Garantie, daß sie auch im Liebesunglück einzelner Frauen nützlich sein werden.

Im 14. Jahrhundert haben Maler zum ersten Mal versucht, eine Nachtlandschaft zu malen, also das Dunkle sichtbar zu machen und damit die Verhältnisse von Licht und Schatten ästhetisch umzukehren. Die Umkehr fällt um so mehr ins Auge, als an vielen Orten noch auf Goldgrund gemalt wurde. Im 15. Jahrhundert malte Piero della Francesca in der Kreuzeslegende von Arezzo nächtliche Träume; er begründete mit seinen Nachtvisionen die Möglichkeiten, die Rembrandt später voll entwickeln sollte: Malerei und Poesie als Nachtwache,

---

[41] Die Zahlen in den Klammern geben den Textabschnitt in der Einteilung von V. Branca wieder. Mit Hilfe dieser Zahlen lassen sich Texte auch in der Übersetzung leicht finden.

alle hellen Episoden vor dunklem Grund. Die Dunkelheit, vor der Boccaccios Geschichten sich abheben, ist nicht mehr die fiktive Höllenfinsternis Dantes, sondern die Erinnerung an das reale Inferno der Pest.

Bürgerliche Gelehrte, die in den dreißiger Jahren die Frage beantworten wollten, warum Boccaccio mit der Pestschilderung beginne, antworteten: Boccaccio wolle mit der Sittenauflösung während der Pest die größere Freiheit erklären, die sich die jungen Frauen beim Erzählen obszöner Geschichten erlauben. Solche Gelehrte (die keine Fiktion sind, man schlage nach bei G. Petronio, *Il Decamerone*, Bari 1935), solche Spezialisten also konnten sich auf Boccaccio selbst berufen, der gelegentlich bemerkt, heute sei man weniger großzügig als während der Pest. Aber Boccaccio hat nicht gesagt, dies sei der Grund, weshalb die Pesterzählung den Auftakt bildet.

Diese Begründung wäre falsch, selbst wenn sie philologisch nicht widerlegbar wäre. Denn die Pest tritt hier als ein umfassend-enthüllendes Ereignis vor Augen, sie ist einfach zu groß, um nur erzählt zu werden, damit die kleinen Verletzungen sexueller Tabus entschuldigt sind. *Klein* nenne ich sie — nicht in ihrer sozialen, psychologischen und intellektuellen Funktion, sondern nur in ihrem Mißverhältnis zum Massenelend der Pest.

2. Deutlicher zeigt die Pestschilderung ihren Bezug zu den hundert Novellen unter einem zweiten Aspekt: Sie offenbart die äußerste moralische Zersetzung. Die Pest ist die Stunde der Wahrheit der florentinischen Gesellschaft; ihr bislang verschleierter Egoismus tritt zutage; er hat die natürlichen Bande aller zerrissen; selbst die heiligsten Bande, die der Eltern zu den Kindern, sind zerstört. Die göttlichen und die menschlichen Gesetze werden nicht mehr respektiert; jeder kann tun, was ihm beliebt. Die stabilsten und ehrwürdigsten Gebräuche, nämlich die der Bestattung, werden nicht mehr eingehalten; die edelsten und schönsten Frauen haben die Scham verloren. Die nackte Selbsterhaltung hat den Firnis der Kultur und Sittlichkeit gesprengt. Für den Leser stellt sich die Frage, ob unser Text diese Rücksichtslosigkeit als eine *Folge* der Pest beschreibt oder ob er zeigt, daß Florenz schon *vor* der Pest eine Wolfsgesellschaft war.

Man rühmt den *Realismus* dieser Pestbeschreibung. Sie ist in der Tat so präzis, daß Medizinhistoriker mit Boccaccios Text arbeiten können. Medizinische Phänomene und soziale Reaktionen sind mit kühler Sachlichkeit notiert; politische und psychologische Konsequenzen werden objektiv registriert, ebenso die psychischen Traumata, bis hin zu den Angstvorstellungen der Überlebenden, denen die Toten mit grauenhaft verändertem Gesichtsausdruck erscheinen. Zwischen Land und Stadt wird sorgfältig unterschieden. Das Versagen bzw. das Verschwinden der Führungsschichten – der Politiker, der Ärzte und der Priester – wird in seinen Folgen analysiert. Eine Stadt – die wirtschaftlich, sozial und intellektuell fortgeschrittenste Stadt des 14. Jahrhunderts – liegt wie auf dem Seziertisch. Und doch dienen alle realistischen Elemente nicht der wertfreien Deskription, sondern der ethisch-politischen Wertung. Überall drängen Moralismen in die Beschreibung: Quacksalber gibt es in Fülle; sie alle versprechen mehr, als sie halten können. Ob die Menschen sich zurückziehen und maßvoll nur die edelsten Speisen zu sich nehmen oder ob sie in Saus und Braus leben, sie alle täuscht der Wahn, sie könnten sich auf diese in sich widersprüchlichen Weisen retten. Zynismus kommt auf; viele lachen über das allgemeine Unheil. Jeder will nur für sich sorgen und gibt Haus und Verwandte, Arbeit und Eigentum auf; die Sterbenden bleiben ohne Hilfe; die wenigen Diener, die es noch gibt, lassen sich ihre groben und uninteressierten Handreichungen teuer bezahlen. Wie sehr Boccaccio moralisiert, zeigt die Stelle in Abschnitt 38, wo er eigens hervorhebt: Wenn man die Toten begrub, dann weniger aus Liebe zu ihnen als aus Furcht, sich durch die verwesenden Leichen anzustecken. Das Moralisieren geht andererseits nicht so weit, das Mitleid mit diesen ratlosen und geängstigten Menschen zu neutralisieren. Die Pest erscheint als namenloses Unglück; sie beweist zuerst und zumeist die *Grausamkeit des Himmels*, dann, in zweiter Linie, mit einer gewissen Unsicherheit, *vielleicht, zum Teil die der Menschen* (47). *Grausamkeit des Himmels*, das ist wahrscheinlich astrologisch zu lesen: Es herrschte eine ungünstige Konstellation der Sterne. Aber der Autor präzisiert das hier nicht; er schiebt demjenigen Leser keinen Riegel vor, der diese Grausamkeit Gott zuspricht, dessen Weltherrschaft diese Konstellation nicht verhindert hat. Dieser metaphysisch-theologische Aspekt muß uns später noch beschäftigen; jetzt ist nur festzuhalten: Diese Pestschilderung beschreibt bei all ihren realistischen Elementen nicht objektiv-wertfrei eine Naturkatastrophe; sie kritisiert einen moralischen Nullpunkt. Tiefer kann eine Gesellschaft nicht sinken, als daß Eltern ihre todkranken Kinder im Stich lassen; die Tiere zeigen sich vernünftiger (46: *quasi come razionali*) als die Menschen.

Das Eingeständnis der vollendeten Sündhaftigkeit, also die Einsicht in die totale Verderbnis, zwingt die Frage auf, wie man herauskommt, heraus aus der Stadt und aus der Verkehrung aller sittlichen Verhältnisse, welche die Pest enthüllt, aber nicht verursacht hat. Erst wenn man die menschliche Verwüstung als solche vor Augen hat, will man wirklich, d. h. aus Lebensinteresse, wissen, was man anstreben und was man vermeiden soll. Dann erst wird anschauliche moralphilosophische Belehrung eine Lebensnotwendigkeit, kein beliebiger Ableger einer beliebigen akademischen Disziplin. Die Gründung einer *anderen Gesellschaft*, und sei es einer fiktiven, aber einer Gesellschaft außerhalb der Pest und der in ihr sich offenbarenden gesellschaftlichen Korruption, erscheint dann als der einzige Ausweg. Deshalb (aber nicht nur deshalb) trägt Boccaccios Buch die Pest auf der *Stirn*.

3. Das Florenz des 14. Jahrhunderts mußte mit Katastrophen leben. 1317 hatte es erstmals wieder eine Hungersnot gegeben; 1333 hatte Florenz eine große Überschwemmung erlebt; 1339 kam es zum großen Bankenkrach, in dessen Folge Boccaccios Vater Neapel verlassen und mit seinem Sohn nach Florenz zurückkehren mußte. Hinzu kamen politische Wirren, wie sie durch den unerwartet frühen Tod des Kaisers Heinrich VII. und den Daueraufenthalt der Päpste in Avignon entstanden. 1341 wählte die Stadt einen auswärtigen Herrn, den Herzog von Athen, um der inneren Kämpfe Herr zu werden — vergeblich. Aber die Pest von 1348 übertraf alles bisher Erlittene; sie wurde als ungeheure Katastrophe erfahren; die Menschen grübelten, redeten und schrieben über ihre Gründe und Hintergründe[42]. Um zu begreifen,

---

[42] Zur Katastrophengeschichte des 14. Jahrhunderts vgl. oben Anm. 40. Zur intellektuellen Verarbeitung der Pest vgl. noch K. Sudhoff, *Pestschriften aus den ersten*

warum die Pestbeschreibung das *Decameron* eröffnet, müssen wir untersuchen, wie sich dieser Text zu den zeitgenössischen Pestdebatten verhält. Daß hier nicht von der persönlichen, inneren Reaktion des Menschen Boccaccio die Rede ist, sondern allein von dem Text der *Einleitung zum ersten Tag*, versteht sich von selbst. Um das Ergebnis langer Untersuchungen zusammenzufassen: Boccaccio (d. h. der Verfasser der *Einleitung*) verhielt sich skeptisch zu allen naturphilosophisch-medizinischen und zu allen theologisch-metaphysischen Erklärungen der Pest; er vermied sorgfältig eine Stellungnahme in deren Sinn, zeigte eine Vorliebe für die verbreitete astrologische Pestdeutung und insistierte als Moralist und als Kritiker der florentinischen Gesellschaft darauf, daß, *wenn* die Pest eine göttliche Strafe sei, Florenz diese Strafe *verdient* habe. Boccaccio gibt also keine providentiell-moralistische Deutung der Pest. V. Branca behauptet im Hinblick auf Textabschnitt 8 und 25, Boccaccio deute die Pest religiös-providentiell, aber sehen wir uns diese Stellen etwas näher an:

Das Problem der metaphysischen oder naturphilosophischen Erklärung der Pest drängt sich gleich in den ersten Satz der Pestbeschreibung. Zwei Ansichten werden erwähnt: Entweder

150 Jahren nach der Epidemie des „schwarzen Todes" 1348, in: *Archiv für Geschichte der Medizin* 5 (1912), S. 36–87.

kam die Pest zustande durch eine ungünstige Konstellation der Sterne, oder der gerechte Zorn Gottes hat sie unserer Schlechtigkeiten wegen über die Sterblichen kommen lassen, damit sie sich bessern (8). Der nächste Satz berichtet dann vom Ursprung der Pest im Orient. Boccaccio entscheidet nicht, welche der beiden Theorien er für wahr hält. Er erwähnt sie als Ansichten der Menschen. Er behauptet einzig, daß, falls die Pest auf den Zorn Gottes zurückgehe, dies ein gerechter Zorn war, denn die Verkehrtheit der Menschen war übergroß. Dies ist eine hypothetisch theologische, aber kategorisch moralistisch-politische Deutung der Pest. Doch das historisch Besondere an diesem Satz ist, daß er die allverbreitete theologische Erklärung hypothetisch einsetzt, also in der Schwebe hält. Der schon erwähnte Textabschnitt 47 führt es auf die *Grausamkeit des Himmels* zurück, daß in Florenz mehr als 100 000 Menschen an der Pest starben. Hat Boccaccio damit die zunächst offengelassene Frage im Sinne der astrologischen Pesterklärung entschieden? Soweit wird man wegen der Kürze der Bemerkung nicht gehen wollen, aber daß Boccaccio mit der Astrologie sympathisierte, ist sicher[43]. Auffällig ist auch, daß er bei der in Abschnitt 8 formulierten Alternative (Astrologie oder

---

[43] Vgl. dazu die Nachweise bei A. Hortis, *Accenni alle scienze naturali nelle opere di Giovanni Boccaccio*, Triest 1877, S. 12–35.

Theologie) die Kombinationstheorien nicht benutzt, die längst entwickelt waren, um die astrologisch-medizinische Wissenschaft mit der moralisch-theologischen Weltsicht zu verbinden; man brauchte ja nur zu erklären, die Sterne seien die *Instrumente* der göttlichen Vorsehung, um die Astrologie mit der Theologie auszusöhnen. Hatte Augustinus die Astrologie schroff verworfen, so hatten Albert und Thomas von Aquino ihr je verschiedenes Interesse an der Astrologie mit Hilfe einer Vermittlungstheorie integriert. Boccaccio bediente sich solcher Erklärungen, die ihm zweifellos bekannt waren, nicht; er sah eher einen Gegensatz zwischen der astrologisch-wissenschaftlichen und der theologischen Pesterklärung. Er zog, ohne sich festlegen zu wollen, die astrologische Kausalität vor und legte die theologische so lange aus, bis etwas Moralisch-Politisches herauskam, nämlich eine detaillierte Kritik an Florenz und ein Bezug auf sein ethisch-politisches Erneuerungskonzept.

Hatte Lichtenberg Boccaccio für einen Freigeist gehalten und es für abgeschmackt erklärt, daß Boccaccio gleichwohl fromme Redensarten einfließen und seine zehn jungen Leute auch noch beten ließ, so kam mit den fünfziger Jahren unseres Jahrhunderts eine neue Tendenz in der Boccaccio-Deutung auf: Boccaccio als mittelalterlicher, d.h. als religiöser Mensch. Der Hauptverfechter dieser Interpretationslinie, Vittore Branca, sah, daß sich an der Pestdeutung zeigen muß, wohin Boccaccio gehört. Er zitierte dafür Abschnitt 8, mußte aber zugeben, daß die providentiell-theologische Deutung hier nicht *resolut genug* ausfällt (wie er sich abschwächend ausdrückte. In Wahrheit läßt der Text, wie jeder sehen kann, alles in der Schwebe). Branca suchte daher nach einer deutlicheren theologischen Proklamation des „mittelalterlichen" Boccaccio und fand Boccaccios ausdrücklichere theologische Pestdeutung in Abschnitt 25. Dort berichtet Boccaccio, alle wollten nur für sich sorgen und seien geflohen; alles hätten sie im Stich gelassen, nur um aus Florenz herauszukommen, *als könne der Zorn Gottes über die Untaten der Menschen sie nicht überall, wo sie sich zufällig befanden, mit der Pest treffen.* Auch dies ist keine theologische Erklärung der Pest. Denn dieser Text zeigt nur, daß zu den vielen Irrtümern und Fehlern, mit denen die Florentiner auf die Pest reagierten, auch dieser gehörte: Sie gefielen sich in dem Wahn, der Zorn Gottes über ihre Untaten sei auf das Gebiet innerhalb der Stadtmauern beschränkt. Diese theologische Wendung sagt nur soviel: Man konnte auch außerhalb der Stadtmauern an der Pest sterben. Diese Wendung Boccaccios zeigt einen Widerspruch innerhalb der verbreiteten theologischen Pestdeutung auf: *Wenn* man die Pest als göttliches Strafgericht deutete, war es widersinnig zu glauben, die Pestpfeile Gottes könnten nur innerhalb des Mauerrings treffen. Die zitierten Sätze stehen in einem Bericht über inkohärentes Verhalten; nähme man sie dogmatisch als theologische Pestdeutung, dann dürfte Boccaccio auch seinen zehn jungen Leuten nicht die Abreise aus Florenz gestatten. Wenn Boccaccio in eigenem Namen eine providentielle Pestdeutung hätte vortragen wollen, hätte er in Abschnitt 8 die passende Gelegenheit gehabt. Er hat sie verstreichen lassen, und er hat sie mit dem Nebensatz in Abschnitt 25 auch nicht nachgeholt. Dieser geißelt nur die Inkonsequenz derer, die vom Zorn Gottes sprechen, aber meinen, sie könnten ihn lokal begrenzen.

Wer behaupten will, Boccaccio habe die Pest „mittelalterlich", also theologisch gedeutet, muß aus einem Text von etwa 20 Druckseiten eine Nebenbemerkung von zwei Zeilen herausklauben und diese aus ihrem Berichtszusammenhang lösen; er muß achtlos daran vorbeigehen, daß die christliche Religion nirgends als wirkliche Lebenshilfe dargestellt ist, daß Boccaccio vielmehr betont, wie unnütz alle privaten Gebete und alle feierlichen Prozessionen gewesen seien (9). Boccaccio präsentiert die Pest als unerbittliche Zerstörungsmacht, als unaufhaltsame Naturgewalt, nicht als Instrument eines gütigen Gottes. Sie verwüstet alles, auch die Sitten, einschließlich der kultischen Handlungen. Das kirchliche Beerdigungswesen, dessen Bedeutung für die klerikale Kontrolle der mittelalterlichen Stadt die erste Novelle eigens hervorheben wird, funktioniert nicht mehr. Wo

Boccaccio die verschiedenen Reaktionstypen beschreibt (20 ff), erscheint die religiöse Bekehrung nirgendwo als ernsthafte Alternative. Als providentielles Instrument tritt die Pest auch deshalb nicht vor das Auge des Lesers, weil die Schilderung so angelegt ist, daß die Menschen *nach* der Pest eher noch schlechter erscheinen als vorher; auch in den Klöstern hat die Pest moralisch verwüstende Folgen. Nirgendwo erscheint der christliche Glaube als stärkende Kraft, als sittlicher Widerstand gegen den allgemeinen Verfall oder als selbstlose Hilfe in der Not der vielen. Das Christentum ist noch präsent als leerlaufender, verwirrter und reduzierter kultischer Betrieb, gelegentlich auch als redensartliche, konventionelle Erklärung der Katastrophe, nicht aber als lebendige Erfahrung oder gar als Motiv ethisch-politischen Wiederaufbaus. Boccaccio läßt hunderttausend Menschen vor unseren Augen leiden, sterben und eilig verscharrt werden, ohne je eine religiöse Wendung zu gebrauchen, etwa daß ihre Seelen jetzt in Gottes Frieden ruhen oder einem gerechten Gericht verfallen. Kein tröstender Blick fällt ins Jenseits; kein Wort von einem überirdischen Ausgleich, kein Beispiel eines christlich getrösteten oder gar liebenden Menschen. Es findet sich in dieser ungeheuren Todesmelodie auch kein Anklang an die liturgische Sprache der Totenmesse, kein Hauch von einem *Dona eis requiem.*

Es gibt eine Reihe von mittelalterlichen Texten, die zeigen, wie eine christliche Katastrophendeutung ausgesehen hat; man lese in der Chronik des Giovanni Villani, wie die florentinische Flutkatastrophe von 1333 diskutiert wurde. Bis in die Stadtchronik hinein reichen die Diskussionen, ob die Katastrophe durch den Zorn Gottes oder durch Naturvorgänge verursacht worden sei; auch von Vermittlungstheorien ist die Rede. Vor allem teilt die Chronik einen langen Brief König Roberts mit, den dieser als Trostschreiben und als philosophisch-theologische Katastrophendeutung anläßlich der Überschwemmung den Florentinern geschickt hatte. Darin erklärte der König, Christen kennten den Sinn solcher Plagen; er deutet dann im einzelnen ihren Sinn, unter zahllosen Bibelzitaten und Philosophensprüchen[44]. König Robert war, wie gesagt, nicht nur ein väterlicher Freund Boccaccios, sondern auch sein Lehrer in Philosophie und Medizin; er erging sich nicht in faden Erbaulichkeiten; er argumentierte scharfsinnig, fast rationalistisch: Wie viele Vorteile hat der Arno, der jetzt die Stadt verwüstet hat, euch Florentinern nicht schon gebracht? Robert bot den ganzen Vorrat an historischen, philosophischen und theologischen Argumenten auf, über den er als bedeutender Gelehrter verfügte; aber es lief dann doch darauf hinaus: Die Leiden dieser Zeit, je mehr sie uns bedrük-

---

[44] Giovanni Villani, *Cronica*, ed. F. G. Dragomanni, Band 3, Florenz 1845, S. 217–224.

ken, richten unseren Blick auf den Himmel und lenken unsere Lebensrichtung auf die jenseitige Herrlichkeit[45]. Genau diese christliche Sinnbestimmung fehlt in Boccaccios Pestbericht. Methodisch sauber und peinlich genau hat er solche Erbaulichkeiten ferngehalten, obwohl sie oder gerade weil sie von allen Kanzeln dröhnten. Wie oft bei Kunstwerken ist auch in Boccaccios *Einleitung* höchst charakteristisch, was konsequent weggelassen wird; ohne intensive theoretische Arbeit wäre eine solche Konsequenz nicht möglich gewesen. Der Tod war ein emotional besetztes und mit vielen autoritativen Regelungen vorgeprägtes Thema; Boccaccio hat den hunderttausendfachen Tod von diesen Vorgaben methodisch abgelöst. Er gestattete sich und uns keinen jenseitigen Trost, als wollte er sagen: Angesichts des tausendfachen Todes haben die herkömmlichen Auslegungen und die kirchlichen Handreichungen ihren Sinn verloren. Er war nicht der Meinung, nach dem massenhaften Pesttod könne man kein Gedicht mehr schreiben. Das *Decameron* enthält Erzählungen und Lieder, die gedichtet wurden, *weil* es die Pest gab. Ihm liegt eine Konzeption der Poesie zugrunde, wonach die Poesie zugleich methodische Reflexion, konsequente Kritik herrschender Ansichten und die Umriß-

---

[45] Roberto Re, in: G. Villani, *Cronica*, III, 222: *Ma i mali che più ne priemono ci fanno pensare al cielo, e intendere alla futura gloria.*

zeichnung neuer Weisen des Zusammenlebens bedeutet. Diese Poesie war zugleich *Philosophie*, vornehmlich aber *Moralphilosophie*. Daher war es „poetisch", daß Boccaccio sein Hauptwerk mit der Beschreibung der Pest begann.

4. Doch ist zumindest noch ein weiterer Aspekt zu beachten: Die Pest, wie Boccaccio sie präsentiert, widerlegt die Wissensansprüche aller Beteiligten. Sie spottet der Volksmedizin, der Quacksalber wie der studierten Mediziner. Sie dementiert die kommunale Gesundheitspolitik ebenso wie die Sorge der einzelnen für sich selbst. Sie erweist die Ansichten derer als falsch, die sich vor ihr schützen wollen – sowohl derer, die raffinierte Maßhaltung für richtig halten, als auch derer, die in Exzesse flüchten: Gestorben sind alle, gleichgültig, wie ihre einander entgegengesetzten Hypothesen lauteten. Boccaccio inszeniert die Pest als eine leibhaftige, als eine tödliche Kritik sowohl des populären wie des akademischen medizinischen Wissens. Von denen, die sich an eine bestimmte ärztlich empfohlene Lebensweise gehalten haben, überlebten weder die meisten noch starben alle, so daß die Überlebenden aus ihren Erfahrungen auf keine Weise etwas folgern konnten; alle Rezepturen standen in einem rätselhaften Mißverhältnis zum faktischen Ausgang.

Insbesondere beschreibt unser Text das Phänomen der raschen Ansteckung sorgfältig und macht dabei ständig fühlbar, daß niemand es durchschauen und folglich auch nicht vermeiden konnte. Die Pest wird beschrieben als eine Krise des menschlichen Wissens, vor allem des angeblichen Wissens von Krankheit und Gesundheit. Dieses Wissen ist unnütz und ungewiß; es bringt keine wirksame Vorbeugung zustande; es ermöglicht auch keine Vorhersage. Einige zogen aus dieser öffentlichen Blamage der Medizin und aller Gesundheitsfürsorge den Schluß, das einzige wirksame Heilmittel sei es, sich über alles lustig zu machen (21). Man gehe die Pestbeschreibung im einzelnen unter diesem Gesichtspunkt durch: Sie beginnt gleich mit dem Hinweis, daß keine Klugheit und keine Vorsorge irgend etwas gegen die Pest vermocht habe (9); sie stellt ausdrücklich die Frage, ob die Natur dieses Leidens dem ärztlichen Wissen prinzipiell unzugänglich sei oder ob nur die Ignoranz der Ärzte ihm nicht beikommen konnte. Sie läßt sich dabei den spöttischen Nebeneffekt nicht entgehen: Je weniger das Wissen der Ärzte nutzte, um so zahlreicher wurden sie (13). Sie hebt hervor, daß die Ärzte vor den Kranken flohen und daß viele Menschen starben, weil sie ohne jede Hilfe blieben (30 und 43). Dies eben war die *Grausamkeit der Menschen*, die hinzukam zur *Grausamkeit des Himmels* (47). Das durchgängige Motiv der Medizinkritik steigert sich zuletzt zu einem pathetischen Maximum; der letzte Satz der Pestbeschreibung besteht in dem Ausruf: Da gab es kräftige Männer, schöne Frauen und gutaussehende junge Männer, die jedermann am Mittag noch für gesund hielt, die *selbst Galen, Hippokrates und Äskulap für gesund erklärt hätten*, und die doch am Abend schon tot waren (48). Mit dieser Klimax arbeitet Boccaccio das prinzipielle Mißverhältnis zwischen dem medizinischen Wissen und der ungeheuren Wirklichkeit heraus: Selbst die hervorragendsten Vertreter der Heilkunst, wie die griechischen Ärzte Galen und Hippokrates, selbst deren halbgöttlicher Begründer, Äskulap, wären von dieser Art Krankheit überfordert gewesen. Es lag nicht an zufälligem menschlichem Versagen oder an den unzulänglichen Kenntnissen der allzu vielen Heilpraktiker, wenn keine Hilfe zustande kam. Die Pestbeschreibung endet mit dem Ausruf: Die idealen Repräsentanten des medizinischen Wissens hätten mit Notwendigkeit versagt.

Die Ärztebeschimpfung ist vermutlich so alt wie die Medizin. Antike Skeptiker konnten sie mit dem Nachweis verbinden, wie wenig wir Menschen wüßten. Augustinus erklärte, das körperliche Leben sei *wesentlich* krank, mit der Geburt beginne die Krankheit; sie sei eine unabweisbare Folge der Erbsünde[46]. Monastische

---

[46] Augustinus, *Ennarationes in Psalmos* 102,6 PL 37, 1320: *Quis enim non aegrotat in hac vita? ... Nasci hic in corpore mortali, incipere aegrotare est.* Dort auch die ausdrückliche Erklärung, ohne die Erbsünde hätte es keine Krankheiten gegeben.

Eiferer erklärten, Jesus sei der einzige Heiland, folglich sei menschliches Wissen nichts wert. Bei Boccaccio selbst (*Einführung zum ersten Tag* 25) findet sich das Argument: Wenn die Krankheit eine verdiente Strafe Gottes ist, wie kann man dann glauben, ihr mit Hilfe menschlicher Aktivitäten zu entkommen? Die Medizin des 14. Jahrhunderts war oft, sogar regelmäßig, verknüpft mit arabischer Wissenschaft, mit aristotelisch-averroistischer Naturphilosophie und mit Astrologie; dadurch ergaben sich neue Motive der Polemik gegen die Ärzte, von denen die berühmteste die *Invektive gegen einen Arzt* von Francesco Petrarca (1357) ist[47]. Warum aber hat Boccaccio diese Polemik in die Pestbeschreibung eingeflochten? Welchen theoretischen und welchen poetischen Ort hat die Medizinkritik gerade am Anfang des *Decameron*?

Wenn die Poesie wieder eine lebensleitende Macht in der Welt des 14. Jahrhunderts sein wollte, trat sie in Konkurrenz zu dem Wissen der „oberen Fakultäten", also zu Medizin, Jurisprudenz und Theologie. Die Stelle, welche die Poesie als Philosophie einnehmen wollte, war besetzt. Wir werden sehen, wie Boccaccio in den ersten Novellen des *Decameron* die Universitätsgelehrten förmlich *vorführt*. Er wird *ad*

---

[47] Leider konnte ich das Buch von K. Bergdolt, *Arzt, Krankheit und Therapie bei Petrarca*. Die Kritik an Medizin und Naturwissenschaft im italienischen Frühhumanismus, Weinheim 1992, nicht mehr benutzen.

oculos demonstrieren, daß ihr Wissen nicht hält, was es verspricht. Er wird zeigen, daß ihre vielen und komplizierten Worte die Realität nicht erreichen. Die Pestbeschreibung führt diesen Nachweis für die Medizin und erschüttert exemplarisch das Ansehen der etablierten Wissenschaft. Sie versetzt die Leserinnen in Distanz — zunächst zu der korrupten Gesellschaft, die ihre Sterbenden unversorgt liegen läßt, dann zu einer Wissenschaft, die von der Realität dementiert wird. Die Pestbeschreibung zeigt den Bankrott der Wissenschaft einer bankrotten Gesellschaft. Diese Wissenschaft mit ihrer Prätention und in ihrer Verbindung mit Geldgier hat Teil am Verfall der florentinischen Welt, ja sie hat ihn mitbewirkt. Wer die Poesie als Wahrheit und als Lebensführung verteidigen wollte, mußte die Medizin und die Jurisprudenz angreifen. Genauer: Der Kampf war von seiten der Mediziner und der Juristen längst eröffnet; Boccaccio und Petrarca haben ihn erwidert. Liest man Boccaccios Ausfälle gegen die Juristen[48], so kann man schon gar nicht mehr fragen, ob sie „gerecht", gar „ausgewogen" oder zu sehr „verallgemeinernd" sind; man wird Zeuge eines erbitterten Kampfes. Es ist ein Kampf um eine neue Lebensart und ein neues Selbstverständnis des Menschen; es ist von seiten Boccaccios ein Kampf um die Poesie als

---

[48] G. Boccaccio, *Genealogia deorum gentilium* XIV 4, ed. V. Romano, Band 2, S. 685–694.

Wissen und als Wahrheit; es ist die Verteidigung eines Lebens, das sich bewußt dem Kommerz und dem Profitstreben entzieht und das wegen dieses Außenseitertums und wegen seiner Vorliebe für das Einfache und die Einsamkeit heftig bekämpft wurde. Ironischerweise ging es dabei auch um Einfluß und Macht bei Regierungen und Höfen, also um die Etablierung einer neuen Klasse von Intellektuellen in der Gesellschaft.

Die Ohnmacht der Ärzte während der Pest war zunächst schlicht ein Faktum. Insofern braucht es keine weitere Erklärung, warum das *Decameron* mit einer Kritik der Mediziner beginnt. Aber die Art, in der Boccaccio dieses Faktum herausarbeitet, zeigt, daß der Text in ein historisch vorgegebenes Spannungsfeld eingreift. Er muß Autoritäten zertrümmern, um die Autorität der Poesie zu etablieren. Diese Autorität wird aber nicht bloß *beansprucht*, so wie viele *beanspruchen*, sie wüßten etwas, nur weil sie gelernt haben, die Vokabeln zu gebrauchen, die ihre Lehrer gebraucht haben. Die Poesie *beweist* ihre Autorität, indem sie die reale Erfahrung der Menschen mit der Pest ausspricht. Jeder, der die Pest erlebt oder sonst von ihr gehört hat, kann an dieser Schilderung Boccaccios erproben, ob sie *wahr* ist, und zwar in dem Sinne, daß sie die erfahrene Krankheit und ihre Wirkungen ebenso enthält, wie sie wahr über die Unwahrheit der prätentiösen Sachverständigen, der Mediziner, spricht.

Poesie nach der Pest — das mußte zunächst die Wahrheit über die Unwahrheit des angeblichen Wissens der Ärzte sein. Hier, wenn irgendwo, mußte sich die *Nützlichkeit* der Poesie beweisen; sie machte nicht nur den vollständigen Zerfall der Stadtgemeinschaft, sondern ebenso den epistemischen Nullpunkt sichtbar. Sie bewies damit, für jeden nachprüfbar, daß *Worte* nützlich sein können: Sie demaskieren das offizielle Wissen als Wortgeklingel. Also auch hier keine asketisch-religiöse Flucht. Boccaccio folgert nicht, daß alles menschliche Reden und Wissen hinfällig ist, daß wir uns nur dem wahren und einzigen Heiland anzuvertrauen hätten, damit alles wieder besser wird. Das menschliche Sprechen hat die Macht, die Ohnmacht des schulmäßigen Sprechens zu zeigen, unwidersprechlich. Die Pestbeschreibung *spricht* über ein Meer von Leid und von Irrtum. Sie verhält sich skeptisch, aber die Skepsis ist nur ein Element ihrer gedanklichen Bewegung. Die Skepsis betrifft die Anmaßung, die Ursachen der Pest zu kennen. Nirgendwo läßt Boccaccio sich auf diese akademische Art, über die Pest zu reden, ein. Mit äußerster Strenge bleibt er bei einem Reden „von außen", von der Erscheinungsseite her. Wir wissen nicht, was die Pest wirklich ist, aber wir brauchen deshalb nicht zu verstummen oder nur noch zu beten. Wenn wir zugeben, daß wir die Ursachen nicht kennen, können wir eine neue Art des Sprechens begründen, eben die poetisch-philosophische. Sie beweist *ihre* Wahrheit, indem sie zugibt, die Wahrheit über die Pest nicht zu wissen. Sie überlistet so durch Anerkennung der Skepsis die Skepsis.

Dante hatte demonstriert, daß die menschliche Sprache, sogar der florentinische Dialekt, mächtig ist, selbst über das Inferno und das Paradies zu reden. Damit war der Weg eröffnet. Boccaccio zeigte, daß sich auch das irdische Inferno sprachlich zum Ausdruck bringen läßt. Dies bedeutete allerdings einen epistemologischen wie einen ethisch-politischen Abgrund zeigen. Jetzt kam die Unwahrheit des Wissens, also des gewöhnlichen wie des wissenschaftlichen Sprechens über die Pest, zur Sprache. Auch deswegen beginnt das *Decameron*, wie es beginnt — indem es redet über die Pest.

Die Gegengesellschaft

Erster Tag: Einleitung (Teil II)

1. Der zweite Teil der *Einleitung des ersten Tages* (49—115) berichtet, sieben junge Frauen und drei Männer hätten sich zufällig in der Kirche Santa Maria Novella getroffen und verabredet, die Stadt zu verlassen. Sie hätten beschlossen, gemeinsam für einige Zeit auf eines ihrer Landgüter, nicht allzuweit von der Stadt entfernt, zu ziehen.

Dieser Beschluß kommt aufgrund einer Rede zustande, mit der Pampinea sich an ihre Freundinnen wendet, um zu begründen, daß es durchaus rechtens sei, die Stadt zu verlassen. Nachdem Boccaccio bei der Pestschilderung den Egoismus derer zu tadeln nicht müde geworden ist, die nur an sich denken und aus der Stadt fliehen, überrascht uns diese Wendung. Wie wird Pampinea erreichen, daß ihre Freundinnen gutheißen, was bisher als Zeichen der moralischen Auflösung erschien? Es wird sie einige Anstrengungen kosten, ihnen den Unterschied von berechtigter Selbsterhaltung und verwerflichem Egoismus klarzumachen. Sie wird weit ausholen müssen. Aber wer sich erinnert, daß das *Vorwort* eine anschauliche Philosophie der Sitten angekündigt hat, wird sich nicht wundern, daß der Auszug aus dem Inferno mit einer moralphilosophischen Reflexion beginnt. Doch bevor wir uns dieser zuwenden, noch zwei Vorbemerkungen.

Zunächst: Die Frauen treffen sich in einer Kirche. Es ist nicht irgendeine Kirche. Jeder Italienreisende kennt sie: Der Hauptbahnhof von Florenz trägt nach ihr die Bezeichnung *Santa Maria Novella*. Es ist die Kirche der Dominikaner; nebenan steht heute noch — teils als Kloster, teils als Karabinieri-Kaserne — ihr Konvent, in dem sich das berühmte *Studio* befand, eine Ordenshochschule für Philosophie und Theologie, von der im 13. und 14. Jahrhundert wichtige intellektuelle Anregungen ausgegangen sind. Das Kloster stand in ständigem personellen und intellektuellen Austausch mit Bologna und mit Paris. Wenn sich irgendwo im universitätslosen Florenz der Zeit um 1300 — die Universität wurde erst 1321 gegründet — das geistige Leben konzentrierte, dann hier: Dies alles wußte jeder Leser des *Decameron*. Daher war für die Zeitgenossen unübersehbar: Von diesem anspruchsvollen Zentrum des Gebets, der Predigt, der Universitätswissenschaft und der Inquisition geht keinerlei Hilfe oder auch nur Anregung auf unsere Gruppe aus. Trocken knüpft der Autor an den Kirchenaufenthalt an, indem er vermerkt: *Sie hatten aufgehört, ihre Vaterunser zu sagen, und begannen nun, über vielerlei Dinge dieser Pestzeit sich zu unterhalten* (52). Das Gebet in der Kirche erscheint in dieser kühlen Notiz als rituelle

Handlung, die man absolviert. Für einen Leser des 14. Jahrhunderts war erkennbar: Wer die seelischen Folgen der Katastrophe überwinden und einen Neuanfang setzen wollte, konnte an dieses Gebet und an das Kloster nebenan *nicht* anknüpfen. Pampinea wird in ihrer Rede ein einziges Mal darauf zurückkommen, daß die Frauen sich in der Kirche befinden, aber nur, um zu sagen: Wir sind nicht auf der Welt, um zu hören, ob die wenigen Mönche, die überlebt haben, zur festgesetzten Stunde ihre Chorgesänge abhalten (vgl. 56). Der Kirchenraum und die Chorgesänge dringen nicht mehr ins Innere der vom Tod und von der Todesangst Bedrohten ein. Die Kirche ist Fassade geworden — oder Eingangstor in eine neue, irdische Welt.

Zweite Vorbemerkung: Pampinea ist der erste Mensch, der im *Decameron* spricht. Bisher kamen Menschen nur in der dritten Person vor; sie wurden mit strikter Einhaltung der Außenperspektive vorgestellt; jetzt wendet sich erstmals ein Mensch direkt an den Leser. Das gibt den Eingangssätzen ein außergewöhnliches Gewicht. In diesem für Frauen geschriebenen Buch ist es eine Frau, die zuerst spricht. Sie redet als Frau, und sie redet zu Frauen. Nach der Mahnung des Apostels Paulus soll die Frau in der Kirche *schweigen*. Pampinea redet, sie redet in der Kirche, allerdings nach beendeten Zeremonien, und sie redet bewußt als Frau. Sie spricht auch aus, daß sie nur von Frauen einen Neuanfang inmitten des allgemeinen Verfalls erwartet, wenn sie sagt, sie wundere sich nicht, daß alle fürchteten, zu Tode zu kommen, sie wundere sich nur, daß *wir* mit unserem *sentimento di donna*, d.h. mit unserem *Gefühl und unserem Selbstbewußtsein als Frau*, nicht Abhilfe zu schaffen versuchen (55). Dieser Satz zeigt, wenn man ihn genau besieht, einen grammatischen Bruch: *Worüber ich mich sehr wundere, ist, daß, obwohl wir kluge Frauen sind, niemand von euch etwas unternimmt gegen das, was jede von euch mit Recht fürchtet.* — Pampinea beginnt diesen grammatisch gewagten Satz als Vereinzelte, aus reflektierter Distanz, schließt sich mit ihren Freundinnen sodann als Frau in dem Bewußtsein zusammen, eine Frau zu sein und also das Leben zu wollen, stellt dann aber den Abstand zu den anderen Frauen, die passiv alles erdulden, wieder her, um sich dann durch den gemeinsamen Beschluß zum Aufbruch wieder mit ihnen zu vereinen.

2. Pampinea beginnt ihre lange Rede (53—72), die Boccaccio im Autograph ebenfalls durch eine große Initiale vom Kontext abgesetzt hat, indem sie ihre Freundinnen als gebildete Personen daran erinnert, daß sie gewiß schon vom Naturrecht gehört hätten oder davon hätten hören können. Ihr Ausgangspunkt ist, daß alle wissen, daß niemand Unrecht tut, der auf anständige Weise (*onestamente*) seine Vernunft gebraucht und sein vernunftgemäßes Recht in Anspruch nimmt. Auch diesen Satz

muß man genau anschauen: Niemand tut Unrecht, der seine Vernunft gebraucht (*chi ... usa la sua ragione*). Die *Vernunft* ist das Kriterium für Gut und Schlecht, dies ist der erste und oberste Satz unserer Moralphilosophie für Frauen. Das war philosophische Tradition von Platon her. Die Stoiker hatten diesen Gedanken ausgebaut und popularisiert; die Frauen brauchten nur Cicero oder Seneca gelesen oder etwas darüber von ihren Cicero-lesenden Brüdern gehört zu haben, um diesen Grundsatz zu kennen, der seit der Anerkennung der *Nikomachischen Ethik* als Studientext in Köln, Bologna und Paris jedem Studierenden vertraut war. Pampinea war eine viel zu kluge Frau, um nicht bemerkt zu haben, daß man seine Vernunft in Florenz normalerweise dazu benutzte, als Kaufmann andere Menschen zu betrügen. Sie hatte die Zweideutigkeit des Begriffs von *Vernunft* vor Augen, denn sie machte die Richtigkeit des Handelns von einem qualifizierten Vernunftgebrauch abhängig: *onestamente*, auf sittlich anerkennenswerte Weise, schränkte sie ein, muß die Vernunft gebraucht werden, damit sie die Richtschnur für Gut und Böse, für das zu Erstrebende und das zu Vermeidende, sein kann.

Werfen wir Pampinea nicht vor, sie begehe einen Zirkelschluß, indem sie die Moralität, die sie doch erst aus der Vernunft begründen will, schon in den rechten oder anständigen Vernunftgebrauch hineinlegt, um sie dann wieder der Vernunft zu entnehmen. Pampinea reproduziert hier sehr getreu ein Dilemma, in dem sich viele Moralphilosophen, zumal der Antike und des Mittelalters, befunden haben und aus dem sie keinen Ausweg wußten. Die größte Gefahr, die durch diese Undeutlichkeit entsteht, ist folgende: Macht man die *sittlich anerkennenswerte* oder die *anständige* (*onestamente*) Anwendung der Vernunft zum Kriterium für den Vernunftgebrauch, dann legt man das freie Nachdenken über Lebenszwecke auf das konventionelle Verhalten und damit auf den Vulgärbegriff von *Anstand* fest. Dann käme es nie zu einer neuen, vernünftigeren Lebensweise als der herkömmlichen. Es gehört nun zu den Kunstgriffen des Regisseurs Boccaccio, daß er Pampinea in ihrem großen Anlauf zu neuem Denken keine Rücksicht auf diese mögliche Gefahr nehmen, also ihr Lebenskonzept unbekümmert vortragen läßt, ihrer Freundin Filomena aber die nötige Klarstellung aufträgt, damit diese Frauenphilosophie nicht ins Konventionelle zurücksinken oder auch nur damit verwechselt werden kann. Denn bei der Erörterung des heiklen Themas, ob man Männer mit auf das Landgut nehmen dürfe, platzt Filomena mit der Erklärung heraus: *Wenn ich onestamente* — wieder dieses schwierig zu übersetzende und häufige Wort; sagen wir dafür im Sinne des Aristoteles und seines Kommentators Thomas von Aquino: „vernunftgemäß" — *lebe und mein Gewissen mir nichts vorwirft, da behaupte meinetwegen das Gegenteil, wer will. Dann wer-*

den Gott und die Wahrheit für mich die Waffen ergreifen (84). Das ist ein klärender Nachtrag zum theoretischen Ausgangspunkt der Rede Pampineas, niemand tue Unrecht, der auf sittlich anerkennenswerte Weise seine Vernunft gebrauche. Aber dieser Begriff von Vernunft, *ragione*, hat noch eine weitere Eigentümlichkeit, die im zweiten Satz Pampineas zum Tragen kommt: *Vernunft* heißt zugleich: die in den Dingen liegende Vernunft, der Begriff der Sache selbst, das *Wesen* oder die *Natur* der Sache. Jeder Leser stoischer Texte kennt diese Gleichsetzung. Der stoische Begriff des Logos umgreift die Vernunft des Menschen und die der Dinge. Die konstante und wohlgeordnete *Natur* der Dinge ist ihr Bewegungsgesetz und ihr Begriff. Was in diesem *qualifizierten* Sinne *natürlich* ist, das ist vernünftig und richtig.

Wir müssen moderne empiristische Assoziationen fernhalten, wenn hier von *Natur* die Rede ist. Dieser Begriff meint eine Norm, eine innere Regel oder das *Wesen*. Er deutet auf ein Kryptogramm des Weltlogos in den Dingen selbst. Das Wort *Natur* hat hier eine ähnliche Bedeutung wie in dem Ausdruck: *die Natur der Sache.* Ob man diesen Begriff heute noch als wahr in Anspruch nehmen kann, ob man also heute noch *argumentierend* zugunsten des *Naturrechts* sprechen kann, ist eine wichtige Frage, die hier nicht zu entscheiden ist; hier genügt der Hinweis, daß dieser Begriff von Vernunft auch die Begriffe *Natur* und *Naturrecht* enthält und daß diese Gleichsetzungen in den stoischen Texten, also bei den mittelalterlichen Schulautoren Cicero und Seneca, vorkommen und spätestens seit dem 12. Jahrhundert auch bei vielen christlichen Denkern als selbstverständlich galten.

Pampinea bewegt sich also in klassischen Bahnen, wenn sie fortfährt: *Es ist das natürliche Recht eines jeden, der in diese Welt geboren wird, sein Leben zu fördern, zu bewahren und zu verteidigen, so gut er kann* (53). Der allumfassende stoische Vernunftbegriff enthielt biologische Aspekte, die hier zutage kommen: geboren werden ... leben ... Leben erhalten und verteidigen ... Pampinea nutzt diese Komponenten und verdichtet ihre Überlegungen zu einem Exempel, das nach den Regeln der Rhetorik gebildet ist. Es verdeutlicht an einem maximalen Zugeständnis, daß erst recht kleinere Schritte erlaubt sind: Die Vernunft oder das Naturrecht gesteht uns zu, einen Menschen zu töten, ohne daß dies als Schuld gilt, wenn es zu unserer Selbstverteidigung notwendig ist. Pampinea nimmt in ihre Anfangslektion der Moralphilosophie noch einen rechts- und staatsphilosophischen Lehrpunkt mit auf. Sie erklärt ihren Freundinnen, was die Aufgabe der Gesetze sei (54), nämlich das gute Leben aller sterblichen Wesen (*il ben vivere d'ogni mortale*) zu begünstigen. Der warme, auch animalische Ton des stoischen Vernunftbegriffs klingt wieder an: Die Gesetze sollen alles Lebendige fördern.

Ihre Intention richtet sich begünstigend auch auf das Leben des Menschen, den wir bei unserer Selbstverteidigung töten. Aber in diesem Falle suspendieren sie ihre lebensfördernde Intention zugunsten des Angegriffenen. Sie stehen ihm, dem Bedrohten, mit ihrer Autorität bei. Wenn die Gesetze also ihre ursprüngliche Intention derart zurückstellen, daß sie das Leben des Angreifers preisgeben, dann, so folgert Pampinea, dürfen auch wir jedes sittlich erlaubte Mittel anwenden, um unser Leben zu bewahren (54).

Die Konsequenzen sind rasch gezogen: Wenn wir uns nur einmal vor Augen halten, wie wir diesen Morgen verbracht haben, voller Angst und Sorgen, dann frage ich mich, warum wir die Stadt nicht verlassen. Dabei arbeitet Pampinea sorgfältig folgenden Punkt heraus: Diese sieben Frauen sind mehr die Verlassenen als die Verlassenden. Ihre Verwandten und Freunde sind entweder gestorben oder geflohen. Diese Frauen verletzen niemandes Anspruch an sie, wenn sie gehen. Sie brauchen nur auf den heutigen Vormittag zurückzublicken, um ihr Leben zu diagnostizieren: Sie sind nur noch in der Stadt, um Tote und Kranke zu sehen, um Totenklagen zu hören und unter der sich ausbreitenden Gewalt und dem Zynismus der Totengräberbanden zu leiden.

Frei heraus gesagt: Pampineas Rede ist in diesem Punkt schwerlich überzeugend. Es ist kaum vorstellbar, daß wirklich niemand mehr die Hilfe dieser gesunden Frauen nötig gehabt hätte. Aber darum geht es hier nicht. Boccaccios Pampinea konstruiert eher eine Situation, als daß sie eine Lage beschreibt. Dies paßt zwar nicht zur Vorstellung vom *Realismus* Boccaccios, aber wir werden dieser Eigenart des *Decameron* noch öfter begegnen. Nicht selten führt es uns typisierte Figuren, reine Exempel für abstrakt eindeutige Situationen und Personen vor. So erscheinen die Frauen hier als die Verlassenen und durch keinerlei Band mehr mit der Stadt Verbundenen. Wir würden die poetische Morallektion stören, wenn wir Pampinea fragten, ob nicht wenigstens eine der Frauen noch in irgendeiner Seitenstraße irgendeine Großtante zu versorgen hätte. Dies wäre zuviel an *Realismus*. Unsere sieben Frauen sind Parabelfiguren. Irgendein Gelehrter hat sie sogar mit den sieben Tugenden in Verbindung gebracht. Das wiederum ist wohl zuviel an Symbolik. Boccaccio brauchte zehn Personen, um 10 mal 10 Geschichten erzählen zu lassen, und eine exakte Parität hat er aus guten Gründen vermieden. Er wollte in seinem für Frauen bestimmten Buch einen deutlichen Vorsprung der Frauen, auch numerisch; die Siebenzahl wird also auch ohne Zahlensymbolik begreiflich. Wenn Boccaccio die Siebenzahl als Gleichnis der Vollkommenheit gewählt hätte, wäre er beredt genug gewesen, dies zu sagen; er hat es aber nicht gesagt. Wir haben es hier also wohl nicht mit Mathematico-Theologie zu tun, dennoch sind unsere sieben Frauen aus sehr idealischer Wolle gestrickt. Man gehe die Rede Pampineas daraufhin durch, wie oft sie das sittliche Wohlverhalten — freilich nicht das konventionelle, sondern das vernunftrechtlich begründete — hervorhebt. Diese Frauen wollen vor dem Tod fliehen, aber ebenso wollen sie der sittlichen Korruption entgehen, die in der Stadt herrscht (65).

3. Wenn die zehn jungen Leute, die sich die Novellen des *Decameron* erzählen, nicht die Abbilder lebender Personen, sondern didaktische Figuren darstellen, kommt alles darauf an, zu erfassen, *wofür* sie als Zeichen erfunden worden sind. Boccaccio läßt sie sich treffen in einer präzisen Situation und in einer realistisch gezeichneten Umgebung, die sie aber sofort verlassen: Sie gründen eine fiktive Gegengesellschaft. Ihre innere Norm ließe sich umschreiben als die Vereinigung von Lebenswillen und Korruptionsvermeidung. Oder: Die lebendige Vereinigung von Vernunft (immer im oben analysierten qualifizierten Sinne) und Vergnügen. Sie wollen, sagt Pampinea in ihrer Gründungsrede, aus der Stadt fliehen und sich *alle Lebensfreude, alle Heiterkeit und alles Vergnügen gönnen*, das ihnen möglich ist, *ohne durch irgendeine Handlung die Grenzen der Vernunft zu überschreiten* (65). Die Gruppe der zehn bildet ein Beispiel *konsequenter sittlicher Reife, von ununterbrochener Eintracht und bleibender*

brüderlicher Vertrautheit[49]. Es ist für das theoretische Gleichgewicht des Textes wesentlich, weder die exemplarische Moralität der Gruppe noch ihre Ausrichtung auf ein Maximum des Vergnügens innerhalb der Vernunftordnung abzuschwächen. Die Gruppe ist erfunden, um in der Vereinigung beider Normen ein Maximum darzustellen. Gegen ein Maximum ist es kein Einwand, daß es empirisch nicht gegeben ist. Alles, was in der Erfahrung vorkommt, ist eine *unterbrochene* Richtigkeit, wenn nicht eine unterbrochene oder gar eine ununterbrochene Verkehrtheit; von Maxima ist die Rede, um einen Maßstab für die Erkennung und Bezeichnung uneindeutiger Mischverhältnisse zu besitzen. Florenz während der Pest – das ist nach Boccaccio *fast* ein Maximum der Verderbnis – wären da nicht die sieben Frauen, die unter Führung Pampineas und unter Berufung auf das Naturrecht für sich und eben dadurch für die Stadt sorgen wollen. Die Zehnergruppe draußen auf dem Landgut aber ist ein *reines Maximum*; sie hat außerhalb der Dichtung keinen Ort; kurz: sie ist utopisch. Die zehn Idealfiguren suchen *Vergnügung und Entspannung*, ohne daß *Kummer und Ärgernis daraus folgen* (77). Diese jungen Leute vereinigen alle wünschbaren Vorzüge. Sie sind Idealtypen, die keusch leben, wie die Mönche leben *sollten*,

---

[49] G. Boccaccio, *Decameron*, Schluß des 10. Tages 5, ed. V. Branca, S. 1250.

aber, nach dem *Decameron*, nirgendwo mehr leben. Diese zehn jungen Leute wollen körperlich überleben, und sie *lieben* doch. Sie sind nicht wie fast alle durch kopflose Besorgtheit um das Überleben abgestumpft oder altklugbedenklich geworden. *Weder die Wirren der Zeit noch der Verlust von Freunden und Verwandten, noch die Angst vor Ansteckung hatten die Glut der Liebe in ihnen ausgelöscht; sie hatten sie nicht einmal abgekühlt* (78). Die Frauen fragen die drei Männer, ob sie in *reinem und brüderlichem Geist* mit ihnen zusammenleben wollen (87). Dioneo ermahnt alle, sie sollten die Sorgen in der Stadt zurücklassen, die hinter ihnen liegt; sie wollen sich nur miteinander *amüsieren* und *lachen* und *singen* (93). Pampinea, die Vordenkerin, bringt das gemeinsame Ziel auf eine Formel: Sie wollen ein Leben voller Freude miteinander führen, denn sie sind nur gekommen, um der Traurigkeit zu entfliehen (94). Oder, noch grundsätzlicher, noch moralphilosophischer, sagt Pampinea, nachdem sie als erste zur Tageskönigin gekrönt worden ist: Diese Gruppe will *leben*. Sie will zusammenleben in einer selbstgesetzten *Vernunftordnung* und *mit Vergnügen, aber ohne Schande* (98). *Con ordine e con piacere* — dies ist der Inhalt der neuen Moral, die das *Decameron* anschaulich lehren soll. Die Gründung dieser Gegengesellschaft erfolgt unter der normativen Vorgabe, alles so einzurichten, daß die Freude andauern soll — *pensando al continuar della nostra letizia* (95).

Um die *Dauer* der Freude zu sichern, bedarf es einer vorbedachten Ordnung, einer Verfassung, einer Autorität, kurz: eines Herrschers. Aber ein Herrscher, der jeden Tag wechselt, ist anders als die Herrscher dieser Welt; sein einziger Gedanke soll sein, lehrt die Staatsdenkerin Pampinea, *dafür zu sorgen, daß wir heiter leben* (95). Man sage also nicht, Boccaccio fehle ein ethisch-politisches Gesamtkonzept. Pampinea sagt mit unüberhörbarer antifaktischer Deutlichkeit, wofür Autoritäten allein gut sind: Sie sollen ein freudiges und wohliges Weiterleben sichern. Die Herrschaft innerhalb dieser Gruppe wird daher so eingerichtet, daß eine poetische Mischung von Monarchie und Anarchie entsteht: Jeder soll König sein, aber jeder an einem anderen Tag. Jeder soll die Last der Verantwortung spüren, und jeder soll nach seinem Königstag sich wieder einreihen in die Schar der Gleichen. Da gibt es auch keinen Unterschied von Mann und Frau. Einen faktischen Vorrang haben die Frauen, vor allem die Ideengeberin Pampinea. Sie wird als souverän, lebensfreundlich und vernünftig gezeichnet, aber niemand wird sie die *Mutter* aller nennen. Ihr Vorrang beruht auf ihrer Erfahrung, auf ihrer Initiative und auf ihrer Funktion als Lehrerin der richtigen Moralphilosophie. Die Männer vergeben sich nichts, wenn sie den Frauen eingestehen, daß es nicht ihre männliche Planung, sondern daß es weibliche Klugheit war, die sie an diesen idyllischen Ort gebracht hat (92).

Elissa trägt zwar die traditionelle Ansicht vor, die Frauen könnten ohne Männer nichts Rechtes und Dauerhaftes zustande bringen; sie wiederholt die Lehre des heiligen Paulus, der Mann sei das Haupt der Frau[50], aber dieses traditionelle Intermezzo ist im Zusammenhang der weiblichen Gründungsinitiative zu sehen. Pampinea stimmt Elissa zwar zu, also: Männer müssen mit, aber als *Führer und Diener*, *guida e servidor* (90). Das ist nicht mehr die altkirchliche Lehre von der Vernunftunfähigkeit und Leitungsbedürftigkeit der Frau; das ist eine bis zur Paradoxie gesteigerte Aktualisierung der stoischen Vernunft, die in allen Menschen und in allen Dingen herrscht, die allen ein Recht auf Selbstbehauptung gibt. Nicht mehr stoisch hingegen ist die Hinordnung der Gesellschaft und jeder Autorität auf ein vergnügtes Leben.
Ein Mann des 20. Jahrhunderts könnte störrisch dazwischenfragen, wie er das hinbringen soll, diese Koinzidenz von Leithammel und Hausmann. Aber so darf *man* nicht fragen, wenn Moral unterrichtet wird. Man darf sich wohl auch nicht die Frage erlauben, was in dieser Idealgesellschaft geschähe, wenn eines ihrer Mitglieder an der Pest erkranken würde. Diese

---

[50] Paulus, *Brief an die Epheser* 5,23, zitiert in der *Einleitung des ersten Tages* 76. — Die obige Analyse beschränkt sich strikt auf den genannten Text. Für ein Gesamtbild der Frau im *Decameron* wären eine Reihe anderer Texte heranzuziehen, unter anderem auch die neunte Novelle des neunten Tages.

Probe soll den Bewohnern einer anderen, besseren und gleichwohl irdischen und vergnüglichen Welt per definitionem erspart werden. Oder was würden diese edlen Damen, die *jede* einmal zur Königin krönen wollen, sagen, wenn auch ihre Dienerinnen für einen Tag den poetisch-monarchischen Lorbeer tragen wollten? Kein kultivierter Leser wird solche groben Fragen stellen wollen, mit denen man aus der utopischen Fiktion auf den platten Boden der Tatsachen fiele. Dazu paßt, daß auch die kultivierte Natur, in die sich unsere Kaufmannstöchter mit ihren Dienern hinausbegeben, von kulissenhafter Schönheit ist. Schlicht gesagt, dieses Ambiente ist einfallslos idyllisch bis an die Grenze des Kitsches.

Lernen wir lieber, was wir nach dem Willen Pampineas zu lernen haben — eine Lebenslehre des Plaisiers. Dies ist eine Neuerung, für die nur die Lehre Epikurs ein Vorbild abgeben konnte[51]. Zwar wurden die vollständigeren Texte Epikurs dem lateinischen Westen erst wieder mit der Entdeckung des Diogenes Laertius im 15. Jahrhundert zugänglich. Aber gegen Epikur hatten die Moralphilosophen, gerade

---

[51] Wenn von Epikur die Rede ist, darf man sich weniger noch als sonst darauf verlassen, was *man* so über ihn sagt. Man kann ihn leicht selbst kennenlernen aus der zweisprachigen Ausgabe: Epikur, *Briefe, Sprüche, Werkfragmente*. Griechisch–deutsch, ed. H.-W. Krautz, Stuttgart 1980.

auch die im Mittelalter immer bekannten, Cicero und Seneca, so häufig polemisiert, daß es nicht schwerfiel, den Grundzug einer auf Vergnügen abzielenden Ethik zu erfassen, besonders wenn man ihn bekämpfen wollte. Boccaccio konnte sogar an die Bemerkung des heiligen Thomas anknüpfen, die Epikureer hätten ernsthaft nach Tugend gestrebt. Epikureische Motive mochten in dem vergil-begeisterten Neapel auch von Vergil genährt worden sein[52]. Pampinea spricht immer eindeutig vom Vergnügen auf dieser Erde. Ihre Zehntage-Gesellschaft hat keine jenseitigen Ziele; sie harrt nicht auf eine überirdische Glückseligkeit. König Robert von Neapel, der ein wirklicher König war, dachte bei Katastrophen an die himmlische Seligkeit; Pampinea, die fiktive Königin, denkt an eine humanisierte Natur und an einen naturalisierten Menschen in der idyllischen Umgebung wenig oberhalb von Florenz. Pampinea formuliert die Diesseitigkeit des Gesellschaftszwecks so prägnant, daß spätestens an dieser Stelle der Anspruch unübersehbar wird, daß das *Decameron* eine neue lebensfreundliche Moral für Frauen als Vernunftwesen und für Männer in der surrealen Rolle als *Führer und Diener* solcher Frauen lehren will.

[52] Zu dem auch für Boccaccio wichtigen Thema: „Vergil als Anhänger der Philosophie Epikurs" vgl. jetzt die grundlegende Arbeit von V. Mellinghoff-Bourgerie, *Les incertitudes de Virgile*. Contributions épicuriennes à la théologie de l'*Eneide*, Brüssel 1990.

Die gesamte Lebensordnung wird so eingerichtet, daß sie auf den Zusammenfall von Vernunft und Vergnügen hinführt. Frauen und Männer beraten frei und gleichberechtigt, wie sie leben wollen. Sie finden gemeinsam, das Erzählen von unterhaltenden und witzigen Geschichten bringe die größten Freuden, ohne irgend jemanden zu benachteiligen. Daher entschließen sie sich, ihre Zeit mit dem Erzählen von Geschichten, mit dem Anhören von Gesängen und mit einfachem, aber sorgfältig kalkuliertem edlem Lebensgenuß zu verbringen.

4. Bevor wir den ersten vier Erzählungen im einzelnen folgen, empfiehlt sich ein Rückblick auf den moralphilosophischen Ertrag der *Einleitung zum ersten Tag*[53]. Er ist paradox genug. Der Text konfrontiert uns auf die intensivste Weise mit der menschlichen Sterblichkeit, hält uns aber an, kein *memento mori*, sondern ein *memento vivere* daraus zu folgern. Er zeigt die vernichtenden Folgen des Selbsterhaltungstriebes für die menschliche Gesellschaft und rehabilitiert ihn dann mit Hilfe der Gleichsetzung von *Vernunft* mit *Lebenstrieb, Natur, Richtigkeit, Recht, Bewahrung und Verteidigung der körperlichen Integrität*. Er erinnert an den Massentod und beschreibt dann die Gründung ei-

---

[53] Vgl. auch V. Branca, *Coerenza dell'introduzione al Decameron. Rispondenze strutturali e stilistiche*, in: *Romance Philology* 12 (1960), S. 350–360.

ner Gesellschaft, in der es verboten ist, von Tod und Elend in der Stadt zu sprechen (101). Er erklärt ausdrücklich, keine menschliche Klugheit und keine Vorsichtsmaßnahme habe die Pest vermeiden können (9), und doch zielt Pampineas Rede auf die Verwerfung der Passivität und des untätigen Verharrens in der Angst. Er stellt die Zufallsabhängigkeit des Lebens dramatisch vor Augen und zeigt, wie zehn junge Leute eine zufallsfreie Welt am Rand der Stadt und des Todes zurechtbasteln. Dort draußen wird für 14 Tage, nicht länger, simuliert, die Kontingenz sei ästhetisch und ethisch bewältigt. Diese Idylle kann nur funktionieren, indem die zehn sich eine Zensur auferlegen. Die Wahrheit über die Stadt, aber auch über das umliegende Land, darf nicht ausgesprochen werden. Boccaccio arbeitet diese Gegensätze rein, ohne Abschwächung heraus. Er bietet keine Dialektik als Über-Weisheit an, sie zu vermitteln. Die moralisch-philosophische Lektion? Sie liegt in der Anerkennung des kontingenten Lebensinteresses im Namen der mythologischen Identität von Vernunft, Lebensdrang und Recht, die für jeden so lange gilt, als ein individuelles Leben sich gegen die Zufälle behaupten kann. Vor allem schärft sie die Differenz ein zwischen tierisch-blinder, rücksichtsloser Selbstbehauptung und einer Anerkennung der Lebensbedürfnisse, die auch die Bedürfnisse und Ansprüche der anderen anerkennt. Boccaccio konnte nicht gelingen, aus dem naturrechtlich-quasibiologischen Ansatz die Idee *bleibender Eintracht, bleibender Brüderlichkeit* zu entwickeln. Machen wir davon kein großes Aufheben, denn auch Thomas von Aquino und die Stoiker sind bei der Ableitung ihrer Ethik aus der *Natur* gescheitert. Es war schon nicht wenig, im Jahre 1349 eine Argumentation plausibel zu machen, die zum Überleben-Wollen und zu tätiger Vorsorge motivierte, die in einer von Schmerzen und Schreckensvisionen gequälten Stadt dazu ermutigte und es als Wert erkennen ließ, daß Menschen noch ein erotisches Interesse aneinander nahmen. Diese Poesie erfindet Menschen, die sich bei klarster Einsicht in die Gefährdetheit alles Lebendigen konsequent, sozusagen methodisch, und dabei einträchtig und schwesterlich (Boccaccio sagte noch: *brüderlich*), dem irdischen Vergnügen widmen. Diese Poesie ist ein ethisch-politisches Reformprogramm der Einheit von Vernunft und Vergnügen — ein Projekt, das sich ins Fiktive zurücknimmt, weil es weiß, daß es in die Krise geraten ist. Es maßt sich weder an, die Urteile Gottes auszusprechen, noch gar, modern, auf einer geschichtsphilosophischen Gesetzlichkeit zu beruhen. Die Zehnergruppe ist erfunden und besteht selbst der Fiktion nach nur für zwei Wochen. Doch sie ist gegründet auf durchdachtes Wohlwollen für individuelles, bedrohtes Leben. Sie lädt zu der Einsicht ein, wenigstens diese Selbsteinschätzung von Menschen sei weder fiktiv noch prekär.

Die Schlüsselnovelle:
Der Notar als Heiliger

Novelle I des ersten Tages

1. Die Eingangsnovelle des *Decameron* ist ein Meisterwerk an Witz und Reflexion. Jetzt endlich gibt es etwas zu lachen: Auftritt der schlechteste Mensch der Welt. Für jeden Florentiner bis heute selbstverständlich: Er stammt aus Prato und ist Notar. Aber wie er auf dem Sterbebett seine letzte Beichte umfunktioniert zur Abwendung einer Katastrophe für die italienische Kolonie in Burgund, wie er sich eine komfortable und ehrenvolle Beerdigung besorgt, indem er sich als religiösen Skrupulanten geriert, wie er dabei die Rollen vertauscht, so daß der heilige Mönch, der seine Beichte hört, zum Angeklagten wird und ihm, dem Mörder und Betrüger, übertriebene Gewissenhaftigkeit vorwirft, wie er schließlich zum Heiligen aufsteigt und den ehrwürdigen Stadtpatron verdrängt — diese groteske Verdrehung aller Verhältnisse allein kraft der Wortkunst eines sterbenden alten Mannes reizt zum Lachen und zum Denken.

Zu Beginn der zweiten Novelle heißt es rückblickend, die jungen Leute hätten die Geschichte als ganze gelobt und bei einzelnen Stellen gelacht (I 2,2). Über das Ganze konnten sie nicht lachen; es verführt eher zum Grübeln. Unklar ist schon, von wem die Geschichte stammt. Hat Boccaccio sie erzählt? Keineswegs. Mit Beginn der ersten Novelle wird es gefährlich, den Namen *Boccaccio* zu gebrauchen. Schon im Hinblick auf *Vorwort* und *Einleitung* war dieser Name ein Kürzel für einen fiktiven Erzähler oder auch für eine bestimmte Textmasse; diese Namens-Formel täuschte Anschaulichkeit und individuelle Vorstellbarkeit nur vor. Aber von der ersten Novelle an wird der Text des *Decameron* noch einmal abgesetzt von der literarischen Person des Autors. Boccaccio, d. h. die bisherige Kunstfigur des Erzählers, delegiert die Urheberschaft. Er treibt ein poetisches Mimikri und läßt Panfilo erzählen, was Panfilo hat erzählen hören; Boccaccio selbst ist, so scheint es, für nichts verantwortlich. Vor allem ist er nicht zu belangen. Er ist auch nicht festzulegen. Er kann für eine Novelle lang die Perspektive eines Frauenhassers einnehmen, ohne deshalb Frauenhasser zu sein, denn Frauenverachtung gehört zur Welt möglicher Erfahrungen und möglicher Geschichten[54]. Dennoch können wir über eine so indirekt erzählte Novelle etwas sagen. Denn ihr Inhalt bleibt ein

---

[54] Ich spiele an auf Novelle VIII 7. Vgl. dazu M. Marcus, *Misogyny as Misreading: A Gloss on* Decameron VIII 7, in: *Stanford Italian Review* 4 (1984), S. 23–40, und R. Hollander, *Boccaccio's Last Fiction.* „Il Corbaccio", Philadelphia 1988.

Inhalt, auch wenn er als der eines anderen Erzählers vorgestellt wird.
Die erste Novelle konnte nicht gänzlich zum Lachen sein. Sie beginnt mit einer Lektion in spätmittelalterlicher Theologie. Denn es lasten auf ihr die offenen Fragen, die *Vorwort* und *Einleitung* im Leser geweckt haben. Eine dieser bislang unbeantworteten Fragen lautet: Wie konnte die *Einleitung* von der Pest und vom massenhaften Sterben sprechen, ohne mit einem einzigen Wort die Jenseitshoffnung zu berühren? Die Leser waren an religiöse Katastrophendeutungen von der Art gewöhnt, wie sie Boccaccios Lehrer, der König von Neapel, in seinem erbaulichen Sendschreiben an die Florentiner knapp zwanzig Jahre vorher formuliert hatte; der Verfasser mußte seine Neuerung plausibel machen.
Das *Vorwort* hatte Gott als den Unendlichen und Unwandelbaren in Gegensatz gebracht zur Hinfälligkeit alles Menschlichen. Der Autor war kein Atheist, gewiß nicht, auch wenn er in einer seiner Novellen einen Denker finster grübelnd durch die Straßen von Florenz gehen läßt, dem die Leute nachsagen, jetzt denke er darüber nach, wie er beweisen könne, daß kein Gott ist. Nein, dieser Autor dachte Gott als den Unveränderlichen, dessen Gesetz es ist, daß alles andere unbeständig ist, auch die Liebe des Menschen Boccaccio. Dieser Gott erschien im *Vorwort* wie ein Fels der Ewigkeit. Er war das Gegenbild menschlicher Flüchtigkeit — aber

war er mehr als das? Ebenso hatte die *Einleitung* eine Reihe metaphysisch-theologischer Fragen aufgeworfen. Warum entschied sich der Autor nicht für die theologische Deutung der Pest als Gottesgeißel? Warum deutete er an, daß es unter den Heiden der Antike nicht viel anders zuging als unter Christen? Gab es denn keine entscheidenden Unterschiede zwischen Christen und Heiden? Wenn Boccaccio seine Dichtung als Philosophie verstand und wenn er die Philosophie auch als metaphysische Theologie im Sinne des Aristotelischen Berichts über die Vorsokratiker verstand, mußte er diese Fragen vertiefen. Er mußte nach Jahrhunderten theologischer Moralbegründung klarmachen, warum er die Moral naturrechtlich, und zwar *nur* naturrechtlich, ohne theologischen Vor- oder Überbau, begründen wollte.

Andere Vorgaben kamen von „außen". Wer 1350 in Florenz eine Sammlung von 100 Geschichten ankündigte, erinnerte jede Leserin und jeden Leser an die hundert Gesänge der *Göttlichen Komödie*. Besaß man mit ihr nicht schon ein volkssprachliches Buch, das zeigte, was man zu tun und was man zu vermeiden hatte? Das *Decameron* erhob einen ähnlichen moralphilosophischen Anspruch wie Dantes Werk – dann mußte es plausibel machen, warum die Frauen dieses neue Buch brauchten, wenn sie Dante lesen konnten.

2. Schon die Überschrift der ersten Novelle ist ein auffälliges Konstrukt. Sie spannt einen weiten Bogen aus Wörtern von Ser Cepparello zu San Ciappelletto. Diese beiden Namen stehen an den tontragenden Stellen, am Anfang und am Ende des langen Satzes, der den Inhalt angibt: Ein Kaufmann aus Prato ist, solange er lebt, ein Ausbund an Schlechtigkeit, doch bevor er stirbt, betrügt er mit einer fingierten Beichte einen heiligen Mönch und erreicht, daß er nach seinem Tod als Heiliger verehrt wird[55].

Boccaccio hat diese Figur nicht frei erfunden. Es gab wirklich einen Kaufmann dieses Namens, und wir wissen einiges von ihm[56]. Dazu gehört, daß er *nicht* Notar war. Boccaccio macht

---

[55] Die erste Novelle hat eine lange Auslegungsgeschichte. Vgl. dazu L. Fassò, *La prima novella del* Decamerone *e la sua fortuna*, in: Ders., *Saggi e ricerche di storia letteraria*, Mailand 1947, S. 31–90. − Besonders instruktive Stationen der Auslegung sind: F. De Sanctis, *Storia della letteratura italiana*, ed. B. Croce, Band 1, Bari 1912, bes. S. 318; die einflußreiche Sicht B. Croces findet der deutsche Leser auch bei L. Russo, *Ser Ciappelletto*, in: P. Brockmeier (Hg.), *Boccaccios Decameron*. Wege der Forschung Bd. 324, Darmstadt 1971, S. 213–231; V. Branca, *Boccaccio medievale*, Florenz ⁵1981, S. 3–24 und 95–103; M. Cottino-Jones, *An Anatomy of Boccaccio's Style*, Neapel 1968, S. 23–51; G. Almansi, *The Writer as Liar*, London 1975, durchgängig, bes. S. 25 ff.

[56] J. F. Benton, *The Accounts of Cepperello da Prato for the Tax on Nouveaux Aquets in the Bailliage of Troyes*, in: W. C. Jordan / B. McNab / T. F. Ruiz (Hg.), *Order and Innovation in the Middle Ages*. Essays in Honor of J. R. Strayer, Princeton 1976, S. 453–457.

ihn zum Notar, und so entsteht der perfekte Gleichklang mit Hilfe des Advokatentitels *Ser*: Von *Ser Cepparello* zu *San Ciappelletto*. Kein größerer Gegensatz als zwischen einem Heiligen und einem Notar; auch die Namen unterscheiden sich deutlich — und doch sind die jeweils einsilbigen Titel und die jeweils viersilbigen Namen so verdächtig ähnlich, daß der Leser in ein Gedankenspiel eintritt: Ist da ein Saulus zu einem Paulus geworden? Steckt hinter den zwei Namen wirklich nur eine Person? Dann täuscht die Vielheit der Namen. Die Titel *Ser* und *San* klingen sehr ähnlich, aber der Bedeutung nach bilden sie einen radikalen Gegensatz. Sollte sich herausstellen, daß sie sich auf dieselbe Person beziehen, dann erhielte der sinnliche Gleichklang der Namen mehr Wahrheit als ihr semantischer Unterschied. Poesie ist die Kunst, solche Klang-Ähnlichkeiten zu erzeugen. Ihr Klangspiel läßt die Wörter „Heiliger" und „Notar" fast zusammenfließen. Es suggeriert, das Ende der Überschrift deute auf ihren Anfang zurück, es sei also keine Wandlung erfolgt. Solche Wortspiele erlauben komische Effekte. Aber es könnte auch sein, daß sie wahrer sind als das gewöhnliche Sprechen — wenn in der wirklichen Welt die Gegensätze nicht reinlich geschieden sind und wenn das gewöhnliche Sprechen auf Unterschieden besteht, die bei näherem Zusehen schwinden. Dabei weiß alle Welt, daß die Poesie Fabeln, also Fiktives, erzählt.

3. Der erste und der letzte Satz der ersten Novelle übertragen das Konstruktionsprinzip der Überschrift ins Große: Im ersten wie im letzten Satz ist vom *Namen* Gottes die Rede. Wie die Überschrift von den beiden ähnlich klingenden Namen eingerahmt wird, so die Novelle von Sätzen über den Namen Gottes. Oder anders ausgedrückt: Die Überschrift hat einen kunstvollen Rahmen aus Namen, die gesamte Erzählung hat einen Rahmen aus Sätzen über Namen, über den Namen Gottes.

Dabei ist der Anfang von künstlicher Einfachheit: Alles, was man anfängt in der mittelalterlichen Lebenswelt, fängt man an im Namen des Vaters, des Sohnes und des Heiligen Geistes. Die jungen Leute fangen mit ihren Erzählungen an. Tun sie das auch im Namen Gottes? Sie beginnen nicht mit einem Gebet, wohl aber mit einer Erzählung über den Namen Gottes.

Der Erzähler zieht am Schluß aus seiner Geschichte die Lehre, die der erste Satz als konventionelle Ansicht hingestellt hat: Es ist gut, alles, was wir tun, im Namen Gottes zu beginnen, auch unser Erzählen. Die Geschichte, heißt es, veranschauliche diese Lehre. Aber sie erreicht das nicht auf die Weise eines einfachen Exempels, sondern durch das Aufstellen einer maximalen Schwierigkeit, die am Ende durch eine überraschende Auflösung zum Verschwinden gebracht wird. Zuletzt handelt es sich doch wieder um ein Exempel, allerdings um ein Exempel, das zunächst das Gegenteil zu erweisen schien. Das Gegen-Exempel erweist sich als ein Kipp-Exempel. Zuletzt kann es wider Erwarten doch als Exempel fungieren.

Die Erzählung selbst dramatisiert die Schwierigkeit: Sie zeigt, daß man Gutes *und* Böses, Sinnvolles *und* Sinnloses tun kann im Namen Gottes. Sie löst jede inhaltliche Beziehung zwischen dem Namen Gottes und einem konkreten Tun auf. Aber nachdem der Erzähler uns lange damit amüsiert hat, wie die Kirche zu ihren Heiligen kommt, wie man sich noch auf dem Sterbebett durch eine kalkulierte Wortkaskade einen aparten Begräbnisplatz besorgt und wie man eine ganze Stadt verrückt macht, biegt er zuletzt in die überlieferte Christenlehre zurück, man solle den Namen Gottes anrufen, wenn man etwas Neues beginnt. Wir müssen auf die Logik dieser Argumentation noch zurückkommen.

Doch zunächst geht es um die Problematisierung des *Namens*. Das Wort *Gott* ist kein gewöhnlicher Name. Dieses Wort bezeichnet kein einzelnes Individuum innerhalb einer Art von gleichen Wesen. *Gott* ist Individual- und Gattungsname zugleich. Wenn der Gebrauch *dieses* Namens über die ganze Länge der Novelle hin fragwürdig gemacht wird, steht jeder Sprachgebrauch, vor allem jede Benutzung allgemeiner Bezeichnungen in Frage. Dann gerät die menschliche Sprache allgemein unter Verdacht. Dieses Mißtrauen wird in der ersten Novelle noch auf eine andere Weise geschürt: Der Erzähler berichtet breit, wie es zu dem Namen *Ciappelletto* gekommen ist: Er kam zustande durch ein sprachliches Mißverständnis der Franzosen (9). Sie verstanden das italienische Wort *Cepparello* nicht und erfanden eine falsche Etymologie. Die Franzosen haben sich lächerlich gemacht durch ihr unbegründetes Vertrauen in Wortwurzeln. Es scheint, als teile der Erzähler ihre Zuversicht nicht. Das mittelalterliche Wissen, insbesondere *vor* 1300, erwartete durchweg aus den Wurzeln der Wörter Hinweise auf das Wesen der Sachen. Man nahm an, die Wörter zeigten auf die Sachen oder sie enthielten gar deren Essenz. Eines der wichtigsten Nachschlagewerke des Mittelalters, die Enzyklopädie des Bischofs Isidor von Sevilla, hieß *Die Etymologien*. Es beruhte auf der Annahme, die Worterklärung sei auch Sacherklärung. Es gab auch Gegentendenzen gegen diese naive Annäherung von Wortwurzel und Sache. Aber im 13. Jahrhundert herrschte der Glaube an die Entsprechung beider vor. Auch Albertus Magnus, Thomas von Aquino und viele andere blieben bei der Annahme, die Bezeichnungen folgten aus den Gegenständen bzw. aus dem Denken des Wesens der Sachen[57]. Unsere No-

---

[57] Belege für Dante bei B. Nardi, *Nomina sunt consequentia rerum*, in: Ders., *Dante e la cultura medievale*, Bari ²1949, S. 218–225, sowie in dem informativen Artikel von F. De Punta, *Nome*, in: *Enciclopedia Dantesca*, Band 4, Rom 1973, S. 69–70.

velle bezeugt nun: Es ist eine Irritation eingetreten in dem bisher ruhig-harmonischen Verhältnis von Wörtern und Sachen:
Ein Notar aus Prato kann mit bloßen Worten das Unglaubliche vollbringen. Der Reichtum der Kaufleute, aber auch die Politik der Päpste und Könige hängt ab von dieser neuen Art, mit Wörtern etwas, vor allem: Geld, zu machen. Wörter bieten Anlaß zu sinnlosen Etymologien. Kurz: Man kann den Wörtern nicht trauen. Sie glänzen nicht mehr im Licht des sechsten Schöpfungstags; ihr Klang zehrt nicht mehr von der Einsicht, mit der Adam, noch im ungebrochenen Gebrauch seiner Vernunftkraft und im vertraulichen Umgang mit dem Schöpfer, den Dingen ihre Namen gab. Dem widerspricht nicht, daß Boccaccio in der *Einleitung* seinen zehn jungen Leuten „sprechende Namen" gibt und in den lateinischen Werken Etymologien erklärt; beides ist ablösbar von der Ansicht, die Wörter seien eine innere Konsequenz der Sachen selbst. Die Problematisierung geht weiter als in den herkömmlichen Erzählungen von der Sprachverwirrung nach dem Turmbau zu Babel; sie ist nicht bildlich und allgemein, sondern spezifisch und hart. Sie ist nicht heilsgeschichtlich-theologisch, sondern sozialethisch, sprach- und kirchenkritisch. Sie zweifelt daran, daß mehrere *Sachen* da sein müssen, weil es mehrere Namen gibt, und daß man aus den Namen Sacherkenntnis gewinnen kann. In der zweiten Novelle (21) kommt zur Sprache, daß

korrupte Machthaber durch geschickte Umbenennungen ihrer Verbrechen das Volk täuschen. Die Autoritäten — es sind hier in erster Linie die kirchlichen — manipulieren die Sprache; sie täuschen durch die Erfindung harmlos klingender Wörter darüber hinweg, daß sie das Volk aussaugen. Macht und Reichtum der päpstlichen Kurie hängen ab von der neuen Art, durch Worte Reichtümer zu erwerben. Dies arbeitet die erste Novelle heraus (I 1,7). Die zweite Novelle zeigt: Die Kurie benutzt die Wörter als bloße Instrumente, also genau wie Ser Cepparello. Wer solchen Worten noch traut, irrt sich nicht nur; er erleidet Schaden und begünstigt die Täuschung aller.

Menschen *vorsichtig machen* — das ist ein Teil des Nutzens, den Boccaccio von der Dichtung erwartet. Sie lehrt keine generelle Skepsis. Unser Erzähler zweifelt nicht prinzipiell an der Wahrheitsfähigkeit der Sprache, aber die frühere Naivität ist geschwunden. Die Sprache ist nicht mehr ein metaphysisch gehaltvolles Zeichensystem auf göttlichem Goldgrund. Sie hat ihre Zweideutigkeit verraten; bestenfalls ist sie ein Behelf, einen problematischen Abgrund vorsichtig zu überqueren. Gewöhnlich wird sie gebraucht als Instrument der Macht und der Täuschung. Man kann sich mit ihrer Hilfe aber auch befreien, wie die Rede Pampineas bewiesen hat; man kann sich trösten und vergnügen; man kann in ihr sogar die Wahrheit über Täuschungen aussprechen, indem man fiktive, also unwahre Geschichten erzählt. Das heißt: Man kann mit ihr dichten und die Poesie als Wahrheit erweisen. Aber zugleich ist sie das bevorzugte Medium des Betrugs, auf dem die Finanzpolitik des Papstes wie der Reichtum der Handelsstadt Florenz beruhen.

4. Dante hatte noch den Wortwurzeln Sacherkenntnis abgewinnen wollen, aber seitdem war alles schwieriger geworden. Cesare Vasoli hat das 14. Jahrhundert als das Jahrhundert der *linguistischen Krise* beschrieben[58]. Das heißt, wie die Erkenntnisinteressen lagen, vor allem: Es war das Jahrhundert der Krise des menschlichen Sprechens über Gott. Genau damit setzt die erste Novelle ein. Sie hat als einzige der hundert Novellen einen reflektierenden Vorspann (2–6) und einen ebensolchen Abschluß (89–91). Eine 1990 erschienene Übersetzung des *Decameron* ins moderne Italienisch hat diese nachdenklichen Teile einfach weggelassen. Sie passen nicht ins gewöhnliche Bild des diesseitig heiteren Boccaccio. Gerade deshalb wollen wir sie uns näher ansehen. Mit der Ge-

---

[58] C. Vasoli, *La „crisi" linguistica trecentesca, tra „nominalismo" e coscienza critica del „verbum"*, in: *Conciliarismo, stati nazionali, inizi dell'Umanesimo.* Centro di studi sulla spiritualità medievale, Atti del XXV Convegno storico internazionale, Todi, ottobre 1988, Spoleto 1990, S. 245–263. Zur Einführung vgl. K. Flasch, *Das philosophische Denken im Mittelalter*, Stuttgart 1986, S. 363 ff, bes. 441–503.

dankenlosigkeit, die man heute „Optimismus"
nennt, hat Boccaccio nichts zu tun.

Panfilo beginnt, indem er im Tonfall mittelalterlicher Erbauungsschriftsteller die Misere der zeitlichen Dinge beschreibt. Sie sind gekennzeichnet durch Tod, Hinfälligkeit, Leid, Angst und Gefahren. Wir können ihnen nicht entgehen, wenn uns nicht eine besondere Gnade Gottes davor bewahrt. Diese Gnade gewinnen wir nicht durch eigenes Verdienst, sondern nur durch die reine Güte Gottes. Diese wird uns auch vermittelt durch die Fürbitten der Heiligen, die als Menschen die Nöte des Lebens kennengelernt haben, aber als Freunde Gottes jetzt ihre Bitten direkt vor das Angesicht Gottes tragen können, während wir vor dem Anblick des Weltenrichters zittern (3−5). Das ist ein eher traditioneller Auftakt, der sich aber bald ins Befremdliche steigert. Denn Panfilo lobt die freigebige Güte Gottes speziell dafür, daß er sich unserer auch dann erbarmt, wenn wir einen Fürsprecher wählen, der gar nicht vor dem Throne Gottes steht, sondern den Gott zum Teufel gejagt hat. Ein solcher Irrtum kann vorkommen, sagt Panfilo, denn Menschen werden durch *Meinungen* getäuscht. Der Erzähler präzisiert den Grund dieser Irrtumsmöglichkeit: Es sei kein sterbliches Auge imstande, auf irgendeine Weise einzudringen in den Geist Gottes (5). Man überhöre nicht diese generelle, starke Formel: *auf irgendeine Weise* (*in alcun modo*).

Nimmt man sie genau, hebt sie die Rede Panfilos auf. Denn er hat soeben noch davon gesprochen, was im Geiste Gottes vor sich geht; er hat gewußt, daß Gottes Geist sich gütig auf uns richtet und daß er durch Fürbitten beeinflußt wird. Daß wir den göttlichen Geist nicht völlig durchschauen können, daß immer ein unausgeschöpfter Rest bleibt, war im 13. Jahrhundert allgemeine Lehre. Aber daß wir ihn in *keiner Weise* erfassen, das hätten die einflußreichen Scholastiker niemals zugestanden. Sie hätten für die philosophische Vernunft beansprucht, daß sie, wenn auch nicht erschöpfend und adäquat, mit ihren metaphysischen Erkenntnissen Anteil gewinnt am göttlichen Licht. Die Theologen haben für die Kirche den Anspruch erhoben, sie gebe als die Wahrerin der Lehre der Apostel die Botschaft, die aus dem Geiste Gottes selbst stammt, unter seiner Leitung irrtumslos weiter. Das Gotteslob Panfilos streift die Häresie; es distanziert sich von der spekulativen Theologie, vor allem aber von der autoritativen Wahrheitsverwaltung durch die Hierarchie.

Aber wie Pampinea eine versierte Rechtsphilosophin war, so erweist sich Panfilo sogleich als Religionsphilosoph. Er erkennt nämlich, in welche Verlegenheit er sich gebracht hat, und sucht einen theoretischen Ausweg. Wenn wir nicht wissen können, was in Gott vorgeht, wie konnte Panfilo zuvor behaupten, daß Gott uns sogar dann erhört, wenn wir einen Toten anrufen, der in der Hölle steckt? Panfilo windet sich. Er will mit seiner Geschichte etwas beweisen. Er kündigt ein Lehrstück an. Am Ende soll uns offensichtlich werden, daß es nicht schadet, wenn man sich beim Anrufen des himmlischen Patrons schuldlos verwählt hat. *Offensichtlich* soll es werden, aber, fügt Panfilo einschränkend hinzu, *offensichtlich nicht nach dem Urteil Gottes, sondern nach dem Urteil der Menschen* (6). Nach dem einleitenden Gejammer über die Schwäche des menschlichen Denkens dürfen wir auf das *Urteil* der Menschen nicht viel geben. Und wenn Panfilo behauptet, Gott wende sich einem Betenden zu, sagt er dann nicht etwas über das *Urteil* Gottes? Panfilo wird die Schwierigkeit seiner Theorie nicht los. Er tut so, als wisse er nicht, was er als korrekter Katholik bedenken müßte, daß es nämlich einzelne von Gott erwählte Menschen gibt, den Klerus, der den Wahrheitsbesitz sichert und von Gott dazu bestellt ist zu wissen, ob ein bestimmter Mensch im Himmel ist. Von der kirchlichen Autorität schweigen und gleichzeitig den Zweifel schüren, daß nicht alle Heiligen tatsächlich im Himmel sitzen, das war ein gefährlicher Ansatz. Man hat diese Geschichte schon im 16. Jahrhundert als eine Vorform der protestantischen Kritik am katholischen Heiligenkult in Anspruch genommen. Das war unhistorisch gedacht, zeigt aber eine vorhandene Tendenz auf. Uns hat zu interessieren, was herauskommt, wenn Panfilo über Heiligenverehrung spricht und dabei konsequent dem Urteil der Menschen folgt. Er muß dann entweder ganz verstummen oder sich streng an die Empirie halten. Er entschließt sich für das Sprechen und erzählt, was man sieht und was man hört. Er gibt aber das Gesehene nicht nur wieder; er urteilt über das Gesehene und arbeitet dabei heraus: Die Heiligenverehrung taugt nicht mehr als ein soziales Band unter den Menschen; ihre gesellschaftliche Funktion hat sich in ihr Gegenteil verkehrt; sie dient zur Täuschung und nutzt nur noch dem Klerus. Panfilo zeigt durch seine Erzählweise, die methodisch die Skepsis in sich aufnimmt, daß diejenigen sich täuschen, die etwas über das Jenseitige und über das Innere der Menschen zu wissen vorgeben. Er schildert die Heiligenverehrung als Betrug und als Volksverdummung und nährt damit den Verdacht, daß wohl niemand weiß, ob dabei wirklich ein *Heiliger* verehrt wird. Alles spricht vielmehr dafür, daß der Angerufene ein Schurke ist. Aber man weiß es nicht. Erzählen und dabei *dem Urteil der Menschen folgen* — das heißt, diese Ungewißheit sprachlich wachhalten, aber nicht fromm verstummen, sondern verbal ein buntes Weltpanorama entfalten. So hat die *Einleitung* auch die Pest geschildert. König Robert hatte den Florentinern nachweisen wollen, die Katastrophe sei das Urteil Gottes über sie. Der Autor der *Einleitung* des *Decameron* beschränkt sich konsequent auf die Urteile der Menschen und begründet damit einen neuen Typus von Poesie.

5. Der Leser, der bei Boccaccio Heiteres erwartet, muß sich noch etwas gedulden. Zunächst stecken wir in einem Dschungel der spätmittelalterlichen Philosophie und Theologie. Vielleicht ist es auch kein besonnener Wunsch, einen Text, der 650 Jahre alt ist, frischweg konsumieren zu wollen. Daher müssen uns die komplizierten Gedankenwindungen Panfilos noch einen Augenblick lang beschäftigen. Denn in seinem Schlußwort (89–91) kompliziert er sie noch weiter, indem er sie mit dem Gedanken der Allmacht Gottes verknüpft. Nachdem er seine Lehrparabel (auf die wir gleich zu sprechen kommen) erzählt hat, resümiert er: Auf diese betrügerische Weise ist Cepparello also zum Heiligen, zu San Ciappelletto, geworden. Ich will nicht leugnen, daß es möglich ist, daß er heilig und im Himmel ist. Vielleicht hat er im letzten Augenblick, also *nach der Beichte*, seine Untaten so stark bereut, daß Gott sich vielleicht seiner erbarmt und ihn in den Himmel aufgenommen hat. Aber das bleibt uns verborgen (*occulto*), daher rede ich so, wie es dem entspricht, was uns erscheint, oder noch genauer: wie es dem entspricht, was uns Menschen *davon erscheinen kann* (*secondo quelle che ne può apparire ragiono*), *und behaupte, daß er eher in den Händen des Teufels als im Paradies ist. Und wenn es so ist* – man beachte den hypothetischen Charakter des Satzes –, dann erhört uns Gott dennoch, wenn wir zu San Ciappelletto beten, denn er sieht auf die

Reinheit unseres Glaubens, nicht auf unseren unvermeidbaren Irrtum. Also können wir *ganz sicher* sein, bei unseren Gebeten *erhört* zu werden (89—91).

Um etwas pedantisch das Resultat festzuhalten: Der Erzähler weiß nicht, ob dieser kirchlich verehrte Mann im Himmel ist. Nach normalen Regeln zu urteilen, war er ein Schuft. Aber Heiligkeit und Unheiligkeit spielen sich im Verborgenen ab; wir können darüber nicht urteilen. Es ist also möglich, daß Gott ihn zu sich genommen hat. Aber Panfilo nennt für diesen Fall eine Bedingung: Cepparello hätte im letzten Augenblick seines Lebens *bereuen* müssen. So weit reicht selbst die Allmacht nicht, daß sie einen völlig und bis zuletzt Verstockten beseligen könnte. Auch hier kennt Panfilo entgegen seiner generellen Erklärung die Verhaltensregeln am himmlischen Hofe. Aber alles bleibt hypothetisch. Wir Menschen urteilen nach dem, was vom verborgenen Wesen *erscheinen kann*. Das Wesentliche *kann* nicht erscheinen. Wappnen wir uns also für den schlimmeren der beiden möglichen Fälle. Aber auch in diesem Fall ist die Anrufung des Heiligen, der keiner ist, hilfreich. Denn Gott erhört uns auch dann. Korrekt müßte Panfilo folgern: Gott *kann* uns auch dann erhören. Aber er drängt zum Ende und zum erbaulichen Schluß. So steigert er diese Möglichkeit zu einer sicheren Gewißheit und behauptet als Schlußsatz: Wir können ganz sicher sein, erhört zu werden.

Betrachtet man die Novelle als Ganzes, liegt das Gewicht freilich nicht auf dieser beruhigenden Schlußerklärung. Das überwiegende Interesse gilt der betrügerischen Beichte, also dem kunstvollen Auftritt eines Advokaten und Kaufmanns, der die Kirchensprache so beherrscht, daß er sie als Mittel zu seinen Zwecken verwenden kann. Der Beichtvater fragt ihn nach seinen Hauptsünden und folgt dabei dem traditionellen Schema der Laster; er glaubt, er *führe* das Gespräch, aber Cepparello entreißt ihm schnell die Führung und macht aus seiner Selbstanklage ein Eigenlob. Der Beichtvater bestärkt ihn darin nicht nur, sondern warnt ihn vor der Gefahr des religiösen Skrupulantentums und nimmt es hin, daß Cepparello beginnt, die Mönche anzuklagen. Auf diese Weise besorgt der Notar sich einen komfortablen Grabplatz; er zeigt, was ein alter, sterbenskranker Mann kraft bloßer Worte vermag: Er löst das sich abzeichnende Ausländerproblem der italienischen Kolonie in Burgund; er verdrängt den altehrwürdigen Stadtpatron. Und, was mehr ist: Dieser schlechteste aller Menschen lehrt von nun an alle, die ihn kennenlernen, *how to do things with words.*

Diese Verdrehung aller Verhältnisse wirkt komisch: Alle Akteure der Novelle bleiben in ihren Sprachspielen, nur Cepparello spricht perfekt auch die Sprachen der Grabplatzverwalter und Jenseitsspezialisten; er kann sie dadurch instrumentalisieren und eine fatale Situation wenden. So lustig das ist, es ist höchst beunruhigend: Wie soll man, wenn ein solcher Extremfall *möglich* ist, in Zukunft noch zu einem Heiligen beten, ohne zu zweifeln, ob er im Himmel ist? Für jeden Schuft mittlerer Qualität muß es ein Kinderspiel sein, zur Ehre der Altäre zu gelangen, wenn es diesem Ausbund an Bosheit gelungen war. Wenn niemand mehr weiß, wer im Himmel ist, bricht eine Grundlage der mittelalterlichen Welt zusammen. Denn die Heiligenverehrung bestimmte den Alltag der Städter und der Bauern. Sie regelte die Arbeits- und die Ruhezeiten. Den Heiligen gehörten Landstriche, Klöster und Landarbeiter. Wenn die kirchliche Entscheidung in einer für das Leben so wichtigen Frage fehlbar sein konnte, wenn jeder Leser folgern konnte, daß wir − ob wir die Heiligen verehren oder nicht − allein auf die souveräne Zuwendung des Weltenrichters angewiesen sind, dann war geschichtlich eine neue Stufe erreicht.

Das Individuum stand jetzt isoliert vor seinem himmlischen Herrn, dem *Zorn des Himmels* ausgesetzt. Wenn es nicht vor Schreck erstarren wollte, blieb ihm nur, das zu tun, was der Erzähler Panfilo als sein Programm erklärt und erzählend vor unseren Augen vorführt: sich ans Erscheinende zu halten, in dessen Beschreibung Kohärenz zu suchen, also nicht wieder übernatürliche Interventionen einzuflechten, sondern das Verborgene für immer oder doch bis zum Jüngsten Tag auf sich beruhen zu lassen. Die

Allmachtstheologie, die Panfilo sorgfältig von göttlicher Willkürherrschaft unterscheidet — denn auch Gott wäre daran gebunden, daß Cepparello bereut —, führt auf diesem Wege zu einer Erstarkung des weltlichen Bewußtseins. Wenn Gott so verborgen ist und wenn wir vom Innengeschehen in einem anderen Menschen nichts wissen können, dann werfen wir besser alle geistige Kraft, die wir bislang auf die vergebliche Erkundung der jenseitigen Sitzordnung verschwendet haben, auf die zusammenhängende, das heißt: auf die analysierende und bewertende Erzählung irdischer Vorgänge.

Man hat das 14. Jahrhundert oft als ein Zeitalter der Ungewißheit dargestellt, sofern man es nicht als Zeit der *Vorreformation* deutete. Es war in der Tat ein Jahrhundert der epistemologischen und der linguistischen Krise. Und Panfilos distanzierte Art, die Heiligenverehrung zu beschreiben, wurde ein wichtiges Thema des 16. Jahrhunderts. Aber aus dieser neuen Kritik konnte man sehr viel mehr gewinnen als fromme Skepsis. Man konnte aus der Einschränkung überschwenglicher Erkenntnisaussichten auch folgern, wir sollten unsere Unkenntnis über das Jenseits ein für allemal zugestehen, also am Eingang unserer Reden eine Demutserklärung abgeben, um dann das Erscheinende genau zu erkunden und zu bewerten. Genau dies ist die Funktion der ersten Novelle: Sie bricht nicht mit Dantes Gleichsetzung von Poesie und Philosophie, besonders Moralphilosophie und Theologie. Sie gibt dieser alten Identität nur eine zeitgemäße, eine vom Krisenzeitalter geprägte aktuelle Form. Sie erklärt, warum es keine göttliche Komödie mehr geben wird, bei allem Willen, Dante nahezubleiben, an den die Hundertzahl ebenso erinnert wie eine Unzahl von Anspielungen. Sie lehrt exemplarisch, wie die Einheit von Dichtung und Weisheit jetzt nur noch möglich ist: Durch Offenhalten der Dimension des Verborgenen und durch poetische, ethische und politische Kultur des Erscheinenden. Diese neue Zuwendung zum Sichtbaren entsprang selbst einer philosophisch-theologischen Reflexion; sie vollzog den Bruch mit dem „Mittelalter", wenn man diesen Ausdruck auf das 13. Jahrhundert einengt, aber sie vollzog ihn innerhalb mittelalterlicher Denkweisen. Eine solche Neuerung konnte nicht durch bloßen Willensentschluß oder durch einen isolierten poetischen Einfall zustande kommen. Eine ganze Generation von Denkern hatte zwischen 1318 und 1348 daran gearbeitet, sich klarzumachen, daß sie nicht mehr zurückkonnte in die eindeutige Relation von Irdischem und Ewigem, auf der Dantes Weltgedicht beruht hatte[59]. Der Weg vom Er-

---

[59] Die Zahlen sind als Orientierungspunkte gemeint. Um 1318 schrieb Ockham die erste Fassung seines *Scriptum* zum ersten *Buch der Sentenzen*; 1328 vollendete Calo Calonymus auf Wunsch König Roberts von Neapel die Übersetzung der *Destructio destructionis* des Averroes,

scheinenden zum Innenleben, gar zum Weltgrund, war schwieriger geworden. Einige wenige ahnten, er sei ganz versperrt. Für Boccaccio wie für seine ersten Leser war es unerläßlich, dies am Anfang seines Buches klarzustellen. Wenn kein Mensch weiß, wer im Himmel ist, muß auch die Poesie eine andere werden. Sie braucht nicht über das Verlorene zu lamentieren.

Sie muß nur diesen poetologischen Nullpunkt ebenso deutlich eingestehen wie den moralischen Nullpunkt der durch Egoismus und Pest verwüsteten Heimatstadt. Danach erst kann man ausziehen und neu gründen: kontinuierliche Befassung mit dem Erscheinenden und,

die mit der Wiedergabe der Metaphysikkritik des Al-Gazali wichtige Einwände gegen den Realitätsgehalt von Gedankenformen bekannt machte. Dazu vgl. K. Flasch, *Einführung in die Philosophie des Mittelalters*, Darmstadt 1987, S. 94–116.

1346 wurden mehr als 60 Thesen des Metaphysikkritikers Nicolaus von Autrecourt verurteilt. Dessen *Briefe* (lateinisch–deutsch, hg. von R. Imbach und D. Perler, Hamburg 1988, mit wertvoller Einleitung) waren an einen Franziskaner in der Toscana adressiert, ein weiterer Beweis für die Präsenz metaphysikkritischer Positionen in Mittelitalien. Über ihn auch K. Flasch, *Das philosophische Denken im Mittelalter*, S. 469–471, und mit überraschend neuen Fakten: Z. Kaluza, *Serbi un sasso il nome*: une inscription de San Gimignano et la rencontre entre Bernard d'Arezzo et Nicolas d'Autrecourt, in: B. Mojsisch / O. Pluta (Hg.), *Historia philosophiae medii aevi*, Band 1, Amsterdam 1991, S. 437–466.

wie vorher gesagt, kontinuierliche Brüderschaft der Menschen.

6. Boccaccio brach mit den intellektuellen Prämissen der Generation des heiligen Thomas, mit dem er sich — als einem Moralphilosophen — liebevoll-eingehend beschäftigt hat. Dies war nur möglich, weil er in einem kulturellen Milieu lebte, das diesen Umbruch förderte. Am Hof König Roberts trat er in Verbindung mit den neuesten Strömungen der Philosophie und Theologie; hier wurde er vertraut mit den empirischen, naturkundlichen, mythologischen und historischen Forschungen der Zeit. Der König war nicht nur ein Förderer der Wissenschaft und der Kunst — er war es, der Giotto und Simone Martini nach Neapel berufen hat —, sondern auch ein Förderer und literarischer Verteidiger der radikalen Franziskaner. Er ließ die Franziskanerkirche Santa Chiara prächtig ausbauen; er ließ seinen Sohn, der *vor* ihm gestorben war, in dieser Kirche begraben und fand auch selbst dort 1343 seine letzte Ruhestätte. In einem Franziskanerkloster von solch intellektueller und künstlerischer Bedeutung war der Name Ockham für einen jungen Intellektuellen wie Boccaccio kaum überhörbar. Zudem bestanden beste Informationskanäle zwischen Neapel und Avignon, wo der Oxforder Professor auf seinen Prozeß wartete, bis er floh. Ockhams Flucht führte erst nach Pisa, dann an den kaiserlichen Hof in München, wo er die

geistige Führung in der Armutsdebatte übernahm, an der sich auch König Robert gegen den Papst Johannes XXII. beteiligt hatte. Der einleitend erwähnte Brief Boccaccios von 1339, in dem er Ockham zu den höchsten Autoritäten des Wissens zählt, ist also kein isoliertes Dokument, sondern er paßt genau in die intellektuelle und kirchenpolitische Situation am Hofe in Neapel[60].

---

[60] G. Boccaccio, Epistola *Mavortis miles strenue*, vermutlich an Petrarca, abgedruckt in: G. Boccaccio, *Opere latine minori*, ed. A. F. Massèra, Bari 1928, S. 112–113. Daß der Dichter die Einzelheiten der spätmittelalterlichen Logik studieren muß, steht in dem Brief an einen Unbekannten von 1339, S. 118.
Zum geschichtlichen Zusammenhang der italienischen Kultur mit der englischen Philosophie im 14. Jahrhundert vgl. E. Garin, *La cultura fiorentina nella seconda metà dell 300 e i „barbari britanni"*, in: *Rassegna della letteratura italiana* 64 (1960), S. 181–195; C. Vasoli, *La dialettica e la retorica dell'Umanesimo*, Mailand 1968, bes. S. 12; A. Maierù (Hg.), *English Logic in Italy in the 14th and 15th Centuries*. Acts of the 5th European Symposium on Medieval Logic and Semantics, Neapel 1983.
Zur Einführung in Ockham eignen sich: R. Imbach (Hg.), *Wilhelm von Ockham*. Texte zur Theorie der Erkenntnis und der Wissenschaften, Stuttgart 1984; J. Miethke, *Wilhelm von Ockham*, in: M. Greschat (Hg.), *Gestalten der Kirchengeschichte*, Band 4: *Mittelalter*, Stuttgart 1983, wiederabgedruckt in: H. v. Campenhausen u. a., *Nimm und lies*. Christliche Denker von Origenes bis Erasmus von Rotterdam, Stuttgart 1991, S. 307–333. – Vgl. K. Flasch, *Einführung in die Philosophie des Mittelalters*, Darmstadt 1987, S. 149–

Wir wissen nicht, was Boccaccio von Ockham gelesen hat. In seinem Brief nennt er ihn im Zusammenhang mit der *Dialektik*. Dies könnte man auf die *Summa logicae*[61] beziehen, die das Verhältnis von Sprachzeichen und Sachen neu bestimmt hat. Hier konnte er das konkrete, das methodisch gewordene Mißtrauen in den Realitätsgehalt allgemeiner Begriffe lernen: keine generelle Skepsis, aber Kritik am naiven Parallelismus von Denken und Welt. Hier kam auch das Allmachtsmotiv zur Sprache, das Ockham nicht erfunden, sondern in eine methodische Reflexion verwandelt hatte.

Am Hofe Roberts gab es gelehrte Kenner der neuesten Philosophie, Theologie, Medizin und Naturforschung; auch Boccaccios Interesse an der antiken Mythologie wurde hier geweckt. In diesem Zirkel wurden die Pariser und Oxforder Neuerungen diskutiert. Boccaccio hätte sich selbst ohne eigene Ockham-Lektüre über die Theorien des Franziskaners korrekt informieren können. Legen wir ihn also nicht auf einen bestimmten Ockham-Text fest. Es kann ohnehin keine Rede davon sein, Ockham sei seine Hauptquelle gewesen. Wichtiger waren Cicero und Seneca, ein als Philosoph gedeuteter Vergil

---

165, bes. S. 163: Ockham als Lehrer einer neuen Rationalität. − Zuletzt auch: W. Vossenkuhl / R. Schönberger (Hg.), *Die Gegenwart Ockhams*, Weinheim 1990.

[61] Wilhelm von Ockham, *Summa logicae*, ed. Ph. Boehner / G. Gal / St. Brown, St. Bonaventure (N.Y.) 1974 (= Opera philosophica I).

und Boethius. Boccaccio hat Augustinus, Isidor von Sevilla und Rabanus Maurus gelesen; er hat Albert und Thomas von Aquino studiert; er hat sie auf originelle, zuweilen ausgefuchste Weise benutzt, indem er das Skurrile aus ihren Texten hervorholte[62]. Boccaccio wollte eine andere Philosophie als die der Universitäten und Ordensschulen. Er verlachte ihr terminologisches Gepränge und den Kult der Distinktionen: Diese Distanz war das Erbe seines Lehrers und Freundes Petrarca.

Vor allem aber war es Dante, der ihn hinderte, ein schulmäßiger Anhänger einer spätscholastischen Strömung zu werden. Boccaccio hat Dante immer verehrt und studiert; er war der erste Mensch, der öffentliche Vorträge zur Erklärung der *Divina Commedia* hielt. Man kann sein Verhältnis zu Dante nicht eng genug zeichnen, und doch mußte es eine Liebe im Bewußtsein der Differenz sein. Zu groß war die geschichtliche Distanz und der dazwischenliegende intellektuelle Umbruch. R. Hollander hat von *imitativer Distanz* gesprochen. Das ist schön gesagt. Doch muß man hinzufügen, daß es schwer war, Dante zu imitieren, wenn man überzeugt

---

[62] Wir kennen die umfangreiche Bibliothek Boccaccios. Zu deren Kenntnis ist immer noch unentbehrlich: A. Hortis, *Studi sulle opere latine del Boccaccio*, Triest 1879. Dieses Buch bleibt eine außerordentliche Fundgrube. Ich danke Eugenio Garin für den ersten Hinweis. Giancarlo Zanier, Triest, danke ich herzlich, daß er mir sein Exemplar geschenkt hat.

war, daß kein Mensch, auch der Klerus nicht, wissen konnte, wer im Himmel und wer in der Hölle ist.

Wer Boccaccio in eine mechanische Kontinuität zu Dante bringt, wer gar, wie Branca, davon spricht, das *Decameron ergänze* die *Divina Commedia*, der verkennt nicht nur den Ganzheitscharakter von Kunstwerken, an denen es nichts zu komplettieren gibt; er hat auch das ockhamistische Salz nicht geschmeckt, das insbesondere die erste Novelle würzt. Das Verhältnis von Sprache, Denken und Sachen ist hier nicht mehr das des 13. Jahrhunderts. Die Sprache hat ihre Zweideutigkeit enthüllt. Ein Abgrund hat sich aufgetan zwischen Wörtern und Dingen. Die Etymologie erscheint als Irreführung, nicht mehr als Schlüssel zum Wesen der Dinge. Das Innenleben anderer ist ins Verborgene gerückt. Der entscheidende Irrtum des Beichtvaters ist, daß er Reue zu *sehen* glaubt. Wer Ockham gelesen hat, weiß, daß Reue nichts ist, was gesehen werden kann.

Die Krise macht sich überall bemerkbar: Die tüchtigsten Fachleute erliegen ihr. Schon die *Einleitung* arbeitete die Ohnmacht des Wissens der besten Ärzte heraus, selbst eines Galen und Hippokrates. Panfilo läßt einen klugen und wohlwollenden Mönch, einen bedeutenden Theologen, ebenso demonstrativ scheitern. Er problematisiert den Gottesnamen und die Etymologie; er hebt den sozialethisch zweideutigen pragmatischen Effekt der Sprache hervor. Er betont die göttliche Allmacht, aber so, daß er dadurch den Wissens- und Redekontext gerade mit Hilfe des Allmachtsmotivs stabil und metaphysisch undurchlässig macht. Er begründet also die Rationalität des Redens und Argumentierens neu. Er gewinnt dem Meer des Verborgenen den bebaubaren Strand des Erscheinenden ab. Dies alles sowie die Sorgfalt bei der Unterscheidung zwischen göttlicher Allmacht und völliger Willkür deutet auf Wilhelm von Ockham[63].

7. Gestatten wir uns ein kleines Intermezzo. Das Anstrengende liegt hinter uns: Cepparello ist jetzt ein Heiliger, der Zusammenhang Boccaccios mit Ockham ist erwiesen. Verlegen wir ein wenig den Schauplatz: Gehen wir noch einmal von Neapel und Florenz nach Paris. Erlauben wir uns einen Zeitsprung etwa 90 Jahre zurück und erleben wir einen feierlichen Akt der

---

[63] Besonders instruktiv die Parallele zu Ockham, *Quodlibet* VI 1, Opera philosophica et theologica, Band 9, St. Bonaventure (N.Y.) 1980, S. 585–589. Ich werde ihr an anderer Stelle genauer nachgehen. Während Panfilo sorgfältig darauf achtete, die Allmacht Gottes nicht zur Absurdität zu steigern, haben globale Geschichtsdarstellungen das sog. nominalistische Omnipotenzprinzip zuweilen übersteigert. Es wird redimensioniert durch die Untersuchungen von William J. Courtenay, *The Dialectic of Omnipotence in the High and Late Middle Ages*, in: T. Rudavsky (Hg.), *Divine Omniscience and Omnipotence in Medieval Philosophy*, Dordrecht–Boston 1985, S. 243–269.

Universität Paris. Thomas von Aquino hält eine öffentliche Disputation ab, irgendwann zwischen 1256 und 1259. Zu einer solchen Gelegenheit kamen oft Fürsten und Bischöfe; es war der offene Tag der größten Universität der Christenheit; das mondäne Publikum drängte sich. Es hatte an solchen Ausnahmetagen ein besonderes Privileg: Es durfte dem berühmten Professor eine beliebige Frage stellen. Irgend jemand aus dem Publikum fragte diesmal, ob alle Heiligen, die von der Kirche heiliggesprochen sind, im Himmel seien oder ob nicht vielleicht doch einige von ihnen in der Hölle steckten. Dies ist nicht *genau* das Problem wie bei Cepparello, der nie förmlich kanonisiert worden ist. Dieses Schicksal teilt er mit Sankt Petrus und Sankt Paulus. Als Thomas die in Paris gestellte Frage beantwortete, wußte er sehr wohl, daß die Mehrzahl der Heiligen ihre Heiligkeit einem Verfahren verdankten, das vielleicht nicht ganz so tumultuarisch war wie bei San Ciappelletto, wohl aber genauso unordentlich. Also nahm Thomas die Gelegenheit wahr, um für ein geordnetes Verfahren zu plädieren, natürlich unter päpstlichem Vorsitz. Auch das war im 13. Jahrhundert noch nicht selbstverständlich; es gab damals noch andere korrekte Wege, ein Heiliger zu werden. Doch interessanter als diese kirchenpolitische Empfehlung sind die Argumente des Thomas. Hier sind sie, fast wörtlich:

Welche Gründe gibt es *gegen* die Annahme,

alle Heiliggesprochenen seien im Himmel? Es sind zwei: Erstens kennt niemand das Seeleninnere eines anderen Menschen, höchstens dieser selbst; aber der Mensch kann nicht einmal von sich selbst wissen, ob seine Seele gerettet wird, geschweige denn von einem anderen. Zweiter Einwand: Eine Heiligsprechung stützt sich auf menschliche Zeugnisse über das Leben und die Wunder der Heiligen. Doch die menschlichen Zeugen sind fehlbar, also *scheint* auch die Kirche bei der Verehrung der Heiligen irren zu können.

Die Einwände sind gut gewählt. Daß wir keine Heilsgewißheit für uns selbst haben und daß Menschen fehlbar sind, das waren mittelalterliche Gemeinplätze. Aber hier sind sie zugespitzt gegen die Annahme, irgendein Mensch könne von einem anderen Menschen wissen, daß er heilig ist.

Wie es das Verfahren vorschrieb, antwortet Thomas, bevor er zu seinem Hauptargument kommt, mit zwei vorläufigen Gegeneinwänden (*sed contra*) gegen diese Einwände. Sie sind nicht sein letztes Wort, aber sie haben Gewicht. Sie laufen darauf hinaus, daß es für die Kirche eine Katastrophe wäre, wenn ein einziger Mensch, den die Kirche als heilig verehrt, in der Hölle weilte. Denn dann gäbe es Leute, die seine Untaten kennten und wüßten, daß er fälschlich verehrt würde (wie wäre es mit einem kleinen Ortswechsel, z. B. von Prato nach Burgund?). Ein solcher Irrtum in der Heili-

genverehrung (wir sind schon nicht mehr nur bei der Heiligsprechung!) hätte, argumentiert Thomas, verheerende Folgen; er würde die Lehre der Kirche unglaubhaft machen. Wir glauben ja nicht nur das, was in der Schrift steht, sondern alles, was von der Kirche festgelegt worden ist, also kann das gemeinsame Urteil der Kirche (hier ist nicht mehr nur vom Papst die Rede!) nie irren. Im Hauptteil seiner Antwort unterscheidet Thomas drei Komplexe:
1. Es gibt Lehren, die von der Gesamtkirche festgesetzt sind und bei denen jeder Irrtum ausgeschlossen ist, weil der Heilige Geist seine Kirche in alle Wahrheit einführt und in ihr erhält.
2. Wenn die Kirche über einzelne Personen urteilt, kann es Irrtümer geben, weil es falsche Zeugen gibt.
3. Die Heiligenverehrung steht in der Mitte zwischen diesen beiden extremen Fällen. Aber, und jetzt wörtlich Thomas:

Weil aber die Ehre, die wir den Heiligen erweisen, auch im gewissen Sinne das Bekenntnis unseres Glaubens ist, kraft dessen wir an die himmlische Herrlichkeit der Heiligen glauben, muß man in frommem Sinne glauben, daß auch dabei das Urteil der Kirche nicht irren kann (pie credendum est, quod nec etiam in his iudicium Ecclesiae errare possit).

Die beiden Einwände beantwortet Thomas wie folgt:

Zum ersten: Der Papst, dem es zukommt, jemanden heiligzusprechen, kann sich Gewißheit verschaffen über den Seelenzustand eines Menschen aufgrund der Untersuchung von dessen Leben und der Bezeugung der Wunder und vor allem durch den Instinkt des heiligen Geistes, der alles erforscht, auch die Tiefen Gottes.
Zum zweiten: Die göttliche Vorsehung bewahrt die Kirche davor, in diesen Dingen durch das fehlbare Zeugnis von Menschen getäuscht zu werden[64].

Hier spielt es keine Rolle, ob Boccaccio diesen Artikel gekannt hat. Ausschließen werden wir es nicht, wie es De Sanctis getan hat, weil er von der Mailänder Thomashandschrift Boccaccios noch nichts wußte[65]. Jedenfalls beleuchtet diese Pariser Szene die Position und das intellektuelle Klima der ersten Novelle. Sie illustriert den Abstand der Generation Boccaccios zu Thomas und zu Dante, gerade am Thema unseres Wissens vom Jenseits.

---

[64] Thomas von Aquino, *Quodlibet* IX qu. 8 art. unicus, in: *Quaestiones quodlibetales*, ed. R. Spiazzi, Turin 1949, S. 194. Zur Datierung vgl. M. D. Chenu, Das Werk des Hl. Thomas von Aquin, deutsch Heidelberg 1960, S. 323 f; zum literarischen Genus der *Quaestiones quodlibetales* vgl. J. F. Wippel, *The Quodlibetal Question as a Distincitive Literary Genre*, in: *Les Genres littéraires dans les sources théologiques et philosophiques médiévales*, Louvain 1982, S. 67–84.

[65] F. De Sanctis, *Storia della letteratura italiana* (vgl. Anm. 13), S. 326.

Zweifel gab es also schon im 13. Jahrhundert, mitten in Paris. Es hat jemand tatsächlich gefragt, ob nicht vielleicht einige kirchlich hochgehaltene Heilige in der Hölle schmoren. Das war etwa so, als hätte 1937 an der Parteihochschule in Moskau jemand gefragt, ob Lenin wirklich das Proletariat befreit habe. Immerhin durfte man 1256 in Paris so fragen. Und Thomas strengte sich an, diese Zweifel rational zu beseitigen. Während Panfilo schließlich beruhigend versichert, ein solcher Irrtum schade weiter nichts, sah Thomas die Glaubwürdigkeit der Kirche und die Gegenwart des Heiligen Geistes in ihr angegriffen. Würde die Kirche einen falschen Heiligen verehren, wäre dies kein Einzelirrtum wie bei einem Gerichtsverfahren. Es würde vielmehr den Glauben der Kirche selbst zerstören. Nicht nur eine falsche Heiligsprechung durch den Papst, auch schon die Ehre, die wir einem falschen Heiligen erweisen würden, würde die Wahrheit des Glaubens berühren. Thomas duldete keine Aufweichung, wie Panfilo sie betreibt.

Dabei sah Thomas, wie schwer es ist, etwas über das Innere eines Menschen mit Gewißheit auszumachen. Gegen seine Gewohnheit verzichtete er auf ein Argument und sprach eher mahnend, *in frommem Sinn sei zu glauben, daß die Kirche dabei nicht irren kann*. Er empfahl, um klar zu sehen, die *Untersuchung des Lebens*. Er erklärte nicht, wie sie zu einem eindeutigen Ergebnis führen könne. Daran glaubte er offenbar selbst nicht. Das gab er dadurch zu, daß er sagte, es solle *vor allem der Instinkt des Heiligen Geistes* sein, der Gewißheit verschaffe. Thomas gab kein Merkmal an, den *Instinkt des Heiligen Geistes* zu unterscheiden von dem niederen Instinkt einer Klostergemeinschaft, die durch das Wallfahrtsgeschäft Geld scheffeln will, Thomas vermied es, das prinzipielle Problem zu stellen, wie man aus beobachtbaren Taten auf die Heiligkeit der Seele schließen kann. Der Hiat zwischen *Verborgenem* und *Erscheinendem* hatte sich ihm noch nicht aufgetan; alle Ansätze dazu verdeckte Thomas in kirchenpolitisch-taktischer Beflissenheit.

Während Thomas die überschwengliche Wahrheitsgewißheit kirchlicher Wahrheitsverwalter beschwor, die von sich wissen, daß der Geist bei ihnen ist, der Geist, der alles erforscht, auch die Tiefen Gottes, dringt nach Panfilo kein menschliches Auge, auch kein klerikales, in die Tiefen Gottes (5).

In den knapp hundert Jahren, die zwischen beiden Texten liegen, hat eine Reihe von Denkern die Selbsterkenntnis[66], erst recht aber die Erkenntnis fremden Seelenlebens, zunehmend problematisiert. Da man das Mittelalter zu einförmig, meist „theologisch" stilisierte, übersah man diese sich beschleunigende Entwicklung,

---

[66] Vgl. dazu F. X. Putallaz, *La connaissance de soi au XIIIe siècle*. De Mathieu d'Aquasparta à Thierry de Freiberg, Paris 1991.

in der Ockham eine wichtige Rolle spielt, ohne für den gesamten Prozeß verantwortlich zu sein. In einer auf die Gegenwart bezogenen, anschaulichen Moralphilosophie, wie sie das *Vorwort* des *Decameron* verspricht, konnte Boccaccio diesen intellektuellen Prozeß nicht übergehen. Daher zeigt Panfilo in seiner lustigen Historie mehr Problembewußtsein als Thomas bei seiner magistralen Entscheidung:
Durch *Untersuchung des Lebens*, also äußerer Taten und Worte, *Heiligkeit*, also eine seelische Qualität mit Bedeutung für die Plazierung im Jenseits, feststellen zu wollen, war eine erkenntnistheoretische Naivität. Bis Dante mochte sie noch durchgehen. Inzwischen war sie der *linguistischen Krise* zum Opfer gefallen und mußte aus Boccaccios Frauenphilosophie von Anfang an ausgeschlossen werden. Schon bei der Pestbeschreibung hatte er sie durch die Art der Blickführung vermieden, wie der Vergleich mit der *vor-kritischen* Katastrophendeutung König Roberts bestätigt.

8. Blicken wir zum Abschied noch einmal auf das Zentralstück der ersten Novelle: Der Sünder beichtet und täuscht einen heiligen Mönch. Zunächst fällt auf, daß Sünder und Mönch jeweils ein Extrem darstellen, so scharf gezeichnet und so rein ausgeprägt, daß beide als menschliche Charaktere unwahrscheinlich wirken. Der Notar ist der schlechteste Mensch, den es je gab, und der Mönch ist der gelehrteste, heiligste

und geachtetste der ganzen Stadt. Aber sie sind in einer moralphilosophischen Fallstudie als individuelle Charaktere auch nicht gefragt; sie sollen nur beweisen, was herauskommt, wenn ein Ausbund an Heiligkeit, Wissenschaft und menschlicher Güte auf einen Ausbund an Bosheit trifft. Die Heiligkeit stiftet Massenhysterie und neuen Aberglauben; die Wissenschaft fällt herein; die Güte macht die Überlegenheit des neuen Kaufmannstyps über den Bettelmönch vollends sichtbar. Deutungen, die an den Charakteren der Protagonisten ansetzen, führen zu nichts. Die beiden Charaktere stehen von Anfang an fest. Mit geschickt eingesetzten empirischen Einzelheiten verdeckt Panfilo, daß es sich um Personifikationen abstrakter Größen handelt, mit deren Hilfe etwas demonstriert werden soll: Ein Maximum trifft auf ein Maximum. In der Erscheinungswelt läuft eine groteske Komödie ab, aber das Verborgene bleibt unbekannt. Es wird klargestellt: Wer um 1350 auf der theoretischen Höhe seiner Zeit stand, konnte nicht einmal einen Schuft wie Cepparello aus Prato in die Hölle versetzen.

Der heilige Mönch, *santo e savio uomo*, ist keiner der Bettelmönche, die Boccaccio sonst so gern verspottet. Er wird mit äußerstem Respekt behandelt. Immer wieder hebt Panfilo seine Qualitäten hervor: Er ist untadelig, heilig und tüchtig, *un santo e valente frate*. Er darf keine Karikatur sein, denn an ihm soll etwas als allgemein gültig bewiesen werden, das nicht auf die Engstirnigkeit oder Unaufmerksamkeit eines einzelnen Beichtvaters zurückgeführt werden soll. Er ist nicht nur ein Mann von untadeliger Lebensführung, sondern er ist Professor der Theologie, *gran maestro in Iscrittura* (30). Dies ist kein unwichtiger Zug, denn dieser hervorragende Repräsentant der klerikalen Intelligenz scheitert vor unseren Augen nicht aufgrund seiner Fehler, sondern aufgrund einer veralteten Art, vom Äußeren — von den Tränen Cepparellos, von seinem Stöhnen und von seinen Worten — auf Inneres, nämlich auf Heiligkeit zu schließen. Er treibt eine *Untersuchung des Lebens*, *inquisitio vitae*, wie sie der heilige Thomas gewünscht hatte, und beweist damit, daß dieses Verfahren zu nichts führen kann. Das Innere bleibt verborgen. Wenn es *ihm* verborgen bleibt, dann *allen*. Eine größere Chance als er, ins Innere zu blicken, hat niemand — dies ist die Lehre, sozusagen das zweite Kapitel dieser „modernen" Moralphilosophie für Frauen. Immer wieder hebt der Erzähler hervor, wie der Beichtvater von dem, was er *sieht*, auf das schließt, was man *nicht sehen kann*. Man lese daraufhin noch einmal die Abschnitte 33, 36 und 44, besonders aber 68 und 72, wo er behauptet, die Reue des Sünders zu *sehen*. Der Irrtum des Paters ist systembedingt, nicht personengebunden. Er begeht einen Denkfehler, den kein Ockham-Leser durchgehen ließe, der aber Teil der kirchlichen Lebenskontrolle, speziell der Heiligsprechungen ist.

Wie Boccaccio die Pest auch deswegen geschildert hat, um das Scheitern der medizinischen Wissenschaft selbst in ihren besten Vertretern, in Galen und Hippokrates, vor Augen zu führen, so beweist die Cepparello-Episode, daß die theologische Wissenschaft den Wirklichkeitskontakt verloren hat. Die gute Absicht des edlen Mönchs macht alles nur noch heilloser und lächerlicher. Der Aufbau eines neuen Lebens fordert eine neue Art des Wissens — eben jenes Wissens, das zu sein diese Erzählung nicht bloß beansprucht, sondern durch sich selbst für jeden beweist. Der Mönch repräsentiert die Theologie wie Galen die Medizin. Die hohen Fakultäten sind nutzlos geworden. Sie schaden sogar und nutzen nur noch ihren Vertretern. Inzwischen haben die Leserinnen auch den ersten Juristen kennengelernt, den Notar aus Prato. Man lese die Novelle noch einmal vor dem Hintergrund der Juristenkritik im XIV. Buch der *Genealogia deorum gentilium*. Diese Kritik ist schroff bis zur Ungerechtigkeit. Aber unser Autor schreibt in dem Bewußtsein, daß die Menschen falsch leben und daß die hohen Wissenschaften (also nicht die sieben freien Künste, nicht die Naturforschung, nicht die Historie und schon gar nicht die Poesie als Philosophie und Theologie) diese Falschheit noch verstärken. Dies ist vielleicht kein „ausgewogenes" Urteil. Aber es bildet die Voraussetzung für ästhetische Deutlichkeit und für satirische Brillanz.

Anders als erwartet

Novelle II–IV des ersten Tages

1. Die *zweite Novelle* erzählt von dem reichen Pariser Juden Abraham, der sich nicht entschließen kann, dem Drängen seines Freundes nachzugeben und Christ zu werden. Um das christliche Leben an seinem Mittelpunkt kennenzulernen, reist er nach Rom. Er sieht die völlige Korruption am päpstlichen Hof und folgert daraus, Gott stehe auf seiten des Christentums, sonst hätten die Kirchenfürsten es längst zugrundegerichtet. Er entschließt sich, Christ zu werden.

In der *dritten Novelle* entzieht der Jude Melchisedech sein Vermögen dem Zugriff des Sultans Saladin — der ihm die Fangfrage gestellt hat, welche der drei Religionen die wahre sei —, indem er die Ringparabel erzählt.

Die *vierte Novelle* ist die erste Bettgeschichte des *Decameron*. Ein junger Mönch sieht bei einem mittäglichen Spaziergang um seine Kirche ein hübsches Mädchen. Sie werden sich einig, in seine Zelle zu gehen und sich miteinander zu amüsieren. Der Abt beobachtet die beiden durch einen Türspalt; er beschließt, den jungen Mönch mit Kerkerhaft zu bestrafen, um sich selbst mit dem Mädchen vergnügen zu können. Der Mönch gibt ihm witzig zu verstehen, daß er weiß, daß der Abt dasselbe getan hat wie er;

sie arrangieren sich untereinander und mit dem Mädchen.

Jede dieser Geschichten wird von einem anderen Erzähler vorgetragen. Besonders bei der vierten wird klar, daß so der lustige, witzige und genußfreudige Dioneo die Welt sieht. Man muß sich also hüten, diese Novellen abstrakt zu vereinheitlichen und auf unpersönliche Thesen zusammenzuziehen. Die Novellensammlung ist auf Vielfalt und auf die Mehrzahl persönlicher Perspektiven angelegt; man tut ihr Gewalt an, wenn man sie mit verbalen Finessen unter die Asphaltdecke einer Einheitsformel bringt. *Philosophisch* ist an solchen Unternehmen allenfalls die *Terminologie*. Das *Decameron* will nützen *und* vergnügen. Es nützt, indem es den Frauen die Vielfalt des Lebens und das Spiel individueller, irreduzibler Weltansichten vorführt und sie ermutigt, jeweils *ihre* Sicht zu entwickeln; die Novellensammlung vergnügt, indem sie spannende Geschichten vorstellt, die anders enden, als man erwartet, und in denen geistreiche Worte eine verfahrene Situation plötzlich verändern.

Hatte die erste Novelle gezeigt, daß unsere Wörter nicht die Abbildungen der Sachen sind, daß sie nicht taugen für die *Darstellung des Verborgenen*, daß die Sprache gleichwohl Wahrheit zustande bringt über das *Erscheinende*, so beweisen die *dritte* und die *vierte Novelle*, wie sehr man mit Worten seine Lage verbessern kann. Es gehört zur Eigenart der besonders streng durchkomponierten ersten Geschichte, daß wir nicht erfahren, *warum* der Notar diese Komödie auf dem Sterbebett spielt. De facto kommt sie den Brüdern zugute, die ihn beherbergen und die ein Pogrom gegen sich, die geldverleihenden *lombardischen Hunde,* befürchten, wenn ihr Gast stirbt, ohne gebeichtet zu haben. Dann würde seine Leiche in den Stadtgraben geworfen, und die Italiener erschienen einmal mehr als Außenseiter, gar als Gottlose. Aber Panfilo hütet sich, ein Motiv des Beichtenden anzugeben; er weiß, daß er das nicht kennt. Solange man glaubt, die Novellen Boccaccios seien psychologische Skizzen, ist ein solches Schweigen bedauerlich; Interpreten, die Cepparello nicht als Typus in einem philosophischen Exempel durchschauen, müssen ihm Motive ansinnen, plötzlichen Edelmut zum Beispiel. Aber Cepparello hat sein ganzes Leben lang nichts auf landsmannschaftliche Verbundenheit gegeben; was sollte ihn bewegen, jetzt plötzlich die Interessen seiner Gastgeber zur Grundlage seiner Handlungen zu machen? Daher empfiehlt es sich, keine Behauptungen darüber aufzustellen, was Cepparello mit seiner Farce bewirken wollte; es genügt einzusehen, wie mächtig Worte sein können; sie können Ausländerhaß in rauschhafte Verehrung verwandeln, sie können das Vermögen Melchisedechs retten, Freundschaft mit dem Sultan herstellen und den jungen Mönch vor dem Klosterkerker bewahren.

Alle diese Geschichten zeigen, wie man heil aus der *linguistischen Krise* wieder herauskommt. Sie beweisen durch sich selbst, daß die Poesie sowohl die prinzipielle Verborgenheit des Nicht-Erscheinenden wie die pragmatische Funktionalisierung des Sprechens sichtbar macht. Insofern sind die ersten Novellen Dichtungen über das Dichten. Besonders die Ciappelletto-Geschichte ist von Guido Almansi gut als Meta-Novelle analysiert worden[67]. Man erfährt etwas über die Kunst, wenn man den Künstler einmal als Betrüger sieht, der, wie Cepparello, Worte über Worte macht, der *Fabeln erzählt*, also Fiktives sagt, und eben dadurch reale Weltverhältnisse enthüllt; zum Beispiel den Sieg der wortgewandten und betrügerischen Kaufmannswelt über die akademische Theologie, deren Konzepte das neue wirtschaftliche und soziale Leben nicht mehr erfassen, das, im Unterschied zur traditionellen Landwirtschaft, wesentlich auf dem *Wortemachen* beruht. Boccaccios Dichtung *redet* darüber, wie gerne, wie bissig und wie erfolgreich die Toskaner, auch die als alte Römer oder Moslems verkleideten Toskaner, *reden*. Dabei ist, wiederum, die Aufmerksamkeit nicht auf die Charaktere gerichtet. Diese Erzähler behandeln nicht etwa die verbale Gewandtheit als Charakterzug im Aufbau einer Persönlichkeit. Ihr Interesse gilt der Situation und dem Wortgebrauch; die Motive der Han-

---

[67] G. Almansi, *The Writer as Liar*, London 1975.

delnden gehören bereits zum *Okkulten*; auf ihre Handlungen und auf die Wirkung ihrer Worte kommt es an. Seit De Sanctis haben Literaturwissenschaftler immer wieder das *Decameron* als *Lobpreis des Witzes* gefeiert; sie sahen in ihm die Apotheose des findigen Geistes. Aber nirgendwo sagt Boccaccio, daß er die Wendigkeit Cepparellos *bewundert*; er beschreibt sie, oder vielmehr: er extrapoliert aus empirischen Vorfällen ein empirisch gar nicht vorfindbares, aber für werdende Moralphilosophinnen höchst belehrendes Maximum an verbalem Geschick und zeigt, zu welch unwahrscheinlichen Täuschungsmanövern der neue Menschentypus fähig ist und zu welcher kollektiven Unvernunft das führen kann, da die bislang führende Schicht, der Klerus, aus seiner sozialen Rolle zurückgewichen und nur noch mit Selbsterhaltung und Selbstdarstellung befaßt ist.

Die erste, die dritte und die vierte Novelle sind Novellen über Worte, die eine dramatische Situation auf unerwartete Weise auflösen — über die Beichte als ein Wortkunstwerk, das eine Explosion des Fremdenhasses verhindert, über die Parabel von den drei Ringen, die Melchisedechs Vermögen vor der Beschlagnahmung schützt, und über die witzige Antwort des jungen Mönchs, die ihn vor dem Kerker bewahrt.

Aber: Die Hervorhebung der pragmatischen Effizienz geschickt gewählter Vokabeln führt *auch* in die Irre. Sie lenkt ab vom *Inhalt* dieser instrumentalisierten Reden; sie nimmt deren

Instrumentalisierung als deren Wahrheit. Die Beichte Cepparellos und die Ringparabel haben einen so eminent wichtigen theoretischen Inhalt — die Unerkennbarkeit fremder Seelenzustände hier, die der wahren Religion dort —, sie sind so fein ausgearbeitet, nehmen einen solchen Umfang innerhalb ihrer Novellen ein, daß es ein beschränkter und abstrakter Gesichtspunkt ist, sie nur als Beweis eines witzigen Kopfes zu lesen. Man kann sich für diese eher banale Perspektive, die im übrigen niemand leugnen wird, sogar auf einen Text Boccaccios berufen; Dioneo resümiert in I 4,3 auf die genannte Weise die vorangegangenen Geschichten. Aber dies ist die Perspektive *Dioneos*, nicht die des Lesers, der sich beim Lesen der ersten und der dritten Geschichte noch erinnert, daß das *Vorwort* 14 eine Belehrung über das richtige und das falsche Leben in Aussicht gestellt hat. Dazu gehört die Einsicht, daß die neue Wendigkeit für sich genommen noch keinen Wert darstellt und daß in der kommunalen Lebensform gefährliche Wortemacher auftreten, die sich allein an die pragmatische Effizienz der ihres unmittelbaren Wirklichkeitsgehalts metaphysikkritisch beraubten Vokabeln halten, ja daß Kirche und Königreiche mittlerweile abhängen von den auf diese Weise begründeten Finanzimperien — wie der Sohn des Generalvertreters der Bardi beim König von Neapel aus eigener Anschauung weiß.

2. *Lob des rettenden Einfalls* — ist das die gemeinsame Formel für die ersten vier Novellen? Wenn man eine Formel sucht, statt sich auf den *Inhalt* der Erzählungen einzulassen, kann man so sagen, aber auch dann nur mit einer Reihe von Einschränkungen. Die zweite Novelle fällt aus diesem Schema heraus. Es ist also offenbar nicht so, als seien die Novellen Variationen einer Formel. Dies hieße ihren didaktischen Sinn formalistisch mißverstehen. Sie sollen junge Frauen in die schwierige Wissenschaft von Gut und Böse einführen: Mit formelhaften Redeweisen und mit der Prämierung untergeordneter Teilaspekte wäre das nicht geleistet. Formeln wie die genannten blenden ferner die historische Gesamtsituation aus: Die Instrumentalisierung des Wortes wird nicht *gelobt*, sondern als eine auch ungeheuer bedrohliche Zeitgefahr *analysiert*; sie kann sowohl zur Verwirrung einer ganzen Stadt (*erste Novelle*) wie zur Lösung einer gespannten Situation, ja zur Freundschaft über Religionsgrenzen hinaus (*zweite Novelle*) führen. Mochten liberale Gelehrte des ausgehenden 19. Jahrhunderts von ihrer Risorgimento- oder Deutsche-Einheit-Rhetorik als von einer lebenspendenden Macht, die alles Individuelle integriert, überzeugt sein, so sannen sie doch mit der Formel *Lob des witzigen Einfalls* dem Sprachdenker Boccaccio eine Harmlosigkeit an, die nur auf sie zurückfällt. Er hat sogar seinen Spott über die Bettelmönche methodisch suspendiert, um in der

ersten Novelle zu zeigen, daß *jeder Mensch* so getäuscht wird, wenn er nicht die kritische Beschränkung auf das Erscheinende konsequent durchhält, wie der Erzähler, der Cepparellos Kunststück weder lobt noch tadelt, sondern episch neutral referiert, nachdem freilich das moralische Gesamturteil über ihn als den *schlechtesten Menschen* mit lehrstückhafter Eindeutigkeit gesprochen ist; ganz abgesehen davon, daß die Florentiner bis heute an den Bewohnern von Prato kein gutes Haar lassen. Sie können sie zum Teufel *wünschen*, und sie tun das tagtäglich, nur können sie die Bewohner ihrer Nachbarstadt seit Boccaccio nicht mehr mit Gewißheit in der Hölle wissen.

Das Hervorkehren des witzigen Einfalls als des Verbindenden mehrerer Novellen bleibt dem psychologisierenden Duktus des Denkens des 19. Jahrhunderts verhaftet — und psychologisierende Charakterstudien sind die Novellen des *Decameron* gerade nicht. Man versäumt darüber die Analyse des geschichtlichen Kontexts unseres Textes, nämlich seinen Zusammenhang mit der *linguistischen Krise des 14. Jahrhunderts* und der erbarmungslosen Kritik Boccaccios, des Moralisten und Dante-Nachfolgers, am Egoismus, an der Geldgier und an der charakterlosen Wendigkeit der neuen kaufmännischen Führungsschicht. Wenn aber die psychologisierende Formel des 19. Jahrhunderts vom *Lob des witzigen Einfalls* zu eng ist, um die ersten vier und vielleicht noch viele andere Novellen des *Decameron* zusammenfassend zu charakterisieren, soll man dann eine andere Formel suchen? Dieser Weg steht offen, und man geht ihn heute gern, eben in den gattungstheoretischen Untersuchungen, auf die ich schon angespielt habe und die das *Wesen* (wie man früher sagte) oder die *Struktur* (wie man etwas neumodischer, aber nun auch schon wieder veraltet, sagt) der Novellen Boccaccios definieren wollen. Solche Untersuchungen sind von Nutzen, aber nur, wenn sie anerkennen, daß die *Entstehung* einer Gattung *ein historisches Problem* ist, wenn sie also nicht einen metaphysischen Platonismus unterstellen, der annimmt, das *Wesen* der Novelle existiere überzeitlich, es habe sich im *Decameron* erstmals inkarniert und komme strukturbildend in allen Novellen des *Decameron* vor und lebe dann weiter bis zu den Novellen Theodor Storms.

Solche Untersuchungen sind ferner nur dann nicht *naiv*, wenn sie eingestehen, daß sie einen abstrakt definierten Einheitspunkt *setzen*, ihn ohne inhaltliche Rechtfertigung aus den Novellen herausgreifen und diesen abstrakten Vergleichspunkt *versuchsweise verallgemeinern*, d. h. wenn sie sich des subjektiven und konstruierenden Vorgehens bewußt bleiben und damit immanent auf andere, zum Beispiel theoriegeschichtliche und sozialgeschichtliche Untersuchungen verweisen[68]. Warum gerade die *deut-*

---

[68] Das gattungstheoretische Interesse hat in den letzten Jahrzehnten einen Boom erlebt, während das theorie-

schen Boccaccio-Forscher sich mit solcher Präferenz auf das *gattungstheoretische Problem der Novelle* werfen, ist ein interessantes, weil selbst theoriegeschichtliches und am Ende gar politisches Problem. Doch ist unser Thema hier der Text Boccaccios, und nicht die Boccaccio-Forscher. Ich komme nur deshalb auf sie zurück, weil einer von ihnen, Wilhelm Pötters, eine Formel gefunden hat, die ein Gemeinsames (nicht: das Gemeinsame) der vier ersten Novellen (und vielleicht vieler anderer) zu sehen gestattet; er spricht von der *negierten Implikation*. Nun hat

geschichtliche vernachlässigt worden ist. Auch das eigentlich philologische Interesse ist in dem Land, in dem früher Koerting, Landau und Hecker gearbeitet und für Jahrzehnte an der Spitze der internationalen Boccaccio-Forschung gestanden haben, anscheinend erloschen. Warum besorgt niemand in Deutschland eine neue Ausgabe des Textes von Boccaccio, den man heute immer noch in den Editionen des 15. Jahrhunderts benutzen muß?

Ich beziehe mich auf in sich unterschiedliche gattungstheoretische Untersuchungen wie die folgenden: Hans-Jörg Neuschäfer, *Boccaccio und der Beginn der Novelle*. Strukturen der Kurzerzählung auf der Schwelle zwischen Mittelalter und Neuzeit, München 1969; W. Pötters, *Begriff und Struktur der Novelle*. Linguistische Betrachtungen zu Boccaccios *Falken*, Tübingen 1991. Doch vgl. auch J. Kunz (Hg.), *Novelle*, Darmstadt [2]1973; W. Raible, *Was sind Gattungen?* in: Poetica 12 (1980), S. 320–249; H. H. Wetzel, *Novelle und Zentralperspektive*. Der Habitus als Grundlage von strukturellen Veränderungen in verschiedenen symbolischen Systemen, in: *Romanistische Zeitschrift für Literaturgeschichte* 9 (1985), S. 12–30.

man gewiß auch früher gesehen, daß Novellen eine literarische Kurzform sind, die eine *unerwartete* oder auch eine *unerhörte Begebenheit* erzählen. Aber die Formel von der *negierten Implikation* führt weiter, wie ein Durchgang durch die vier ersten Novellen leicht zeigt: Gewöhnlich würde man annehmen, ein Notar, der vorher als der *schlechteste Mensch* definiert wurde, werde nicht auf dem Sterbebett beichten. Wenn dies aber als de facto vorgekommen berichtet wird, ja wenn es auch nur möglich ist, muß man sich aller Folgerungen aus jener Erstannahme enthalten. Gewöhnlich würde man annehmen, ein Sterbender, der glaubt, er werde in Kürze vor dem Thron des Weltenrichters stehen, verspiele nicht die letzte Aussöhnung, indem er den Entsühnungsritus zu einer Komödie umfunktioniert. Aber weil der gelehrte Mönch und Theologieprofessor glaubt, er könne aus dieser Annahme Tatsachen folgern, irrt er so spektakulär. Gewöhnlich nahmen Christen des 14. Jahrhunderts an, ein Sterbender, der mit einem Sakrament der Kirche ein zynisches Spiel treibt, werde in der Hölle enden, aber diese Implikation verbietet uns Panfilo mit seiner auf die neueste Theologie gestützten Reflexion. Diese Novellen erzählen, das heißt: zeigen, daß nicht impliziert war, was gewöhnlich jeder, selbst der Geschulteste und Uneigennützigste, als impliziert unterstellt. Man kann das freilich auch einfacher sagen: Es kommt anders als erwartet.

Die *zweite Novelle* zeigt dies noch deutlicher, weil sie sich auf einen einzigen Punkt konzentriert: Jeder erwartet, daß ein gescheiter Jude wie Abraham sich nicht zum Christentum bekehren wird, wenn er sieht, wie Kirchenfürsten leben. Selbst ein glaubenseifriger Katholik nimmt eher an, daß selbst ein Mensch, der sich neu zum Christentum bekehrt hätte, beim Anblick dieser Korruption zu seiner alten Religionsgemeinschaft zurückkehren würde. Aber siehe da, es kommt anders, denn Abraham trägt plötzlich eine Argumentation vor, die es plausibel macht, daß gerade die Verderbtheit der Kurie die Wahrheit des Christentums *beweist*. Diese Geschichte erzählen heißt dazu einladen, eine bestimmte Implikation vernünftigerweise (d. h. mit Argumenten, die historisch de facto plausibel gefunden wurden) zu negieren.

Wer die *dritte Novelle* liest, nimmt am Anfang wohl an, Melchisedech könne es in dieser Situation nicht gelingen, sein Geld vor dem Zugriff des Sultans zu retten. Der Sultan ist in Geldnot und hat die Macht; der Jude ist steinreich und machtlos. Aber dies eben impliziert nicht, daß sein Vermögen verloren ist, weil es dem Juden gelingt, mit Hilfe der Ringparabel die Fangfrage zu neutralisieren. Ähnlich zeigt die *vierte Novelle*, daß die Entdeckung eines schweren Vergehens gegen die Klosterregel nicht zu der erwarteten Bestrafung führen muß; auch hier wird eine Implikation negiert.

Man sieht: Eine Formel wie die von der *negier-*

ten Implikation zeigt etwas und verdeckt anderes. Sie zeigt, daß diese vier Novellen Lehrstücke sind, die davor warnen, aus allgemeinen Bezeichnungen Tatsachen herauszuklauben. Zur Orientierung im Leben, d.h. zur Unterscheidung des Erstrebenswerten und des Schädlichen, gehört, daß man mißtrauisch wird gegenüber Vokabeln. Die Lektion ist: Vermeide die Illusion, du könntest aus bloßen Worten Wirklichkeit herausziehen. Menschen geraten in Irrtum, wenn sie ihre sprachliche Formung der Situation nicht distanziert sehen; Gutwillige täuschen andere, indem sie zum Beispiel die Vorstellung *ein Christ auf dem Sterbebett* mit *Ehrlichkeit in der Todesstunde* assoziieren. Sie führen eine Stadt in die Irre, weil sie „Tränen bei der Nennung einer Sünde" für den Beweis von Reue halten. Die Formel von der *negierten Implikation* verdeckt die Gesamtsituation, die der Negierung einer bestimmten Implikation erst das Salz gibt, zum Beispiel durch ihren Bezug auf die klerikale Kontrolle des Alltags und damit auf die Philosophie, mit der diese Aufsichtskompetenz begründet worden war. Die Formel blendet die entscheidenden Differenzen zwischen den vier Geschichten ab; sie enthistorisiert und entschärft; sie verdeckt zum Beispiel, daß die *zweite Novelle* die Differenz zwischen Innen und Außen, zwischen sichtbarem *Leben* und Seelenzustand nun auf ganze Institutionen wie die Kurie anwendet und daß die *dritte Novelle* eine solche Ununterscheidbarkeit bezüglich der drei Religionen behauptet, deren Differenz damals als maximal galt.

Der sanfte Aufruhr, der in diesen Erzählungen lag, also ihr Bruch mit herrschenden Gedanken und Werten, wird durch Einheitsformeln wie der von der Formel von der *negierten Implikation* geglättet. Er bleibt sichtbar, wenn man die Novellen in ihrem denkgeschichtlichen und realhistorischen Kontext sieht. Dann zeigen sie, was geschichtlich die Stunde geschlagen hat: Wenn Galen selbst nicht imstande wäre, sechs Stunden vor dem Pesttod die Gefahr für den Patienten zu sehen, wenn der gelehrteste Theologe der Stadt gespielte Gesten und Lügenworte systematisch irreführend interpretiert, wenn keine Art der Lebensführung mehr ein Kriterium ist für Heiligkeit, wie noch bei Thomas, wenn der bekehrenswillige Jude keine Entscheidungshilfe bei den Professoren von Paris erwartet (I 2,14), wenn die totale Korruption der Kirche als Bezeugung ihrer Wahrheit gelten kann, dann stehen wir in einer prinzipiellen Krise des kausalen Verknüpfens und damit des Verstandesgebrauchs. Diese Novellen artikulieren die neue Erfahrung eines durchgängigen, also nicht nur zufälligen Mißverhältnisses des Denkens zu den Sachen. Ein Abgrund von welthistorischer Bedeutung öffnet sich, wenn die drei Religionen, deren Wahrheit zu beweisen die jeweiligen Philosophen und Theologen nicht müde wurden, sich als ununterscheidbar darstellen. Die herrschenden Wissensformen, die mit realer, auch physischer Macht den Alltag dominierten, erweisen sich jetzt als leer, ja als falsch. Nach deren Sturz ist die Stelle der lebensorientierenden Instanz neu zu besetzen: Die Poesie zeigt, daß sie die *Nachfolge bereits angetreten hat, indem sie die Skepsis als ihr Element in sich aufnimmt, aber ethisch-politisch ad hoc begrenzt.*

Worin die ethisch-politische Belehrung besteht, kann der Leser nicht unbesehen den Interpretationen der Erzählenden entnehmen. Neifile deutet zu Beginn der *dritten Novelle* sowohl die zweite wie die dritte Geschichte in ihrer Weise im Sinne einer populären Moralphilosophie. Damit gibt sie wenigstens die Richtung an, in die der Leser sich bewegen wird: Zumindest beweisen diese Geschichten, daß man vorsichtig sein soll beim Antworten und daß Klugheit imstande ist, eine schwierige Situation zu wenden (I 3,3–5). Selbst Dioneo, der betont, man sei schließlich zusammen, um sich durch Erzählungen zu *vergnügen*, rechtfertigt seine etwas freizügige Erzählung mit dem lendenlahmen moraltheoretischen Minimum: Die Geschichte zeige, wie man sich durch Umsicht oder Vorsicht (*cautela*) aus einer schwierigen Lage befreien könne (I 4,3).

3. Die *vierte Novelle* ist die erste Erzählung, die von den Freuden der körperlichen Liebe erzählt; sie schlägt erstmals den Ton an, der für das populäre Bild des *Decameron* maßgebend

geworden ist[69]. Hier, in Dioneos Erzählung, verdichtet sich außerdem ein Thema, das in der *ersten Novelle* anklingt und in der zweiten massiv motivbildend auftritt, die Kritik am Klerus[70].

Was zunächst die *Rolle der Sexualität* im *Decameron* angeht, so wird sie niemand leugnen wollen. Sowohl die erotische Attraktion wie die sexuelle Lust werden hier als Bestandteile menschlichen Lebens thematisiert, genauer: Im Verhältnis von Frauen und Männern spricht die *Natur* ihre mächtige Sprache. Rigorose Prediger verleugnen sie zwar ständig, können sie aber nicht außer Kraft setzen. Unsere Alltagsreden stecken voller sexueller Anspielungen, und Boccaccio verteidigt im *Schlußwort des Verfassers* (5) die großzügige Sprache, die er edlen Frauen in den Mund gelegt hat, auch damit, daß man, wenn man überhaupt spricht, den Sexismus nicht vermeiden kann. Im übrigen, insistiert er, zählen die Taten, nicht die Worte; und der Autor des *Decameron* hat alles darauf angelegt, die Zehnergruppe in reinem und brüderlich-schwesterlichem Sinn zusammenleben zu

---

[69] G. Almansi, *Lettura della quarta novella del* Decameron, in: *Strumenti critici* 4 (1970), S. 308–317.

[70] C. O. Cuilleanáin, *Religion and the Clergy in Boccaccio's* Decameron, Rom 1984. Doch vergesse man nicht das Kapitel *God, Church and Society in the* Decameron, in: J. H. Potter, *Five Frames for the* Decameron. Communication and Social Systems in the Cornice, Princeton 1982.

lassen. Diese zehn Erzähler leben, wie die Mönche zu leben versprochen haben, aber de facto nicht leben. Dies war ein ungemein geschickter Zug, die Kritiker der sprachlichen Tabuverletzungen mundtot zu machen. Konnten sie von sich sagen, daß sie keuscher lebten als diese zehn jungen Leute, sie, die heute leben, während damals zur Pestzeit andere Verhältnisse herrschten? Die Ausschließung sexueller Verbindungen zwischen den Liebenden in der Zehnergruppe hebt den idyllisch-unwirklichen Charakter dieser Ausnahme- und Reformexistenzen hervor; sie, die schließlich auch *Literatur* sind, mochten ruhig ein wenig papierene Entbehrung leiden, wenn dadurch der sprachliche Spielraum der Menschen erweitert und der Naturcharakter des sexuellen Vergnügens behauptet werden konnte, ohne daß die asketisch-monastische Gegenpartei die vulgärsten Einwände erheben konnte.

Der Künstler muß, wie Boccaccio im *Schlußwort* fordert, konkret sein, und er darf nicht gegängelt werden: Malen unsere Maler nicht auch *Christus als Mann und Eva als Frau* (*Schlußwort* 6)? Vom *Lob* der körperlichen Liebe sollte man sowenig reden wie vom *Lob des witzigen Einfalls*; aber es muß klar sein, daß die Liebe zwischen den Geschlechtern ein Zeichen der Wendung zum Guten in der Pestzeit ist; sie widersteht dem zügellosen Drang zur Vereinzelung und zur Selbstsicherung. Und: Man kann vom menschlichen Leben nicht reden, wenn man diese wichtige Erfahrung ausläßt. Ohne die Liebe, zumindest ohne erotisches Flair, kann man, nach Boccaccio, die Wahrheit über die Menschen nicht ermitteln und kann man nicht als Mensch leben. Wenigstens sagt Boccaccio — diesmal wirklich in erster Person — von sich, daß *er* die Kraft nicht habe, in dieser Hinsicht stärker zu sein als die Natur, und daß er sie auch nicht haben *wolle* (*Einleitung zum vierten Tag* 41—42).

Auszusprechen, was andere unterdrücken oder heimlich tuschelnd erzählen, dies gehört zu den *Vergnügen*, um derentwillen die Gruppe zusammengekommen ist, nicht nur nach der Auffassung Dioneos, sondern auch nach der Pampineas. Die Befreiung von verbalen Tabus gehört daher wesentlich zum *Decameron* und zum Zusammenleben der zehn, und zwar sowohl im Namen des Vergnügens wie im Namen der poetischen Wahrheit. Die sexuellen Beziehungen sind eine Naturgewalt; sie haben ihr Anrecht, auch ohne daß sie sentimental verklärt oder auf die *Vermehrung der Zahl der Auserwählten* (wie der heilige Thomas von Aquino sich ausgedrückt hat) abgezweckt und kirchenrechtlich administriert werden. Dies anschaulich zu machen war allerdings ein Skandal, und in allen Selbstverteidigungen Boccaccios kehrt dieses Thema wieder. Aber Boccaccio verteidigt sich, wieder ganz persönlich, und bleibt dabei. An die Frauen gewendet, sagt er: *Nur wer die Freuden und die Macht* (vertù) *der natürlichen Zunei-*

gung (della naturale affezione) nicht kennt, nur wer euch nicht liebt und von euch nicht wiedergeliebt werden will, der tadelt mich — aber was kümmert mich das! (Einleitung zum vierten Tag 52). Allerdings scheint es, daß Boccaccio dies nicht auf homosexuelle Beziehungen hat anwenden wollen; zum Charakter des *schlechtesten Menschen* gehört auch, daß er auf Frauen soviel Lust hat wie der Hund auf den Prügel (I 1,14). Wenn unser Autor sich in dieser Hinsicht ans Konventionelle hielt, so wohl vor allem deshalb, weil er Homosexualität besonders als Laster von Klerikern kannte, die anderen Enthaltsamkeit predigen. Immerhin hat er den Übergang von der Jenseitsdichtung zur Poesie des Erscheinenden so gründlich genommen, daß er volkstümliche Naturnähe in die Literatur eingeführt und dadurch die Vertreter der Ordnung irritiert hat. Wer findet, er habe übertrieben und der halbgöttlichen Naturgewalt Sexualität zuviel Raum zugestanden, der mag vor Gott oder vor Freud erforschen, welche reale Rolle die Sexualität in *seinem* Leben spielt; er mag sich auch erinnern, daß im *Decameron* der ersten Bettgeschichte gut 80 Druckseiten vorangehen, und er übersehe nicht, daß zuvor drei Novellen (nach Ansicht der Erzählerin Neifile sind es nur zwei, in Wirklichkeit sind es drei) von der *Wahrheit unseres Glaubens* reden (I 3,3), allerdings auf boccacceske Weise.

4. Kleruskritik und sexuelle Libertinage — dies waren schon im 14. Jahrhundert die anstößigen Punkte, wie die *Einleitung zum vierten Tag* und das *Schlußwort des Verfassers* belegen. Aber Boccaccio hat nichts geändert, obwohl diese Kritik schon nach der Fertigstellung der ersten drei Erzähltage heftig und laut geworden ist. Er hat im Alter eigenhändig noch einmal sein *Decameron* abgeschrieben und nichts gestrichen, obwohl er Tage des Schwankens und der Unsicherheit über seinen Freimut erlebt hat. Der Klerus wird am härtesten dort kritisiert, wo Boccaccio am leisesten spricht und keine Einzelheiten vorbringt, nämlich dort, wo er zeigt: Der Klerus ist auf der Innenszene hilfesuchender nachdenklicher Menschen nicht mehr da. Er hat seine Kompetenz, das Leben zu leiten, verloren, verteidigt aber seine Machtstellung um so erbitterter. Er administriert noch den äußeren Betrieb; man braucht ihn für Totenmessen, für die Beichte und für die Taufe — beachten wir bei dieser Gelegenheit, daß die beiden ersten Novellen des *Decameron* eine kirchliche Sakramentenspendung zum Gegenstand haben, ohne daß dies dem Klerus weiter zur Ehre gereicht. Er gehört noch zum Alltag, verbürgt aber nicht mehr, wie bei Thomas von Aquino, die Anwesenheit des Geistes, der in alle Wahrheit einführt. Wo Menschen sich fragen, wie sie sich verhalten sollen, erscheint der Klerus nur als liturgieproduzierende Geräuschkulisse — so in der *Einleitung zum ersten Tag*.

Dies ist die Wahrheit der florentinischen Gesellschaft um 1350; dies hat Boccaccio nicht zu vertreten. Er kehrt diese Tatsache aber heraus, um die neue Instanz der moralischen Instruktion, die Poesie, einzuführen; insofern ist die Kleruskritik dem *Decameron* ebenso unentbehrlich wie die Kritik an Medizin und Theologie. Man darf die Rolle der Kleruskritik auch nicht übertreiben. Die konfessionelle Polemik, besonders anläßlich der *ersten Novelle*, hat die Perspektiven geschichtlich verfälscht. Die Krise, von der die *Einleitung* und die *erste Novelle* erzählen, hat ganz andere Dimensionen als die Korruption des Klerus. Boccaccio erfindet eigens einen Kleriker, der heilig, weise und gütig ist — einen weißen Raben innerhalb des *Decameron* —, um klarzustellen, daß das Hauptproblem nicht die Sittenverderbnis der Geistlichen ist. Gleich die *zweite Novelle* wendet die totale moralische Verwahrlosung der Kurie, Implikationen negierend, sogar ins Positive: Eine Religion, deren Hauptvertreter so verkommen sind und die dennoch weiterbesteht, muß die wahre Religion sein. Dennoch beschreibt das *Decameron* die moralische Degeneration des Klerus als generell und global, von wenigen Ausnahmen abgesehen. Schon der ganze Konvent der *ersten Novelle* macht sich durch Leichtgläubigkeit und zeremonielles Gehabe lächerlich. Die *zweite Novelle* beschreibt die Kurie als ausnahmslos schlecht. Die *vierte Novelle* gibt einen Einblick in das Innenleben eines Konvents: Der Abt spielt sich heuchlerisch als Hüter der klösterlichen Ordnung auf; er will die gemeinsam erworbene Beute allein genießen; er verurteilt einen jungen Mann für ein Vergehen, das er selbst soeben begangen hat; er läßt sich schließlich, um nicht blamiert zu werden und um sich das Vergnügen auf Dauer zu sichern, auf einen Kuhhandel mit dem schlauen jungen Mönch ein — dies alles zeigt eine Verderbtheit, die weit schwerer wiegt als das Liebesabenteuer des jungen Mannes. Dioneo urteilt denn auch generell, die Heiligkeit sei in Klöstern heute rar. Insbesondere haben die Franziskaner den Weg des Armen von Assisi verlassen; Boccaccio nimmt damit die Klage auf, der auch Dante Wort verliehen hatte. Die sexuellen Eskapaden der Prediger der Keuschheit ergeben ein besonders komisches Motiv und zeigen, wie die durch die Tür vertriebene *Natura* durchs Fenster zurückkommt; die Klöster *reden* von Enthaltsamkeit und sind voller Geilheit; die zehn jungen Leute reden über Sexuelles ohne Tabu und *leben* enthaltsam. Dieser ästhetisch reizvolle Umkehreffekt stellt noch einmal anschaulich dar, was Poesie jetzt — nach der Erfahrung der Pest, bei Fortdauer der *linguistischen Krise* und bei der nachgewiesenen Inkompetenz des Klerus und des Universitätswissens zur Lebensführung — den Menschen, vor allem den Frauen, bringen muß und kann: die Erkenntnis von dem, was zu erstreben und was zu vermeiden ist.

Boccaccio-Legenden

Das Zehntagebuch mit den hundert Geschichten hat viele Gesichter. Jeder nachdenkliche Leser gewinnt ihm neue Aspekte ab. Was ich hier versucht habe, kann daher keine endgültige Auslegung sein, schon gar keine Gesamtdeutung. Andererseits bildet der *Anfang* des *Decameron* einen möglichen Schlüssel zum ganzen Buch. Anhand des *Vorworts*, der *Einleitung des ersten Tages* und der vier ersten Novellen läßt sich daher zeigen, was der poetische Text an ästhetischer und historischer Deutlichkeit gewinnt, wenn man ihn liest vor dem Hintergrund der intellektuellen Entwicklung von 1250 bis 1350 (und wenn man widerlegbare Globalcharakteristiken von ihm fernhält, z.B. die autobiographische Obsession, die den Erzähler für den Autor Boccaccio nimmt, oder andere Boccaccio-Legenden). Zu einer solchen Lektüre gehört insbesondere Aufmerksamkeit

auf die programmatischen Wendungen im *Vorwort* 14,

auf die Naturrechtsproklamation Pampineas in der *Einleitung des ersten Tages*,

auf die Brückenpfeiler-Konstruktion der *ersten Novelle* mit den *Namen* in der Überschrift und in der Konvergenz des letzten Satzes mit dem ersten,

auf die sprachliche Herausarbeitung des Irrtums des Beichtvaters und Theologieprofessors als eines nicht mehr erlaubten Schlusses von dem, was er sieht, auf das, was der Beichtende denkt,

auf die subtile Allmachtstheologie in der abschließenden Reflexion Panfilos.

Den intellektuellen Kontext von 1250/1350 konnte ich hier nur an einigen Beispielen illustrieren: an der stoischen Tradition des Naturrechts, am Bild des Epikureismus im Mittelalter, an den Etappen der philosophischen Ethik *innerhalb* des Mittelalters, an der spätmittelalterlichen Problematisierung von Namen und Sachen und an der im 13. Jahrhundert noch verdeckten Schwierigkeit, vom Äußeren aufs Innere und vom sittlichen Zustand einer Gruppe auf die Wahrheit ihrer Überzeugungen zu schließen.

Globale Charakterisierungen des *Decameron* können als widerlegt gelten, wenn sie noch nicht einmal auf seinen Anfang zutreffen. Solche Boccaccio-Legenden sind weit verbreitet; sie schleichen sich unauffällig in die Analyse ein, und es kostet nicht wenig Anstrengung, sie konsequent vom Text fernzuhalten. Einigen von ihnen sind wir bereits begegnet. Hier fasse ich sie im Rückblick zu drei Typen von Legenden zusammen: Es gibt die *Realismus-Legende*, die *Immoralismus-Legende* und die *Sage vom „mittelalterlichen" Boccaccio*[71]. Ich stelle diese

---

[71] Zur Geschichte der Auslegung des *Decameron* vgl. V. Branca, *Linee di una storia della critica al* Decame-

Auslegungen erst einmal im Umriß vor, um sie dann nacheinander zu kritisieren.

Die *Realismus-Legende* gibt es in mehreren Versionen. Meist läuft sie darauf hinaus, das *Decameron* habe den ethisch-politisch-prophetischen Anspruch aufgegeben, den Dante noch hatte, es schildere die Menschen, „wie sie sind", ohne sie zu beurteilen, gar zu verurteilen, es verhalte sich rein deskriptiv und bilde als das wertneutrale Epos der Kaufmannswelt eine neue soziale Realität ab, ohne ihr Utopien oder ethisch-politische Programme entgegenzusetzen.

Die *Immoralismus-Legende* geht noch weiter. Ihr zufolge *bewundert* Boccaccio moralisch bedenkenloses Handeln wie das Lügen Cepparellos. Da Boccaccio kein ethisch-politisches Lebenskonzept mehr besitze, sehe er in Lügen auf dem Sterbebett nur den Beweis der menschlichen Intelligenz und der künstlerischen Gestaltungskraft[72] und weigere sich, ethisch zu wer-

---

ron, Mailand 1939; G. Petronio, *G. Boccaccio*, in: W. Binni (Hg.), *I classici italiani nella storia della critica*, Band 1, Florenz 1954, S. 173–236; V. Branca, *La fortuna letteraria e critica*, in: G. Boccaccio, *Decameron*, ed. V. Branca, Mailand, Taschenbuchausgabe in der Reihe der Classici Mondadori 1989, S. LXIII–LXXIV.

[72] Preis des Einfallsreichtums und der instrumentellen Vernunft als wesentlich für das *Decameron* hoben im Anschluß an F. De Sanctis hervor: U. Bocso, *Il* Decamerone, Rieti 1929; G. Petronio, *Il* Decamerone, Bari 1935.

ten; er sehe insbesondere die Sexualität als Naturkraft jenseits von Gut und Böse und *preise* deshalb bedenkenlos die sinnliche Liebe. So verknüpft sich die *Realismus-Legende* leicht mit der *Immoralismus-Legende*; beide schleichen sich oft ein in die schlichte Wiedergabe des Inhalts einer Novelle; sie deuten das Berichtete, als *verherrliche* Boccaccio (nicht: einer der zehn Erzähler) den Scharfsinn oder den Einfallsreichtum oder die sexuelle Potenz als Naturkraft.

Die *Realismus-Legende* wie die *Immoralismus-Legende* stammen aus dem späten 19. und dem frühen 20. Jahrhundert. Beiden Globalcharakteristiken stemmt sich seit den 50er Jahren unseres Jahrhunderts die *Mittelalter-Legende* entgegen: Achte man auf die Weise, wie Boccaccio erzähle und werte, dann finde man im *Decameron* die *kanonischen Musterbilder der christlichen und der scholastischen Lebensanschauung.* Das *Decameron* bilde keinen Gegensatz zur *Göttlichen Komödie*. Im Gegenteil: *Es stellt sich an seine Seite und ergänzt es gewissermaßen*[73]. Das nenne ich Warenhausästhetik: Ein Kunstwerk stellt sich dem anderen an die Seite und „ergänzt" es womöglich noch; man präpariert Dante zum Konsum und liefert außerdem Boccaccio. So eliminiert man Konflikte; so versöhnt man alles mit allem: Thomas von Aquino stellt sich an die Seite Augustins, Ockham „ergänzt"

---

[73] V. Branca, *Boccaccio medievale*, Florenz ⁵1981, S. 29.

Thomas. So verkennt man die dem Kunstwerk eigene Totalität: An Mozart war nichts mehr zu „ergänzen". Sein Werk blieb bruchstückhaft, aber Beethoven hat ihn nicht „ergänzt", weil das gar nicht möglich ist. So verkennt man die dem Kunstwerk eigene Temporalität: die *Göttliche Komödie* ist ihr Entstehungsjahrzehnt *ganz*, und ebenso ist das *Decameron* ein anderes Jahrzehnt *ganz*, und beide sind ihre Zeit in Gedanken und Gestalten gefaßt.

1. Der *Mittelalter-Legende* zufolge, wie Vittore Branca sie vorträgt, fügt das *Decameron* seine hundert Erzählungen ein in einen *gotischen Rahmen*, der den Aufstieg von der tiefsten Sünde zur höchsten Tugend darstelle. Das *Decameron*, sagt diese Legende, vollziehe den Weg von Judas (Cepparello) zu Maria (Griselda der letzten Novelle); es sei ein religiöses Erbauungsbuch zur Überwindung der sinnlichen Liebe; es lehre Moral, und zwar die *christliche und scholastische*.

Diese Deutung setzt voraus, es habe zwischen 400 und 1600 nur *eine* christliche Ethik gegeben. Branca denkt an die augustinisch-monastische Moral der Denker des 12. Jahrhunderts, er denkt an dessen „Konservative", wie Hugo von St. Viktor, nicht an Bernardus Silvestris, zu dem Boccaccio eine nachweisbare Beziehung hatte; er beruft sich auch auf die augustinisch-aristotelische Mischmoral des heiligen Thomas von Aquino. Er stellt sich das christliche Denken der „Scholastik" als Einheit vor, und in dieser Einheit sollen Dante wie Boccaccio übereinkommen. R. Hollander stand 1977 dieser Boccaccio-Deutung nahe[74]. Er meinte, es sei das Ziel Boccaccios, die Verkehrtheit der sinnlichen Liebe zu zeigen, also die gute Liebe zu loben und die schlechte, die sinnliche Liebe, zu „züchtigen": *The author is warning us, as he has done throughout his career, of the terrible power of sexual love*[75]. Der Bock ist zum Gärtner gemacht − im *hortus deliciarum spiritualium*.

Die *Mittelalter-Legende* in ihrer einflußreichen Version basiert auf der Vorstellung eines einheitlichen „christlich-scholastischen" mittelalterlichen Denkens und einer klaren Grenzlinie zwischen Mittelalter und Renaissance. Wurde Boccaccio früher oft ungeschichtlich gegen den *mittelalterlichen* Dante als Renaissance-Dichter stilisiert, so soll die *Mittelalter-Legende* Brancas nun das *Decameron* auf die andere Seite bringen.

2. Die *Immoralismus-Legende*, seit De Sanctis bis etwa 1960 die herrschende Auffassung,

---

[74] R. Hollander, *Boccaccio's Last Fiction.* „Il Corbaccio", Philadelphia 1988, setzt die Akzente etwas anders.
[75] R. Hollander, *Boccaccio's Two Venuses*, New York 1977, S. 106. Vgl. auch S. 26 und 93. Hübsch auch S. 108, im Blick allerdings auf den *Corbaccio*: *the narrator's express intent is to turn us away from love.* − Doch hoffentlich nicht auch von der „guten Liebe"!

wird heute in der Boccaccio-Forschung kaum noch vertreten. Ganz verschwunden ist sie freilich nicht. So kann man bei P. Brockmeier 1988 lesen, Boccaccio richte *den Blick auf das Irdische, ohne dieses einem endgültigen moralischen Urteil auszusetzen*[76]. Die Leser der ersten Novelle wissen, wieviel Trug in diesem *Irdischen* steckt. Oder nehmen wir das *Irdische* der römischen Kurie in der *zweiten Novelle*. Wird es einem moralischen Urteil „ausgesetzt" (wie einem Unwetter) oder nicht? Vielleicht nur einem *vorläufigen*, nicht einem *endgültigen*? Vom Reichtum der Kaufleute erfahren wir in der *ersten Novelle*, daß er ohne Betrug kaum zu haben ist, aber der deutsche Kommentator von 1988 versichert uns, Boccaccio betrachte *Reichtum und Luxus als selbstverständlichen Hintergrund*, also jenseits von Gut und Böse, *ohne sich oder die Leser mit der Frage nach ihrer moralischen Legitimation zu behelligen*[77]. Legitimationsfragen als Behelligung, als ungebührliche Störung bei der Arbeit oder beim Genuß — das ist eine auffällig gründliche Art, die 68er Jahre abzustreifen: diese Literaturwissenschaft der Reagan-Ära kehrt zurück zur Immoralismus-Legende.

Wir werden freilich die in die Jahre gekomme-

---

[76] G. Boccaccio, *Decameron*, 20 ausgewählte Novellen, it.–dt., hg. von P. Brockmeier, Stuttgart 1988, S. 283.
[77] G. Boccaccio, *Decameron*, hg. P. Brockmeier, S. 286.

ne *Immoralismus-Legende* nicht pietätlos verwerfen. Zwar übersieht sie die moralistische Stilisierung der Zehnergruppe zu einem Modell einträchtigen, brüderlichen und auf vernünftige Organisation des Vergnügens programmierten Zusammenlebens; ferner verkennt sie die moralistische Schwarzweißmalerei, mit der die *erste Novelle* den *heiligen und weisen Mönch* dem *schlechtesten Menschen* entgegensetzt; zudem vernachlässigt sie, daß in der *zweiten Novelle* die beiden Pariser Kaufleute eindringlich und wiederholt als Muster anständigen Verhaltens mit der total verderbten Kurie konfrontiert werden. Vor allem überhört sie die Rede Pampineas, wonach wir Vergnügen suchen sollen, aber ohne die Grenzen der Vernunft zu überschreiten. Dennoch hat die *Immoralismus-Legende* — so grob sie auch sein mag — *insofern* recht, als Boccaccio *sein* Urteil nicht mehr wie Dante als das Urteil Gottes ausgibt und niemanden mehr in den Himmel oder in die Hölle versetzt. Im übrigen lebt die *Immoralismus-Legende* nur noch davon, daß weithin unbekannt ist, daß es im 14. Jahrhundert die theoretische und die praktische Möglichkeit einer Moral ohne religiöse Sanktionen gab. Um 1350 gab es das Gute und das Böse auch ohne Himmel und ohne Hölle, und wenn es dazu noch eines weiteren Beweises bedürfte, so wäre auf die *Quaestiones* des Johannes Buridanus *zu den zehn Büchern der Nikomachischen Ethik des Aristoteles*, auf ihre Betonung der *irdischen*

Glückseligkeit und auch auf ihren Erfolg im 14. Jahrhundert zu verweisen[78].

Wahr ist auch, daß innerhalb der Erzählungen des *Decameron* moralische Wertungen oft so diskret vorgetragen werden, daß, wer vom Immoralismus Boccaccios bereits vorher überzeugt war, nicht leicht Anlaß findet, sich zu korrigieren. Um nur noch ein Beispiel zu bringen: Bewertet Boccaccio das Verhalten der Klosterleute am Ende der *ersten Novelle*, oder beschreibt er es nur? Er nennt die Mönche, die ihrem musterhaften Mitbruder sofort glauben, *creduli*, leichtgläubig (*erste Novelle* 84). Gewiß verbreitet er sich nicht darüber, warum dies ein falsches Verhalten ist, sondern er zieht es vor, den Konvent zu schildern, wie er – mit feierlichen Gewändern, mit Kerzen und Büchern in der Hand, das Kreuz voran – den Geldmann, der *im Leben* der größte Schuft war, ergriffen in die Kirche der Bettelmönche trägt. Wir dürfen lachen. Aber würden wir lachen, wenn wir völlig wertneutral zusähen? Die Lächerlichkeit kommt erst durch den moralischen Kontrast zustande, und zwar nicht nur durch den Kontrast zwischen dem lebenden Cepparello und dem toten Heiligen Chiappelletto, sondern auch durch den Kontrast zwischen der Prätention des

---

[78] Die Ausgabe Paris 1513 ist leider immer noch zu benutzen in dem von mir besorgten Nachdruck Frankfurt 1968.

Klerus, Heiligkeit erkennen zu können, und seiner interessegeleiteten Leichtgläubigkeit.

3. · Die *Realismus-Legende* wird mit feinerem Pinsel gezeichnet. Sie hat berühmte Befürworter; sie ist seit De Sanctis[79] und Erich Auer-

---

[79] Für die Geschichte der Boccaccio-Deutung ist unentbehrlich F. De Sanctis, *Storia della letteratura italiana*, Nuova edizione a cura di B. Croce, Band 1, Bari 1912, bes. S. 275: Boccaccios Realismus und Naturalismus als Reaktion auf den Spiritualismus und Mystizismus des Mittelalters; Dante als Dichter der „anderen Welt", Boccaccio als Dichter der diesseitigen Welt bzw. als humanistischer Gelehrter ohne Kontakt mit den Bedürfnissen der Menschheit und des Volkes, der scholastischen Kultur völlig fernstehend (S. 277), hat im *Decameron* kein anderes Ziel als zu gefallen (S. 307), äußert keine Kritik mehr an seiner Gesellschaft, ist völlig hingegeben an die Außenwelt und ihre Eindrücke: *Keine Denkerfalte hat dieses Gesicht gezeichnet* (S. 308). Was zählt, ist nur noch das Leben an seiner Oberfläche: *Die Welt des Geistes verschwindet; es tritt auf die Welt der Natur* (S. 308). Es herrschen der Instinkt und die Naturkraft — eine gewaltsame Reaktion gegen den mittelalterlichen Mystizismus in einem Karneval der Imagination (S. 308). Der Herr dieser Welt ist der Zufall (S. 309). In Dantes Welt war *die Natur die Sünde, hier ist sie das Gesetz* (S. 312). Der Dichter Boccaccio hat keine ethischen Normen mehr, er rebelliert nicht mehr gegen die soziale Realität: Er nimmt die Welt wie sie ist (S. 313). Das *Decameron als die Reaktion des Fleisches gegen die exzessive Strenge des Klerus* (S. 314), *als die menschliche Komödie, als Parodie der Göttlichen Komödie.*

bach subtil bis zur Unkenntlichkeit geworden[80]. Branca und Padoan haben sie mit der *Mittelalter-Legende* verwoben; sie haben dabei teils auf die Abbildung der sozialen Welt, teils auf den metaphysischen Realismus der idealen Exempla gedeutet. Und doch widerspricht die *Realismus-Legende* Boccaccios ausdrücklichen Erklärungen und seiner poetischen Praxis:

Die Dichtung soll nützen und belehren. Beides kann sie nur, wenn sie Situationen und Handlungen schildert, die im wirklichen Leben vorkommen *können*. Besonders um eine Historie einzuleiten, beruft sich der Erzähler gern ausdrücklich auf etwas, das oft in unserer Erfahrung vorkommt, z. B. erwähnt er bekannte Personen und Orte. Oder er macht einen überraschenden Vorfall plausibel durch das Vorzeigen *realistischer Momente*; er erwähnt z. B. als Regel, daß Kaufleute betrügen. Er zeigt den Zusammenhang von Kirchenmacht, Kurienkorruption und Sultanspolitik mit dem Geldwesen der Städte. Aber dann konstruiert er aus diesem Material unwahrscheinliche Vorkommnisse. Die *Realismus-Legende* stützt sich mit Recht darauf, daß, von der Pesterzählung ange-

---

[80] Eine wichtige Station der Realismus-Legende ist Erich Auerbach, *Frate Alberto*, in: Ders., *Mimesis*. Dargestellte Wirklichkeit in der abendländischen Literatur, Bern−München ³1964, S. 195−221. Einen Überblick über die Geschichte des boccaccesken *Realismus* gibt Pier Massimo Forni, *Retorica del reale nel* Decameron, in: *Studi sul Boccaccio* 17 (1988), S. 183−202.

fangen, Boccaccio ein genaues Bild zeichnet, daß er so viele wahrscheinliche Details wie möglich mobilisiert, um das Unwahrscheinliche, mit dem seine Geschichten enden, wahrscheinlich und plausibel zu machen. Aber die Auswahl und Anordnung realistischer Details geschieht in moralistischer Absicht und ordnet ihr alle empirischen Interessen unter. Insbesondere die Psychologie der Handelnden bleibt rudimentär, um nicht zu sagen holzschnittartig moralistisch-primitiv: Der Heilige steht *gegen* den Bösewicht — *santo frate, santo e savio uomo* gegen *il piggiore uomo forse che mai nascesse.* Hermann Kesten hat von einer *antipsychologischen Erzähltechnik* des *Decameron* gesprochen[81]. Die vier ersten Novellen bestätigen, daß es zwar *realistische Momente* gibt, daß aber der Realismus nicht als leitendes Konzept gelten kann[82]:

Bei keiner der zentralen Entscheidungen sehen wir ins Innere des Handelnden. Wir wohnen keiner Debatte der entscheidenden Personen mit sich selbst bei. Wir erleben kein Gegeneinander der Motive, für das die Bekehrungsgeschichte Augustins in den *Confessiones* ein Mu-

---

[81] H. Kesten, *Die Lust am Leben.* Boccaccio — Aretino — Casanova, München 1968, S. 48.

[82] N. Sapegno, *Storia letteraria del Trecento*, Mailand — Neapel 1963, S. 327, nannte den „Realismus" gar den einzigen *concetto inspiratore* des *Decameron* und gab damit ein Beispiel für eine Globalcharakteristik, die vom poetischen Text eindeutig dementiert wird.

ster abgegeben hätte. Wir erfahren nur das Resultat. Wir sehen eine Handlung. Dies gilt für den Beschluß Cepparellos, zu beichten. Besonders auffällig ist es beim Beschluß Abrahams, sich taufen zu lassen. Es zeigt sich bei der Entscheidung Saladins, auf Gewalt zu verzichten, ebenso bei der Entscheidung des Abtes, die Strafankündigung zurückzunehmen.

Wenn das *Realismus* ist, war auch Dante Realist; dann ist jedes Märchen realistisch, denn Wein und Brot, Wölfe und Großmütter gibt es in der sogenannten realen Welt. Die Frage ist, nach welchen Erzählprinzipien die realistischen Details ausgewählt und arrangiert werden. Die Analyse der ersten vier Novellen und erst recht die des *Rahmens* zeigt jedenfalls, wie moralistisch-konstruktiv, wie theoretisch-experimentell, wie gewagt-erfunden alles ist. Die Erzählungen laufen allesamt auf so ausgefallene und unwahrscheinliche Ziele zu, daß fast jeder Mensch im Alltag sagen würde, so etwas gibt es nicht − z. B. einen selbstbewußten Herrscher, der sich durch eine Erzählung von der geplanten Beschlagnahmung abbringen läßt −, und dann setzt eine ingeniöse Kleinarbeit ein, die so viele Details der natürlichen Weltansicht so alltagsnah konstruiert, daß etwas gerade noch Plausibles herauskommt. *Mögliche Weltelemente* fungieren als Versatzstücke, um ein Lehrstück zu fabrizieren, das nachvollziehbar zeigt, welche Unwahrscheinlichkeiten vorkommen können. Alles ist abgezweckt, aber so, daß die

Abzweckung maximal kaschiert wird durch sogenannte Realien.

Hermann Hesse hat 1904 ein kleines Boccaccio-Buch von unwahrscheinlicher, aber faktischer Einfalt veröffentlicht und seine Gesamtsicht zu dem Dictum verdichtet: *Unser Novellenbuch hat das Bestreben und die Eigenschaft, ein Spiegel des wirklichen Lebens zu sein*[83]. Dies heißt an der poetischen Praxis und an der ausdrücklichen Intention des Textes vorbeigehen. Von einem Abbilden des wirklichen Lebens kann immer nur in untergeordneten Momenten die Rede sein; wir sind in einer Lehrdichtung, zu deren Lehren es zählt, den Leserinnen die gewöhnlich unterstellten Implikationen abzugewöhnen. So lernen sie Umsicht, indem ihnen gezeigt wird, daß das Unwahrscheinliche zuweilen wirklich wird. Der *Realismus* ist funktional und instrumentell; er gilt nur für untergeordnete Phasen der Novelle. Dann ist er also kein Prinzip, sondern eine Methode.

Nehmen wir an, es gebe in Katalanien den Strandort Amturias. Nehmen wir an, dort gebe es eine Apotheke. Und nehmen wir an, der Apotheker habe einen Schnurrbart. Jetzt malt jemand den gutbürgerlich gekleideten Apotheker, zeichnet liebevoll dessen Lackschuhe, widmet sich besonders sorgfältig dem gezwirbelten Schnurrbart und schreibt dann unter das Bild: *Der Apotheker von Amturias auf der Suche nach*

---

[83] H. Hesse, *Boccaccio*, Berlin und Leipzig 1904, S. 51.

absolut nichts. Der Betrachter kann den aufreizenden Ausdruck *Suche nach absolut nichts* auf sich beruhen lassen; er kann die Zwirbelung des Schnurrbartes bewundern und Dali einen *Realisten* nennen.

So steht es mit dem Realismus des *Decameron*. Boccaccio setzt der Wolfsgesellschaft, die schon *vor* der Pest korrumpiert war und die Dante deshalb mit diesem Wort charakterisiert hatte, eine Gruppe entgegen, die geprägt ist von *bleibender Eintracht, bleibender Brüderlichkeit*, und die sich erzählt, was gespielt wird; er stattet dieses ethisch-politische Märchen mit vielen Elementen täglicher Erfahrung aus, um sichtbar zu machen, was man *zu vermeiden* hat — und Hermann Hesse spricht von einem Spiegel der wirklichen Welt. Man kann diese Auffassung verfeinern bis zur Unkenntlichkeit. Man verkennt dann immer noch die poetische Konstruktion der Novellen. Nehmen wir als Beispiel noch einmal die erste: Sie schafft zwei nicht-existierende Maxima, läßt sie aufeinandertreffen und das ganze in einem liturgischen Karneval enden, der beweist, daß das Innere und das Jenseitige uns versperrt sind. Kerzen und Chorhemden sind (oder waren) realistische Alltagsdinge. Wir genießen sie beim Lesen; aber sie hervorzuheben, wie es die *Realismus-Legende* tut, heißt ein subtiles Theoriekonstrukt banalisieren, heißt, die von Boccaccio gelehrte Einheit von Dichtung und Philosophie verkennen. Die ersten drei Novellen sind höchst problematische Gedankenexperimente mit empirischen Bauteilen. Wer sie durchdenkt, begreift, warum die Dichtung sekundär die pralle Fülle des Erscheinenden in sich aufnimmt; ihre breite Empirie setzt die philosophisch-theologischen Denkspiele der ersten drei Novellen voraus. Aber beschreiben wir den Übergang zur Erscheinungswelt im Sinne Boccaccios genau. Panfilo hat nicht gesagt, er wolle bei dem stehenbleiben, was sinnlich erscheint; sondern er sprach von einer Beschränkung auf das, *was erscheinen kann*. Dazu reicht kein Spiegel. Dazu braucht es einen *Gedanken*.

4. Boccaccio ist 1313 geboren und 1375 gestorben. Er gehört einer geschichtlichen Welt an, die sich durch keine Formel, eher schon durch einige Namen kennzeichnen läßt: Ludwig der Bayer und Marsilius von Padua, Petrarca und Ambrogio Lorenzetti, Guillaume de Machaut und William Langland, Karl IV. und Cola di Rienzo[84]. Seine Erfahrungen und seine Gedanken sind die des 14. Jahrhunderts; er orientiert sich an der Kultur von Florenz und an der von Neapel unter König Robert, mit ihren weiten Beziehungen zu Paris und Byzanz, zu Avignon und zu Oxford.

---

[84] Intelligenten Einblick in diese geschichtliche Welt gibt G. Seibt, *Anonimo romano*. Geschichtsschreibung in Rom an der Schwelle zur Renaissance, Stuttgart 1992.

Wenn man es für nützlich hält, die Jahrhunderte zu Epochen zusammenzustellen und das 14. Jahrhundert dem „Mittelalter" zuzuschlagen, dann gehört Boccaccio zum Mittelalter. Vernichtet man aber mit Hilfe des Einheits-Etiketts „Mittelalter" die Vielfalt der Ansichten und Erfahrungen, der Regionen und der Gruppen in der Zeit von 800 bis 1500, konstruiert man ein religiöses, populäres, imaginatives, buntes, aber problemfreies „Mittelalter" und setzt es als *Wertkonzept* gegen die akademische, laikale und irreligiöse „Renaissance" ab, dann kumuliert man eine Serie von Irrtümern. Dann geht die Verschiedenheit zwischen dem 14. und dem 13. Jahrhundert im Weihrauchdunst unter, mit dem das reale Mittelalter wenig, die Kompensationsbedürfnisse der Nachkriegszeit aber viel zu tun haben. Die Denkgeschichte Europas von 1120 bis 1360 ist dramatischer und vielförmiger verlaufen, als es die restaurative Mittelalterbegeisterung gestattete. Das *Decameron* als *gotisch* auszulegen und mit Thomas von Aquino in eine einhellig-harmonische Verbindung zu setzen, ist eine ahistorische Gewalttat, die sich zwar auf schwache Stellen des Philosophiehistorikers Gilson, nicht aber auf Texte der Philosophie der Zeit berufen kann. Wo liegt der *gotische* Aufstieg, wenn unsere zehn Erzähler nach 14 Tagen wieder zurückgehen in die Peststadt? Nirgends wird der Verzicht auf sinnliche Lust als das eigentliche Ziel hingestellt. Die zehn jungen Leute enthalten sich der sexuellen

Lust, aber sie nehmen lebhaft Anteil an der Lust der Heldinnen ihrer Erzählungen; sie bitten Gott, er möge sie ähnlicher Freuden teilhaftig werden lassen[85].

Boccaccio hat *seine* Jahrzehnte erlebt und durchdacht; sie gehörten, wenn man so will, zum Mittelalter. Aber es war ein Zeitalter ungeheurer Erschütterungen und eines neuen laikalen Selbstbewußtseins; es war die Zeit einer Krise der Metaphysik und neuer Programme konsequent weltbezogenen Vernunftgebrauchs. Es war eine Zeit, in der eine Moral ohne jenseitige Sanktionen ihre theoretischen Verfechter und praktizierenden Anhänger fand. Es war die Zeit einer neuen Führungsrolle der Poesie. Boccaccio transponierte Dantes ethisch-politische Kritik in diese neue Zeit, soweit es noch möglich war. Die Unterschiede waren, von der Zeit selbst erzwungen, außerordentlich. Schon Dante war nicht ganz so „mittelalterlich", wie manche ihn bis heute stilisieren.

Überhaupt läßt sich „das Mittelalter" nicht auf Jenseitigkeit, Zahlensymbolik, Folklore und Askese festlegen; man hat es noch lange nicht als eine geschichtliche, eine intellektuelle und künstlerische *Bewegung* erfaßt, wenn man von E. R. Curtius gelernt hat, daß die Natur als das Buch Gottes gedacht worden ist. Boccaccio

---

[85] R. Hollander, *Boccaccio's Two Venuses*, S. 227 n. 44 hat eine Reihe solcher frommen Wünsche zusammengestellt.

konnte noch weniger „mittelalterlich" sein als Dante; er versuchte, sich in der neuen Situation zu orientieren, auch mit Hilfe mittelalterlicher Texte; so griff er z. B. auf Bernardus Silvestris und seinen „Naturalismus" zurück[86]. Daß er Dante nicht wiederholen und schon gar nicht *ergänzen* wollte, sagte er dem Leser buchstäblich schon in der *ersten Zeile* seines Buches, indem er es, wegen und trotz Dantes Höllenassoziation, *Galeotto* nannte.

Wenn Boccaccio gemeint hätte, die Frauen, die die große Pest überlebt hatten, brauchten ein *gotisch*-erbauliches Buch, hätte er Dante empfehlen können. So aber hat er sein *Decameron* geschrieben und Dante lieber gelehrt erklärt.

Das *Decameron* stellt eine eigene Reflexionsstufe und ein verwandeltes Konzept von Poesie innerhalb einer gemeinsamen Traditionslinie dar. Die Situation Dantes aber war nicht wiederherstellbar, weder politisch noch kirchlich, weder wissenschaftstheoretisch noch ethisch. Wenn man diese neue Konstellation bei dem Wort *Mittelalter* mitbedenkt, wenn man also das Mittelalter nicht auf das 13. Jahrhundert hin stilisiert und das mittelalterliche Denken nicht mit den frommen Viktorinern und dem heiligen Thomas von Aquino identifiziert, wie

---

[86] Man kann den „Naturalismus" Boccaccios mit seinem Interesse an der mittelalterlichen Tradition verbinden. Vgl. A. Scaglione, *Nature and Love in the Late Middle Ages*, Berkeley und Los Angeles 1963.

Branca, auf Gilson gestützt, das tut, wenn man mithin das sachliche Gewicht der Entwicklung zu Ockham und Nikolaus von Autrecourt und die Verbreitung dieses Denkens in Italien schon vor 1350 objektiv ermißt, dann darf man Boccaccio ruhig weiter *mittelalterlich* nennen und die sogenannte Renaissance vergessen.

Sagen wir es unpolemisch, eher musikalisch: *Boccaccio medievale? Si, ma non troppo.*

GIOVANNI BOCCACCIO
DER ANFANG
DES DECAMERON

1. *Comincia il libro chiamato Decameron cognominato prencipe Galeotto, nel quale si contengono cento novelle in diece dí dette da sette donne e da tre giovani uomini.*

Proemio

2. Umana cosa è aver compassione degli afflitti: e come che a ciascuna persona stea bene, a coloro è massimamente richesto li quali già hanno di conforto avuto mestiere e hannol trovato in alcuni; fra' quali, se alcuno mai n'ebbe bisogno o gli fu caro o già ne ricevette piacere, io sono uno di quegli. 3. Per ciò che, dalla mia prima giovanezza infino a questo tempo oltre modo essendo acceso stato d'altissimo e nobile amore, forse piú assai che alla mia bassa condizione non parrebbe, narrandolo, si richiedesse, quantunque appo coloro che discreti erano e alla cui notizia pervenne io ne fossi lodato e da molto piú reputato, nondimeno mi fu egli di grandissima fatica a sofferire, certo non per crudeltà della donna amata, ma per soverchio fuoco nella mente concetto da poco regolato appetito: il quale, per ciò che a niuno convenevole termine

1. *Hier beginnt das Buch namens* Decameron. *Es heißt auch* Fürst Galeotto. *Es enthält hundert Geschichten, die von sieben Frauen und drei jungen Männern an zehn Tagen erzählt werden.*

Vorwort

2. Menschlich ist es, Mitleid zu haben mit den Bedrängten. Jedem stünde es gut an, aber am meisten erwartet man es von denen, die selbst schon des Trostes bedurft und ihn bei Freunden gefunden haben. Wenn je einer ihn gebraucht und geschätzt und über ihn sich gefreut hat, dann ich. 3. Von frühester Jugend an bis ins reife Mannesalter hat hohe, edle Liebe mich entflammt. Über jedes Maß hinaus hat sie mich ergriffen, höher und edler wohl, als es, wenn ich von ihr erzählen wollte, meiner niedrigen Stellung angemessen schiene. Einsichtige Menschen freilich, die davon erfuhren, haben mich deshalb gelobt und höher geachtet. Dennoch ist mir aus der Liebe unerträgliches Leid erwachsen, nicht durch Grausamkeit der geliebten Frau, sondern weil das maßlose Verlangen ein gewaltiges Feuer in meinem Geist entfachte. Dieses Feuer ließ mich an keiner ver-

mi lasciava contento stare, piú di noia che bisogno non m'era spesse volte sentir mi facea. 4. Nella qual noia tanto rifrigerio già mi porsero i piacevoli ragionamenti d'alcuno amico e le sue laudevoli consolazioni, che io porto fermissima opinione per quelle essere avenuto che io non sia morto. 5. Ma sí come a Colui piacque il quale, essendo Egli infinito, diede per legge incommutabile a tutte le cose mondane aver fine, il mio amore, oltre a ogn'altro fervente e il quale niuna forza di proponimento o di consiglio o di vergogna evidente, o pericolo che seguir ne potesse, aveva potuto né rompere né piegare, per se medesimo in processo di tempo si diminuí in guisa, che sol di sé nella mente m'ha al presente lasciato quel piacere che egli è usato di porgere a chi troppo non si mette ne' suoi piú cupi pelaghi navigando; per che, dove faticoso esser solea, ogni affanno togliendo via, dilettevole il sento esser rimaso.

6. Ma quantunque cessata sia la pena, non per ciò è la memoria fuggita de' benifici già ricevuti, datimi da coloro a' quali per benivolenza da loro a me portata erano gravi le mie fatiche; né passerà mai, sí come io credo, se non per morte. 7. E per ciò che la gratitudine, secondo che io credo, trall'altre virtú è sommamente da commendare e il contrario da biasimare, per non parere ingrato ho meco stesso proposto di volere, in quel poco che per me si può, in cambio di ciò che io ricevetti, ora che libero dir mi posso, e

nünftigen Grenze befriedigt haltmachen und brachte mir oft unerträglich großen Schmerz. 4. Was mich in Qualen dieser Art einzig wiederherstellte, waren aufheiternde Gespräche mit einem Freund, seine Anerkennung und sein Trost. Daß ich noch lebe, habe ich nur ihm zu verdanken, dessen bin ich gewiß. 5. Aber wie es dem gefiel, der, weil er allein unendlich ist, kraft unwandelbarer Gesetze bestimmt hat, daß alle irdischen Dinge ein Ende finden, so nahm mit der Zeit auch meine Liebe ab. War sie früher glühender als jede andere, und konnte keine Macht der Welt, kein Zureden und kein Ratschlag, keine offene Schande oder drohende Gefahr sie brechen oder beugen, so ist jetzt in meinem Geist von ihr nur noch das Vergnügen übrig, das sie gewöhnlich dem gewährt, der sich auf ihr tiefes Meer nicht allzu weit hinauswagt. Früher brachte sie immer Qual, jetzt hat sie allen Schmerz verloren, nur das Angenehme ist geblieben.
6. Die Qual ist gewichen, nicht jedoch die Erinnerung an das Gute, das ich von denen empfing, die wohlwollend Anteil nahmen an meinen Leiden. Ich bin sicher, die Erinnerung an sie wird erst mit meinem Tod enden. 7. Da, wie ich finde, die Dankbarkeit mehr als andere Tugenden zu loben ist und ihr Gegenteil besonderen Tadel verdient, will ich nicht undankbar erscheinen und habe bei mir beschlossen, jetzt, da ich mich frei nennen kann, anderen mit dem wenigen, das ich vermag, einige Erleichterung

se non a coloro che me atarono, alli quali per avventura per lo lor senno o per la loro buona ventura non abisogna, a quegli almeno a' quali fa luogo, alcuno alleggiamento prestare. 8. E quantunque il mio sostentamento, o conforto che vogliam dire, possa essere e sia a' bisognosi assai poco, nondimeno parmi quello doversi piú tosto porgere dove il bisogno apparisce maggiore, sí perché piú utilità vi farà e sí ancora perché piú vi fia caro avuto.
9. E chi negherà questo, quantunque egli si sia, non molto piú alle vaghe donne che agli uomini convenirsi donare? 10. Esse dentro a' dilicati petti, temendo e vergognando, tengono l'amorose fiamme nascose, le quali quanto piú di forza abbian che le palesi coloro il sanno che l'hanno provate: e oltre a ciò, ristrette da' voleri, da' piaceri, da' comandamenti de' padri, delle madri, de' fratelli e de' mariti, il piú del tempo nel piccolo circuito delle loro camere racchiuse dimorano e quasi oziose sedendosi, volendo e non volendo in una medesima ora, seco rivolgendo diversi pensieri, li quali non è possibile che sempre sieno allegri. 11. E se per quegli alcuna malinconia, mossa da focoso disio, sopraviene nelle lor menti, in quelle conviene che con grave noia si dimori, se da nuovi ragionamenti non è rimossa: senza che elle sono molto men forti che gli uomini a sostenere; il che degli innamo-

zu verschaffen im Austausch für das Gute, das ich erhalten habe, − nicht denen, die mir geholfen haben, denn sie haben es dank ihrer Klugheit oder glücklicher Umstände nicht nötig, sondern denen, die der Erleichterung bedürfen. 8. Meine Hilfe, oder sagen wir: mein Trost wird denen, die ihn brauchen, gering vorkommen. Er ist es auch. Dennoch meine ich, man müßte ihn vor allem dort anbieten, wo er am dringendsten gebraucht wird. Denn dort bringt er am ehesten Nutzen, und dort wird er am meisten geschätzt.

9. Mag diese Ermutigung auch noch so schwach sein, so wird doch niemand leugnen, daß sie den feinfühlenden Frauen mehr als den Männern zusteht. 10. Denn sie halten die Flammen der Liebe aus Furcht und Scham im Innern zurück. Daß aber heimliche Liebe mehr Gewalt hat als offene, das wissen alle, die sie erfahren haben. Mehr noch: Die Frauen sind eingeengt durch Pläne, Wünsche und Befehle ihrer Väter, Mütter, Brüder und Ehemänner. Die meiste Zeit verbringen sie eingeschlossen im engen Kreis ihrer Zimmer. Sie sitzen wie untätig herum; sie wälzen, freiwillig oder unfreiwillig, die verschiedensten Gedanken hin und her, die nicht immer heiter sein können. 11. Überfällt sie dabei die Melancholie, genährt von feurigem Verlangen, dann setzt sie sich oft in ihrem Geist als schweres Leiden fest, wenn nicht neue Gedanken sie vertreiben. Hinzu kommt, daß Frauen weniger ertragen können als Männer.

rati uomini non avviene, sí come noi possiamo apertamente vedere. 12. Essi, se alcuna malinconia o gravezza di pensieri gli affligge, hanno molti modi da alleggiare o da passar quello, per ciò che a loro, volendo essi, non manca l'andare a torno, udire e veder molte cose, uccellare, cacciare, pescare, cavalcare, giucare o mercatare: de' quali modi ciascuno ha forza di trarre, o in tutto o in parte, l'animo a sé e dal noioso pensiero rimuoverlo almeno per alcuno spazio di tempo, appresso il quale, con un modo o con altro, o consolazion sopraviene o diventa la noia minore.

13. Adunque, acciò che in parte per me s'amendi il peccato della fortuna, la quale dove meno era di forza, sí come noi nelle dilicate donne veggiamo, quivi piú avara fu di sostegno, in soccorso e rifugio di quelle che amano, per ciò che all'altre è assai l'ago e 'l fuso e l'arcolaio, intendo di raccontare cento novelle, o favole o parabole o istorie che dire le vogliamo, raccontate in diece giorni da una onesta brigata di sette donne e di tre giovani nel pistelenzioso tempo della passata mortalità fatta, e alcune canzonette dalle predette donne cantate al lor diletto. 14. Nelle quali novelle piacevoli e aspri casi d'amore e al-

Sind Männer verliebt, so geschieht ihnen das nicht, wie die Erfahrung deutlich zeigt. 12. Denn werden Männer von einer Art Melancholie oder Schwermut berührt, so finden sie viele Wege, sie zu mindern und zu überwinden. Männer können, wenn sie wollen, in der Stadt herumlaufen, viele Dinge sehen und hören. Sie können den Vögeln nachstellen oder auf die Jagd gehen, fischen, reiten, um Geld spielen oder ihre Geschäfte betreiben. Alle diese Tätigkeiten können den Geist, ganz oder teilweise, so fesseln, daß sie uns ablenken von lästigen Gedanken, wenigstens für eine Weile. Danach kommt dann schon, so oder so, irgendein Trost, oder die Qual läßt von selbst nach.

13. Fortuna geizt immer dort mit ihrer Hilfe, wo ohnehin weniger Kraft ist. Das können wir besonders bei den zarten Frauen sehen. Um diesen Fehler der Fortuna etwas auszugleichen, will ich hundert „Novellen" erzählen — nennt sie meinetwegen auch „Fabeln" oder „Parabeln" oder „Geschichten" — als Hilfe und Zuflucht für Frauen, aber nur für jene, die lieben, den anderen genüge Nadel, Spindel und Haspel. Die Novellen wurden an zehn Tagen von einer ehrbaren Gruppe aus sieben Frauen und drei jungen Männern erzählt, die in der Zeit der Pest und des Sterbens, die wir soeben überstanden haben, zusammengekommen waren. Ich füge einige Lieder hinzu, die diese Frauen zu ihrem Vergnügen gesungen haben. 14. Die Novellen handeln von lustvollen und von trauri-

tri fortunati avvenimenti si vederanno cosí ne' moderni tempi avvenuti come negli antichi; delle quali le già dette donne, che queste leggeranno, parimente diletto delle sollazzevoli cose in quelle mostrate e utile consiglio potranno pigliare, in quanto potranno cognoscere quello che sia da fuggire e che sia similmente da seguitare: le quali cose senza passamento di noia non credo che possano intervenire. 15. Il che se avviene, che voglia Idio che cosí sia, a Amore ne rendano grazie, il quale liberandomi da' suoi legami m'ha conceduto il potere attendere a' lor piaceri.

gen Liebesgeschichten und von anderen zufälligen Begebenheiten, die teils im Altertum, teils in neueren Zeiten spielen. Liebende Frauen, die sie lesen, können sich vergnügen an den unterhaltenden Dingen, die darin vorkommen. Auch nützlichen Rat können sie hier finden, indem sie erkennen, was zu vermeiden und was zu erstreben ist. Und wenn sie Vergnügen und Nutzen gefunden haben, dann ist, glaube ich, auch ihr Kummer vergangen. 15. Wenn dies eintritt, was Gott geben möge, dann sollen sie sich bei Amor bedanken. Mich hat er befreit aus seinen Banden und mir dadurch die Kraft gegeben, für ihr Vergnügen zu sorgen.

Giornata prima: Introduzione

1. *Comincia la Prima giornata del Decameron, nella quale, dopo la dimostrazione fatta dall'autore per che cagione avvenisse di doversi quelle persone, che appresso si mostrano, ragunare a ragionare insieme, sotto il reggimento di Pampinea si ragiona di quello che piú aggrada a ciascheduno.*

2. Quantunque volte, graziosissime donne, meco pensando riguardo quanto voi naturalmente tutte siete pietose, tante conosco che la presente opera al vostro iudicio avrà grave e noioso principio, sí come è la dolorosa ricordazione della pestifera mortalità trapassata, universalmente a ciascuno che quella vide o altramenti conobbe dannosa, la quale essa porta nella sua fronte. 3. Ma non voglio per ciò che questo di piú avanti leggere vi spaventi, quasi sempre tra' sospiri e tralle lagrime leggendo dobbiate trapassare. 4. Questo orrido cominciamento vi fia non altramenti che a' camminanti una montagna aspra e erta, presso alla quale un bellissimo piano e dilettevole sia reposto, il quale tanto piú viene lor piacevole quanto maggiore è stata del salire e dello smontare la gravezza. 5. E sí come la estremità della allegrezza il dolore occupa, cosí le miserie da sopravegnente letizia sono terminate. 6. A questa brieve noia (dico brieve

Erster Tag: Einleitung

1. *Hier beginnt der erste Tag des* Decameron. *Zunächst zeigt der Autor, weshalb die später auftretenden Personen zusammenkommen mußten, um sich Geschichten zu erzählen. Dann erzählt jede dieser Personen unter dem Regiment von Pampinea eine Geschichte über ein beliebiges Thema.*

2. Ihr anmutigen Frauen, jedesmal wenn ich darüber nachdenke, wie mitfühlend ihr von Natur aus seid, meine ich: Ihr müßt den Anfang dieses Buches schwer und leidvoll finden. Denn es beginnt mit der schmerzlichen Erinnerung an die tödliche Pest, die für jeden ein ungeheures Unglück war, ob er sie nun erlebt oder sonst von ihr erfahren hat. 3. Aber ich möchte nicht, daß der Anfang euch so sehr erschüttert, daß ihr nicht weiterlest, weil ihr glaubt, ihr müßtet das ganze Buch unter lauter Seufzern und Tränen durchqueren. 4. Der schreckliche Anfang soll für euch sein wie für Wanderer ein rauher und steiler Berg, hinter dem eine schöne und angenehme Ebene liegt, die ihnen um so mehr gefällt, je beschwerlicher Aufstieg und Abstieg waren. 5. Wie die äußerste Freude in Schmerz umschlägt, so endet das Elend mit der Freude, die darauf folgt. 6. Diesem kurzen Leiden (ich nenne es nur deshalb kurz, weil ich es

in quanto in poche lettere si contiene) seguita prestamente la dolcezza e il piacere il quale io v'ho davanti promesso e che forse non sarebbe da cosí fatto inizio, se non si dicesse, aspettato.
7. E nel vero, se io potuto avessi onestamente per altra parte menarvi a quello che io desidero che per cosí aspro sentiero come fia questo, io l'avrei volentier fatto: ma per ciò che, qual fosse la cagione per che le cose che appresso si leggeranno avvenissero, non si poteva senza questa ramemorazion dimostrare, quasi da necessità constretto a scriverle mi conduco.
8. Dico adunque che già erano gli anni della fruttifera incarnazione del Figliuolo di Dio al numero pervenuti di milletrecentoquarantotto, quando nella egregia città di Fiorenza, oltre a ogn'altra italica bellissima, pervenne la mortifera pestilenza: la quale, per operazion de' corpi superiori o per le nostre inique opere da giusta ira di Dio a nostra correzione mandata sopra i mortali, alquanti anni davanti nelle parti orientali incominciata, quelle d'inumerabile quantità de' viventi avendo private, senza ristare d'un luogo in uno altro continuandosi, verso l'Occidente miserabilmente s'era ampliata. 9. E in quella non valendo alcuno senno né umano provedimento, per lo quale fu da molte immondizie purgata la città da oficiali sopra ciò ordinati e vietato l'entrarvi dentro a ciascuno infermo e molti consigli dati a conservazion della sanità,

hier in wenigen Worten zusammenfasse) folgt rasch das süße Vergnügen, das ich euch eingangs versprochen habe, das nach diesem Anfang aber niemand erwartet, wenn man es nicht eigens ankündigt. 7. Denn ich hätte euch wahrhaftig gern auf einem anderen Weg als auf diesem rauhen Pfad dorthin geführt, wohin ich will. Aber das ist, ohne die Wahrheit zu verfälschen, nicht möglich. Die Begebenheiten, von denen ihr später lest, haben ihren Grund in der Pest. Das kann ich unmöglich zeigen, ohne euch an sie zu erinnern. Weil also sozusagen die Notwendigkeit selbst mich zwingt, entschließe ich mich, die Pest zu beschreiben.

8. So sage ich denn: 1348 Jahre waren seit der heilbringenden Fleischwerdung des Gottessohns vergangen, als die edle Stadt Florenz, die schönste Stadt Italiens, von der todbringenden Pest heimgesucht wurde. Entstand sie durch die Einwirkung der Himmelskörper, oder schickte sie der gerechte Zorn Gottes zu unserer Besserung, nachdem er entbrannt war wegen unserer Untaten? Jedenfalls hatte sie einige Jahre zuvor im Orient begonnen. Nachdem sie dort unzählige Menschen getötet hatte, pflanzte sie sich unaufhaltsam von Ort zu Ort fort und dehnte sich unheilbringend gegen Westen hin aus. 9. Da halfen weder Klugheit noch die menschliche Vorsorge, daß eine eigens eingerichtete Behörde die Stadt von allem Unrat reinigen ließ und jedem Kranken den Einlaß verbot. Die vielen Empfehlungen, wie man die Gesundheit erhal-

né ancora umili supplicazioni non una volta ma molte e in processioni ordinate, in altre guise a Dio fatte dalle divote persone, quasi nel principio della primavera dell'anno predetto orribilmente cominciò i suoi dolorosi effetti, e in miracolosa maniera, a dimostrare. 10. E non come in Oriente aveva fatto, dove a chiunque usciva il sangue del naso era manifesto segno di inevitabile morte: ma nascevano nel cominciamento d'essa a' maschi e alle femine parimente o nella anguinaia o sotto le ditella certe enfiature, delle quali alcune crescevano come una comunal mela, altre come uno uovo, e alcune piú e alcun'altre meno, le quali i volgari nominavan gavoccioli. 11. E dalle due parti del corpo predette infra brieve spazio cominciò il già detto gavocciolo mortifero indifferentemente in ogni parte di quello a nascere e a venire: e da questo appresso s'incominciò la qualità della predetta infermità a permutare in macchie nere o livide, le quali nelle braccia e per le cosce e in ciascuna altra parte del corpo apparivano a molti, a cui grandi e rade e a cui minute e spesse. 12. E come il gavocciolo primieramente era stato e ancora era certissimo indizio di futura morte, cosí erano queste a ciascuno a cui venieno.
13. A cura delle quali infermità né consiglio di medico né virtú di medicina alcuna pareva che valesse o facesse profitto: anzi, o che natura del malore nol patisse o che la ignoranza de' medi-

ten könne, bewirkten ebensowenig wie die demütigen Bittgebete, mit denen fromme Menschen sich nicht nur einmal, sondern immer wieder an Gott wandten, in feierlichen Prozessionen und in anderer Weise. Schlagartig, zu Beginn des Frühjahrs des genannten Jahres, begann sie, schreckenerregend und unfaßbar, ihre verheerenden Wirkungen zu zeigen. 10. Die Pest war anders als im Orient. Wenn dort jemandem Blut aus der Nase trat, war dies das Vorzeichen des unvermeidlichen Todes. Bei uns hingegen zeigten sich als erstes Symptom bei Männern wie bei Frauen Schwellungen in der Leistengegend oder unter der Achsel, von denen einige die Größe eines mittleren Apfels oder eines Eies erreichten und die das Volk Pestbeulen, *gavoccioli*, nannte. 11. Von diesen beiden Stellen aus begannen die todbringenden Pestbeulen sich wahllos über den ganzen Körper auszubreiten. Im weiteren Verlauf traten neue Symptome hinzu. Auf Armen und Schenkeln und an allen anderen Körperteilen erschienen viele schwarze oder blaue Flecken, wenige große oder viele kleine. 12. Und auch sie waren jetzt für jeden, bei dem sie auftraten, ein sicheres Zeichen des bevorstehenden Todes, wie zuvor die Pestbeulen.

13. Zur Heilung dieser Krankheit erwiesen sich weder ärztlicher Rat noch die Kraft irgendeiner Arznei als wirksam oder nützlich. Mehr noch: Sei es, weil diese Krankheit ihrer Natur nach keine Rettung zuließ, sei es wegen der Unwis-

canti (de' quali, oltre al numero degli scienziati, cosí di femine come d'uomini senza avere alcuna dottrina di medicina avuta giammai, era il numero divenuto grandissimo) non conoscesse da che si movesse e per consequente debito argomento non vi prendesse, non solamente pochi ne guarivano, anzi quasi tutti infra 'l terzo giorno dalla apparizione de' sopra detti segni, chi piú tosto e chi meno e i piú senza alcuna febbre o altro accidente, morivano. 14. E fu questa pestilenza di maggior forza per ciò che essa dagli infermi di quella per lo comunicare insieme s'avventava a' sani, non altramenti che faccia il fuoco alle cose secche o unte quando molto gli sono avvicinate. 15. E piú avanti ancora ebbe di male: ché non solamente il parlare e l'usare cogli infermi dava a' sani infermità o cagione di comune morte, ma ancora il toccare i panni o qualunque altra cosa da quegli infermi stata tocca o adoperata pareva seco quella cotale infermità nel toccator transportare. 16. Maravigliosa cosa è a udire quello che io debbo dire: il che, se dagli occhi di molti e da' miei non fosse stato veduto, appena che io ardissi di crederlo, non che di scriverlo, quantunque da fededegna udito l'avessi. 17. Dico che di tanta efficacia fu la

senheit der Ärzte (deren Zahl ständig zunahm, denn darunter gab es nicht nur solche, die Medizin studiert hatten, sondern auch Männer und Frauen, die nie eine medizinische Ausbildung erhalten hatten), die den Grund der Krankheit nicht kannten und folglich kein wirksames Gegenmittel finden konnten, jedenfalls wurde fast niemand geheilt. Vielmehr starben fast alle innerhalb von drei Tagen nach dem ersten Auftreten der genannten Symptome, der eine früher, der andere später, die meisten ohne Fieber oder sonstige Komplikationen. 14. Die Gewalt dieser Pest war deshalb so furchtbar, weil sie sich ebenso schnell von den Kranken auf die Gesunden ausbreitete, die mit ihnen in Berührung kamen, wie Feuer auf trokkene oder ölgetränkte Dinge übergreift, wenn es nur in ihre Nähe kommt. 15. Es war gar noch schlimmer: Denn man zog sich die Krankheit und das Schicksal eines gemeinsamen Todes nicht nur dann zu, wenn man mit den Kranken sprach und mit ihnen zu tun hatte. Offenbar übertrug sich die Krankheit schon dann, wenn jemand mit den Kleidern eines Kranken in Berührung kam oder mit anderen Dingen, die dieser berührt hatte. 16. Das klingt unglaublich, aber ich muß noch mehr berichten, und hätten nicht viele andere und ich selber es beobachtet, ich würde kaum wagen, es zu glauben, geschweige denn, es niederzuschreiben, selbst wenn ich es von einer glaubwürdigen Person gehört hätte. 17. Die Pest, die ich be-

qualità della pestilenzia narrata nello appiccarsi da uno a altro, che non solamente l'uomo all'uomo, ma questo, che è molto piú, assai volte visibilmente fece, cioè che la cosa dell'uomo infermo stato, o morto di tale infermità, tocca da un altro animale fuori della spezie dell'uomo, non solamente della infermità il contaminasse ma quello infra brevissimo spazio uccidesse. 18. Di che gli occhi miei, sí come poco davanti è detto, presero tra l'altre volte un dí cosí fatta esperienza: che, essendo gli stracci d'un povero uomo da tale infermità morto gittati nella via publica e avvenendosi a essi due porci, e quegli secondo il lor costume prima molto col grifo e poi co' denti presigli e scossiglisi alle guance, in piccola ora appresso, dopo alcuno avvolgimento, come se veleno avesser preso, amenduni sopra li mal tirati stracci morti caddero in terra.

19. Dalle quali cose e da assai altre a queste simiglianti o maggiori nacquero diverse paure e imaginazioni in quegli che rimanevano vivi, e tutti quasi a un fine tiravano assai crudele, ciò era di schifare e di fuggire gl'infermi e le lor cose; e cosí faccendo, si credeva ciascuno a se medesimo salute acquistare. 20. E erano alcuni, li quali avvisavano che il viver moderatamente e il guardarsi da ogni superfluità avesse molto a cosí fatto accidente resistere: e fatta lor brigata, da ogni altro separati viveano, e in quelle case ricogliendosi e racchiudendosi, dove niuno infermo fosse e da viver meglio, dilicatissimi cibi

schreibe, war so ansteckend, daß sie sich nicht nur von Mensch zu Mensch übertrug, sondern daß man sogar, was viel schlimmer ist, beobachten konnte, wie ein Gegenstand, der einem Kranken oder einem Pesttoten gehört hatte, auch Tiere ansteckte und in kürzester Zeit tötete. 18. Wie gesagt, ich habe das selbst mehrmals beobachtet. So wurden eines Tages die Lumpen eines Armen, der an der Pest gestorben war, auf die Straße geworfen; zufällig machten zwei Schweine sich daran zu schaffen. Wie es ihre Art ist, berochen sie die Lumpen zuerst mit dem Rüssel, packten sie dann mit den Zähnen und zerrten sie mit ihren Backen hin und her. Kurz darauf krümmten sie sich, als hätten sie Gift gefressen. Dann brachen sie beide tot zusammen, genau auf den Lumpen, die ihnen den Tod gebracht hatten.

19. Solche und ähnliche Dinge oder gar noch schlimmere Erfahrungen erzeugten bei den Überlebenden derartige Ängste und Alpträume, daß alle nur noch das eine grausame Ziel verfolgten: den Kranken und ihrer Habe auszuweichen und zu fliehen; jeder glaubte, so die eigene Gesundheit retten zu können. 20. Und es gab einige, die dachten, man könne der Pest widerstehen, indem man maßvoll lebe und sich vor jedem Übermaß hüte. Sie taten sich zusammen und hielten sich fern von allen anderen. Sie trafen sich nur in komfortablen Häusern, in denen kein Kranker lag, und schlossen sich dort ein. Sie aßen nur ausgesuchte Speisen und tran-

e ottimi vini temperatissimamente usando e ogni lussuria fuggendo, senza lasciarsi parlare a alcuno o volere di fuori, di morte o d'infermi, alcuna novella sentire, con suoni e con quegli piaceri che aver poteano si dimoravano. 21. Altri, in contraria opinion tratti, affermavano il bere assai e il godere e l'andar cantando a torno e sollazzando e il sodisfare d'ogni cosa all'appetito che si potesse e di ciò che avveniva ridersi e beffarsi esser medicina certissima a tanto male: e cosí come il dicevano il mettevano in opera a lor potere, il giorno e la notte ora a quella taverna ora a quella altra andando, bevendo senza modo e senza misura, e molto piú ciò per l'altrui case faccendo, solamente che cose vi sentissero che lor venissero a grado o in piacere. 22. E ciò potevan far di leggiere, per ciò che ciascun, quasi non piú viver dovesse, aveva, sí come sé, le sue cose messe in abandono: di che le piú delle case erano divenute comuni, e cosí l'usava lo straniere, pure che a esse s'avvenisse, come l'avrebbe il propio signore usate; e con tutto questo proponimento bestiale sempre gl'infermi fuggivano a lor potere. 23. E in tanta afflizione e miseria della nostra città era la reverenda aut-

ken nur die besten Weine; in beidem hielten sie sorgfältig Maß und mieden jede Ausschweifung. Sie weigerten sich, mit denen draußen zu sprechen oder von ihnen angesprochen zu werden und irgendwelche Nachrichten über Tote oder Kranke anzuhören. Ihre Zeit vertrieben sie sich mit Musik und mit den Vergnügungen, die sie sich selbst verschaffen konnten. 21. Andere meinten das Gegenteil und behaupteten, die beste Arznei gegen ein so großes Übel sei es, reichlich zu trinken, sich des Lebens zu freuen, singend herumzulaufen und sich zu amüsieren, mit allem, was man haben könne, seine Begierden zu befriedigen, und alles, was geschehe, zu verhöhnen und zu verlachen. Und wie sie redeten, so handelten sie auch, sofern es in ihrer Macht stand. Bei Tag und bei Nacht zogen sie von einer Schenke zur anderen und tranken ohne Maß und Ziel. Noch häufiger zechten sie in Privathäusern, denn hier brauchten sie sich nur das anzuhören, was ihnen paßte und Vergnügen bereitete. 22. Solche Häuser zu finden fiel ihnen leicht. Denn jeder hatte sich und seinen Besitz bereits aufgegeben, als gäbe es ohnehin kein Weiterleben. Deshalb waren die meisten Häuser in gemeinsamen Besitz übergegangen, und jeder Fremde, der zufällig vorbeikam, benutzte sie, als sei er der Eigentümer. Sie kannten Eigentum so wenig wie die Tiere, doch vermieden sie klug, soweit sie konnten, jede Berührung mit den Kranken. 23. Angesichts von so viel Bedrängnis und Not in unserer Stadt war

torità delle leggi, cosí divine come umane, quasi caduta e dissoluta tutta per li ministri e essecutori di quelle, li quali, sí come gli altri uomini, erano tutti o morti o infermi o sí di famiglie rimasi stremi, che uficio alcuno non potean fare; per la qual cosa era a ciascun licito quanto a grado gli era d'adoperare. 24. Molti altri servavano, tra questi due di sopra detti, una mezzana via, non strignendosi nelle vivande quanto i primi né nel bere e nell'altre dissoluzioni allargandosi quanto i secondi, ma a sofficienza secondo gli appetiti le cose usavano e senza rinchiudersi andavano a torno, portando nelle mani chi fiori, chi erbe odorifere e chi diverse maniere di spezierie, quelle al naso ponendosi spesso, estimando essere ottima cosa il cerebro con cotali odori confortare, con ciò fosse cosa che l'aere tutto paresse dal puzzo de' morti corpi e delle infermità e delle medicine compreso e puzzolente. 25. Alcuni erano di piú crudel sentimento, come che per avventura piú fosse sicuro, dicendo niuna altra medicina essere contro alle pistilenze migliore né cosí buona come il fuggir loro davanti: e da questo argomento mossi, non curando d'alcuna cosa se non di sé, assai e uomini e donne abbandonarono la propia città, le proprie case, i lor luoghi e i lor parenti e le lor cose, e cercarono l'altrui o almeno il lor contado, quasi l'ira di Dio a punire le iniquità degli uo-

die ehrwürdige Autorität der Gesetze, der göttlichen wie der menschlichen, fast gänzlich verfallen und aufgelöst. Diejenigen, die diese Gesetze anwenden und sichern sollten, waren, wie alle anderen Menschen, entweder tot oder krank, oder es fehlte ihnen an Bediensteten, so daß keiner von ihnen sein Amt ausüben konnte. Daher konnte jeder machen, was er wollte. 24. Viele andere wiederum hielten zwischen diesen beiden Gruppen einen mittleren Weg ein. Sie beschränkten sich mit dem Essen nicht so wie die einen und übertrieben es beim Trinken und sonstigen Vergnügungen nicht so wie die anderen. Sie konsumierten in ausreichendem Maße, wie es ihrem Appetit entsprach; sie schlossen sich nicht ein, sondern gingen umher und trugen dabei Blumen in der Hand. Der eine hielt duftende Kräuter, der andere Gewürze an die Nase, denn sie glaubten, das beste Mittel sei es, das Gehirn mit solchen Düften zu stärken, da die gesamte Luft durchdrungen war vom Gestank der Leichen, der Krankheit und der Arzneien. 25. Einige äußerten die noch grausamere Ansicht, die einzig sichere Arznei gegen die Pest sei es, vor ihr zu fliehen. Sie handelten auch danach und kümmerten sich ausschließlich um sich selbst. Viele, Männer und Frauen, verließen ihre Stadt, ihre Häuser, ihre Anwesen, ihre Verwandten und ihr Eigentum und flohen aufs Land oder wenigstens in die Umgebung — als könne sie der Zorn Gottes über die Untaten der Menschen nicht überall,

mini con quella pistolenza non dove fossero procedesse, ma solamente a coloro opprimere li quali dentro alle mura della lor città si trovassero, commossa intendesse, o quasi avvisando niuna persona in quella dover rimanere e la sua ultima ora esser venuta.

26. E come che questi cosí variamente oppinanti non morissero tutti, non per ciò tutti campavano: anzi, infermandone di ciascuna molti e in ogni luogo, avendo essi stessi, quando sani erano, essemplo dato a coloro che sani rimanevano, quasi abbandonati per tutto languieno. 27. E lasciamo stare che l'uno cittadino l'altro schifasse e quasi niuno vicino avesse dell'altro cura e i parenti insieme rade volte o non mai si visitassero e di lontano: era con sí fatto spavento questa tribulazione entrata ne' petti degli uomini e delle donne, che l'un fratello l'altro abbandonava e il zio il nepote e la sorella il fratello e spesse volte la donna il suo marito; e, che maggior cosa è e quasi non credibile, li padri e le madri i figliuoli, quasi loro non fossero, di visitare e di servire schifavano. 28. Per la qual cosa a coloro, de' quali era la moltitudine inestimabile, e maschi e femine, che infermavano, niuno altro subsidio rimase che o la carità degli amici (e di questi fur pochi) o l'avarizia de' serventi, li quali da grossi salari e sconvenevoli tratti servieno, quantunque per tutto ciò molti non fossero di-

wo sie sich zufällig befanden, mit der Pest treffen, oder als ziele er, einmal erregt, nur auf die, die sich innerhalb der Stadtmauern aufhielten. Sie nahmen wohl auch an, in Florenz werde niemand überleben und die letzte Stunde der Stadt sei gekommen.
26. Von diesen Menschen mit ihren so verschiedenen Ansichten starben nicht alle, aber sie kamen auch nicht alle davon. Aus jeder Gruppe starben viele, auf dem Lande wie in der Stadt. Völlig verlassen siechten sie dahin, denn die, die überlebten, verhielten sich so, wie die Kranken sich als Gesunde verhalten hatten. 27. Reden wir nicht davon, daß Mitbürger sich gegenseitig im Stich ließen, daß sich fast kein Nachbar um den anderen kümmerte und daß Verwandte sich selten oder fast nie und dann nur mit großem Abstand besuchten. Das Unglück hatte in den Seelen von Männern und Frauen einen solchen Schrecken verbreitet, daß alle sich gegenseitig im Stich ließen — der Bruder den Bruder, der Onkel den Neffen, die Schwester den Bruder, oft auch die Frau ihren Mann. Was aber noch schwerer wiegt und kaum zu glauben ist: Väter und Mütter weigerten sich, ihre kranken Kinder zu besuchen und zu pflegen, so als wären es nicht ihre Kinder. 28. Die unabsehbare Masse der Kranken, Männer wie Frauen, war daher allein auf die Hilfe von Freunden, von denen es wenige gab, oder auf die Geldgier ihrer Dienerschaft angewiesen. Aber auch Diener bekam man so gut wie keine,

venuti: e quegli cotanti erano uomini o femine di grosso ingegno, e i piú di tali servigi non usati, li quali quasi di niuna altra cosa servieno che di porgere alcune cose dagl'infermi adomandate o di riguardare quando morieno; e servendo in tal servigio sé molte volte col guadagno perdeano. 29. E da questo essere abbandonati gl'infermi da' vicini, da' parenti e dagli amici e avere scarsità di serventi, discorse uno uso quasi davanti mai non udito: che niuna, quantunque leggiadra o bella o gentil donna fosse, infermando non curava d'avere a' suoi servigi uomo, qual che egli si fosse o giovane o altro, e a lui senza alcuna vergogna ogni parte del corpo aprire non altramenti che a una femina avrebbe fatto, solo che la necessità della sua infermità il richiedesse; il che in quelle che ne guerirono fu forse di minore onestà, nel tempo che succedette, cagione. 30. E oltre a questo ne seguio la morte di molti che per avventura, se stati fossero atati, campati sariano; di che, tra per lo difetto degli oportuni servigi, li quali gl'infermi aver non poteano, e per la forza della pistolenza, era tanta nella città la moltitudine di quegli che di dí e di notte morieno, che uno stupore era a udir dire, non che a riguardarlo. 31. Per che, quasi di necessità, cose contrarie a' primi costumi de' cittadini nacquero tra coloro li quali rimanean vivi.

selbst wenn man ihnen einen ungewöhnlich hohen Lohn zahlte. Die wenigen, die es gab, waren von grober Art; sie waren an Krankenpflege nicht gewöhnt, und ihre Pflege bestand nur darin, daß sie dem Kranken etwas reichten, wenn er darum bat, und zusahen, wie er starb. Und oft verloren sie bei dieser Art Pflege ihr Leben mitsamt ihrem Geld. 29. Weil die Kranken von Nachbarn, Freunden und Verwandten im Stich gelassen wurden und Diener sehr selten waren, entstand eine Gewohnheit, die es vorher wohl nie gegeben hatte: Keine Frau, die erkrankte, und wäre sie noch so anmutig, schön oder vornehm gewesen, kümmerte sich darum, ob es ein Mann war, der sie pflegte, und ob er jung oder alt war; sie schämte sich gar nicht, ihm jeden Teil ihres Körpers zu zeigen, wenn die Krankheit es notwendig machte, so wie sie es bei einer Frau getan hätte. Dies war vielleicht der Grund, weshalb die Frauen, die wieder gesund wurden, später weniger sittenstreng waren. 30. Eine andere Folge war, daß viele starben, die davongekommen wären, wenn jemand sie gepflegt hätte. Weil die Kranken nicht versorgt werden konnten und weil die Pest von ungeheurer Gewalt war, stieg die Zahl derer, die in der Stadt stündlich starben, derart, daß alle sich entsetzten, die es hörten, und erst recht die, die es sahen. 31. Fast notwendig folgte daraus, daß bei den Überlebenden Sitten aufkamen, die im Widerspruch standen zur Tradition.

32. Era usanza, sí come ancora oggi veggiamo usare, che le donne parenti e vicine nella casa del morto si ragunavano e quivi con quelle che piú gli appartenevano piagnevano; e d'altra parte dinanzi la casa del morto co' suoi prossimi si ragunavano i suoi vicini e altri cittadini assai, e secondo la qualità del morto vi veniva il chericato; e egli sopra gli omeri de' suoi pari, con funeral pompa di cera e di canti, alla chiesa da lui prima eletta anzi la morte n'era portato. 33. Le quali cose, poi che a montar cominciò la ferocità della pistolenza, o in tutto o in maggior parte quasi cessarono e altre nuove in lor luogo ne sopravennero. 34. Per ciò che, non solamente senza aver molte donne da torno morivan le genti, ma assai n'eran di quegli che di questa vita senza testimonio trapassavano: e pochissimi erano coloro a' quali i pietosi pianti e l'amare lagrime de' suoi congiunti fossero concedute, anzi in luogo di quelle s'usavano per li piú risa e motti e festeggiar compagnevole; la quale usanza le donne, in gran parte postposta la donnesca pietà, per salute di loro avevano ottimamente appresa. 35. E erano radi coloro i corpi de' quali fosser piú che da un diece o dodici de' suoi vicini alla chiesa acompagnato; de' quali non gli orrevoli e cari cittadini ma una maniera di beccamorti sopravenuti di minuta gente (che chia-

32. Es hatte der Brauch bestanden, den wir auch heute noch beobachten, daß die Frauen der Verwandtschaft und die Nachbarinnen im Haus des Toten zusammenkamen und dort mit den angehörigen Frauen weinten, während draußen vor dem Haus des Toten seine Nachbarn und viele Bürger sich versammelten. Je nach dem Stand des Toten kamen viele oder wenige Geistliche; die Altersgenossen trugen den Toten auf ihren Schultern zu der Kirche, die er vor seinem Tode für das Begräbnis gewählt hatte, in feierlichem Trauerzug, unter Gesängen, mit Kerzen in der Hand. 33. Je wilder die Pest tobte, desto mehr verfielen diese Bräuche, wenn nicht ganz, so doch zum großen Teil, und machten anderen, neuen Gewohnheiten Platz. 34. Nicht nur starben viele Leute, ohne daß Frauen ihnen beistanden; viele schieden aus diesem Leben, ohne daß überhaupt jemand bei ihnen war. Ganz wenigen nur waren die frommen Klagen und die bitteren Tränen der Angehörigen vergönnt. Oft traten sogar Gelächter, Witze und fröhliche Feste an deren Stelle. Die meisten Frauen hatten ihr weibliches Mitgefühl abgelegt und eigneten sich die neuen Bräuche an, weil sie nur an ihre eigene Gesundheit dachten. 35. Selten gab es Leichen, die von mehr als zehn oder zwölf Nachbarn zur Kirche begleitet wurden; und diese waren dann nicht etwa befreundete und angesehene Bürger, sondern eine neue Sorte von Totengräbern. Diese Leute kamen aus dem einfachsten Volk,

mar si facevan becchini, la quale questi servigi prezzolata faceva) sotto entravano alla bara; e quella con frettolosi passi, non a quella chiesa che esso aveva anzi la morte disposto ma alla piú vicina le piú volte il portavano, dietro a quatro o a sei cherici con poco lume e tal fiata senza alcuno; li quali con l'aiuto de' detti becchini, senza faticarsi in troppo lungo oficio o solenne, in qualunque sepoltura disoccupata trovavano piú tosto il mettevano.

36. Della minuta gente, e forse in gran parte della mezzana, era il raguardamento di molto maggior miseria pieno: per ciò che essi, il piú o da speranza o da povertà ritenuti nelle lor case, nelle lor vicinanze standosi, a migliaia per giorno infermavano, e non essendo né serviti né atati d'alcuna cosa, quasi senza alcuna redenzione, tutti morivano. 37. E assai n'erano che nella strada publica o di dí o di notte finivano, e molti, ancora che nelle case finissero, prima col puzzo de' lor corpi corrotti che altramenti facevano a' vicini sentire sé esser morti: e di questi e degli altri che per tutto morivano, tutto pieno. 38. Era il piú da' vicini una medesima maniera servata, mossi non meno da tema che la corruzione de' morti non gli offendesse, che da carità la quale avessero a' trapassati. 39. Essi, e per se medesimi e con l'aiuto d'alcuni portatori, quando aver ne potevano, traevano delle lor case li corpi de'

ließen sich *becchini* nennen und boten gegen Geld ihren Dienst an. Hastig ergriffen sie die Bahre und trugen sie mit eiligen Schritten fort, nicht etwa zu der Kirche, die der Verstorbene vor seinem Tod bestimmt hatte, sondern meist zur nächstgelegenen. Nur vier oder sechs Geistliche gingen vor ihnen her. Man sah nur wenige Kerzen, zuweilen gar keine. Die Geistlichen machten sich nicht mehr die Mühe eines langen, feierlichen Totenamtes, sondern ließen die Leiche durch die *becchini* so schnell wie möglich vergraben, sobald sie nur eine leere Grabstelle fanden.

36. Die armen Leute, aber wohl auch ein Großteil der Mittelschicht, boten ein noch elenderes Bild. Da sie die Armut oder auch die Hoffnung auf Überleben in ihren Häusern zurückhielt, blieben sie in ihrer Umgebung und erkrankten täglich zu Tausenden. Niemand pflegte sie, niemand versorgte sie, und da sie keinerlei Hilfe erfuhren, starben sie alle. 37. Viele von ihnen endeten auf offener Straße, tags oder nachts. Andere starben zwar in den Häusern, aber die Nachbarn merkten erst, daß sie tot waren, wenn sie den Gestank der verwesenden Leichen rochen. Gestorben wurde überall, und alles war voll von Leichen. 38. Die Nachbarn verhielten sich fast überall gleich, und dabei bewegte sie nicht so sehr die Liebe zu den Verstorbenen als vielmehr die Furcht, von den verwesenden Leichen angesteckt zu werden. 39. Sie entfernten die Leichen aus ihren Häusern und legten sie

già passati, e quegli davanti alli loro usci ponevano, dove, la mattina spezialmente, n'avrebbe potuti veder senza numero chi fosse attorno andato: e quindi fatte venir bare, e tali furono che per difetto di quelle sopra alcuna tavola, ne ponieno. Né fu una bara sola quella che due o tre ne portò insiememente, né avvenne pure una volta, ma se ne sariano assai potute annoverare di quelle che la moglie e 'l marito, di due o tre fratelli, o il padre e il figliuolo, o cosí fattamente ne contenieno. 40. E infinite volte avvenne che, andando due preti con una croce per alcuno, si misero tre o quatro bare, da' portatori portate, di dietro a quella: e, dove un morto credevano avere i preti a sepellire, n'avevano sei o otto e tal fiata piú. 41. Né erano per ciò questi da alcuna lagrima o lume o compagnia onorati, anzi era la cosa pervenuta a tanto, che non altramenti si curava degli uomini che morivano, che ora si curerebbe di capre: per che assai manifestamente apparve che quello che il naturale corso delle cose non avea potuto con piccoli e radi danni a' savi mostrare doversi con pazienza passare, la grandezza de' mali eziandio i semplici far di ciò scorti e non curanti. 42. Alla gran moltitudine de' corpi mostrata, che a ogni chiesa ogni dí e quasi ogn'ora concorreva portata, non bastando la terra sacra alle sepolture, e massimamente volendo dare a ciascun luogo proprio secondo l'antico costume, si facevano

vor die Haustür, entweder eigenhändig oder mit Hilfe von Trägern, wenn sie welche finden konnten. Wäre jemand, besonders am Morgen, in der Stadt umhergegangen, hätte er überall vor den Haustüren zahllose Tote liegen sehen. Man ließ Totenbahren kommen, aber oft fehlten auch sie, und man legte die Toten auf Bretter. Oft sah man auf einer Bahre gleich zwei oder drei Tote; oft lagen auf derselben Bahre eine Frau und ihr Mann, zwei oder drei Brüder, der Vater mit dem Sohn oder andere Paare. 40. Unendlich oft kam es vor, wenn zwei Priester, ein Kreuz voraus, durch die Straße gingen, um einen Toten abzuholen, daß sich ihnen drei oder vier Träger mit ihren Bahren anschlossen; und während diese Priester glaubten, sie hätten nur *einen* Toten zu beerdigen, waren es nun sechs oder acht, manchmal noch mehr. 41. Für diese Toten gab es keine Träne, keine Kerze, keinen Leichenzug, ja man kümmerte sich um die Sterbenden so wenig, wie man sich heute um tote Ziegen kümmert. Das ungeheure Ausmaß des Unglücks lehrte offenbar selbst die einfachen Leute, es gefaßt und resigniert aufzunehmen, während der natürliche Gang der Dinge mit seinen seltenen und kleinen Übeln nicht einmal die Weisen dazu bringt, ihn mit Geduld zu ertragen. 42. Bei der großen Zahl von Leichen, die täglich, ja stündlich zu jeder Kirche gebracht wurden, reichte die geweihte Erde für die Beerdigungen nicht aus, solange man an dem alten Brauch festhielt, jedem seine

per gli cimiterii delle chiese, poi che ogni parte era piena, fosse grandissime nelle quali a centinaia si mettevano i sopravegnenti: e in quelle stivati, come si mettono le mercatantie nelle navi a suolo a suolo, con poca terra si ricoprieno infino a tanto che della fossa al sommo si perveniva.

43. E acciò che dietro a ogni particularità le nostre passate miserie per la città avvenute piú ricercando non vada, dico che cosí inimico tempo correndo per quella, non per ciò meno d'alcuna cosa risparmiò il circustante contado. Nel quale, lasciando star le castella, che simili erano nella loro piccolezza alla città, per le sparte ville e per li campi i lavoratori miseri e poveri e le loro famiglie, senza alcuna fatica di medico o aiuto di servidore, per le vie e per li loro colti e per le case, di dí e di notte indifferentemente, non come uomini ma quasi come bestie morieno; 44. per la qual cosa essi, cosí nelli loro costumi come i cittadini divenuti lascivi, di niuna lor cosa o faccenda curavano: anzi tutti, quasi quel giorno nel quale si vedevano esser venuti la morte aspettassero, non d'aiutare i futuri frutti delle bestie e delle terre e delle loro passate fatiche ma di consumare quegli che si trovavano presenti si sforzavano con ogni ingegno. 45. Per che adivenne i buoi, gli asini, le pecore, le capre, i porci, i polli e i cani medesimi fedelissimi agli uomini, fuori delle proprie case cacciati, per li

eigene Grabstätte zu geben. Daher hob man bei den überfüllten Kirchhöfen Massengräber aus, in die man die neuen Toten zu Hunderten legte, schichtweise, wie man Handelsware in den Schiffen stapelt, mit wenig Erde dazwischen, bis man oben am Grubenrand ankam.

43. Ich will hier aber nicht alle Einzelheiten des Unglücks berichten, das unsere Stadt traf; ich will nur noch erwähnen, daß das Unheil, das in ihr umging, auch die Umgebung nicht verschonte. Von den befestigten Städten dort brauche ich nicht zu reden; sie boten dasselbe Bild wie Florenz, nur eben im kleinen. In den verstreut liegenden Landhäusern und auf den Feldern hatten die elenden, armen Landarbeiter und ihre Familien keinen Arzt, der ihnen half, und keinen Diener, der sie pflegte. Daher starben sie nicht wie Menschen, sondern wie das Vieh — auf den Straßen, auf den Feldern, die sie bebauten, und in den Häusern. 44. Wie die Stadtbewohner wurden sie nachlässig in ihrer Lebensführung; sie kümmerten sich nicht um ihr Eigentum und nicht um ihre Pflichten. Vor allem aber verhielten sie sich, als sei jeder Tag ihr letzter. Sie fragten nicht mehr nach der Zukunft ihrer Tiere und ihrer Äcker, ihre frühere Arbeit wurde ihnen gleichgültig, ihr Sinn war einzig darauf gerichtet, im Augenblick zu genießen, was sie noch vorfanden. 45. So kam es, daß Ochsen, Esel, Schafe, Ziegen, Schweine, Hühner und selbst die treuesten Hunde aus den Häusern verjagt wurden; sie trieben sich, wie es

campi, dove ancora le biade abbandonate erano, senza essere non che raccolte ma pur segate, come meglio piaceva loro se n'andavano; 46. e molti, quasi come razionali, poi che pasciuti erano bene il giorno, la notte alle lor case senza alcuno correggimento di pastore si tornavano satolli.

47. Che piú si può dire, lasciando stare il contado e alla città ritornando, se non che tanta e tal fu la crudeltà del cielo, e forse in parte quella degli uomini, che infra 'l marzo e il prossimo luglio vegnente, tra per la forza della pestifera infermità e per l'esser molti infermi mal serviti o abbandonati ne' lor bisogni per la paura ch'aveono i sani, oltre a centomilia creature umane si crede per certo dentro alle mura della città di Firenze essere stati di vita tolti, che forse, anzi l'accidente mortifero, non si saria estimato tanti avervene dentro avuti? 48. O quanti gran palagi, quante belle case, quanti nobili abituri per adietro di famiglie pieni, di signori e di donne, infino al menomo fante rimaser voti! O quante memorabili schiatte, quante ampissime eredità, quante famose ricchezze si videro senza successor debito rimanere! Quanti valorosi uomini, quante belle donne, quanti leggiadri giovani, li quali non che altri, ma Galieno, Ipocrate o Esculapio avrieno giudicati sanissimi, la mattina desinarono co' lor parenti, compagni e amici,

ihnen gefiel, im freien Feld umher, wo noch das Getreide stand, das nicht geschnitten, geschweige denn eingebracht worden war. 46. Viele von diesen Tieren kehrten am Abend, nachdem sie tagsüber ihre Nahrung gesucht hatten, satt zu ihren Häusern zurück, ohne daß ein Hirte sie führte, als seien sie verständige Wesen.

47. Doch lassen wir das Land, und kehren wir zur Stadt zurück. Aber es bleibt nicht mehr zu sagen als dies: Die Grausamkeit des Himmels — und vielleicht auch die der Menschen — war so ungeheuer groß, daß, wie man annimmt, zwischen März und Juli innerhalb der Stadtmauern von Florenz mehr als 100 000 Menschen aus dem Leben gerissen wurden, sowohl durch die Gewalt der Pest als auch, weil viele Kranke schlecht gepflegt oder in ihrer Not verlassen wurden, da die Gesunden so große Angst hatten. Früher, *vor* diesem Massensterben, hätte man selbst die Zahl der Einwohner kaum so hoch angegeben. 48. O wie viele große Paläste, wie viele schöne Häuser, wie viele vornehme Wohnungen, die vorher voller Leute waren, mit Herren und Damen, bis herunter zum untersten Knecht, standen nun leer! O wie viele alteingesessene Geschlechter, wie viele große Vermögen, wie viele sagenhafte Reichtümer blieben ohne rechtmäßigen Erben! Wie viele kräftige Männer, schöne Frauen, gutaussehende junge Leute, die selbst Galen, Hippokrates und Äskulap für gesund erklärt hätten, haben am Mittag noch mit ihren Verwandten, Kame-

che poi la sera vegnente appresso nell'altro mondo cenaron con li lor passati!

49. A me medesimo increase andarmi tanto tra tante miserie ravolgendo: per che, volendo omai lasciare star quella parte di quelle che io acconciamente posso schifare, dico che, stando in questi termini la nostra città, d'abitatori quasi vota, addivenne, sí come io poi da persona degna di fede sentii, che nella venerabile chiesa di Santa Maria Novella, un martedí mattina, non essendovi quasi alcuna altra persona, uditi li divini ufici in abito lugubre quale a sí fatta stagione si richiedea, si ritrovarono sette giovani donne tutte l'una all'altra o per amistà o per vicinanza o per parentado congiunte, delle quali niuna il venti e ottesimo anno passato avea né era minor di diciotto, savia ciascuna e di sangue nobile e bella di forma e ornata di costumi e di leggiadra onestà. 50. Li nomi delle quali io in propria forma racconterei, se giusta cagione da dirlo non mi togliesse, la quale è questa: che io non voglio che per le raccontate cose da loro, che seguono, e per l'ascoltate nel tempo avvenire alcuna di loro possa prender vergogna, essendo oggi alquanto ristrette le leggi al piacere che allora, per le cagioni di sopra mostrate, erano non che alla loro età ma a troppo piú matura larghissime; né ancora dar materia agl'invidio-

raden oder Freunden zu Tisch gesessen und dann am selben Tag mit ihren verstorbenen Angehörigen in der anderen Welt zu Abend gegessen!

49. Es bedrückt mich selbst, so lange in so viel Elend hin und her zu waten. Daher will ich all das auf sich beruhen lassen, was ich, ohne zu verfälschen, weglassen kann, und erzähle jetzt: Als es so um unsere Stadt stand — sie war fast menschenleer —, da geschah, was ich von einer glaubwürdigen Person erfahren habe: An einem Dienstagmorgen, als so gut wie niemand in der Kirche war, trafen sich sieben junge Frauen, nachdem sie in Trauerkleidung, wie die Pestzeit sie forderte, die Messe gehört hatten, in der ehrwürdigen Kirche Santa Maria Novella. Alle waren sie einander durch Freundschaft, Nachbarschaft oder Verwandtschaft verbunden. Keine von ihnen war jünger als achtzehn und keine älter als achtundzwanzig. Jede von ihnen war klug und von vornehmer Herkunft, schön von Gestalt, wohlerzogen und von anmutiger Ehrbarkeit. 50. Ich könnte ihre wirklichen Namen nennen, habe aber guten Grund, dies nicht zu tun: Ich möchte keine von ihnen wegen der Geschichten, die sie erzählt oder angehört hat, in Zukunft in Verlegenheit bringen. Heute sind die Regeln des Vergnügens strenger, während sie damals, aus den oben genannten Gründen, sehr großzügig waren, nicht nur für so junge, sondern auch für viel reifere Frauen. Außerdem will ich den neidischen Zungen, die auch an

si, presti a mordere ogni laudevole vita, di diminuire in niuno atto l'onestà delle valorose donne con isconci parlari. 51. E però, acciò che quello che ciascuna dicesse senza confusione si possa comprendere appresso, per nomi alle qualità di ciascuna convenienti o in tutto o in parte intendo di nominarle: delle quali la prima, e quella che di piú età era, Pampinea chiameremo e la seconda Fiammetta, Filomena la terza e la quarta Emilia, e appresso Lauretta diremo alla quinta e alla sesta Neifile, e l'ultima Elissa non senza cagion nomeremo.

52. Le quali, non già da alcuno proponimento tirate ma per caso in una delle parti della chiesa adunatesi, quasi in cerchio a seder postesi, dopo piú sospiri lasciato stare il dir de' paternostri, seco della qualità del tempo molte e varie cose cominciarono a ragionare.

53. E dopo alcuno spazio, tacendo l'altre, cosí Pampinea cominciò a parlare:

— Donne mie care, voi potete, cosí come io, molte volte avere udito che a niuna persona fa ingiuria chi onestamente usa la sua ragione. Natural ragione è, di ciascuno che ci nasce, la sua vita quanto può aiutare e conservare e difendere: e concedesi questo tanto, che alcuna volta è già addivenuto che, per guardar quella, senza colpa alcuna si sono uccisi degli uomini.

einem anständigen Leben immer etwas zu tadeln finden, keine Gelegenheit schaffen, den guten Ruf dieser anständigen Damen mit ihren Reden zu schmälern. 51. Doch will ich jeder von ihnen einen Namen geben, der ganz oder teilweise zu ihren Eigenschaften paßt, damit man deutlich und ohne Verwechslung verstehen kann, was jede einzelne sagt. Deswegen nenne ich die erste und älteste von ihnen Pampinea, die zweite Fiammetta, die dritte Filomena, die vierte Emilia. Die fünfte nenne ich dann Lauretta, die sechste Neifile und die letzte, nicht ohne Grund, Elissa.

52. Diese Frauen also trafen sich zufällig, ohne Verabredung, und setzten sich in einer Ecke der Kirche im Kreis zusammen. Sie hatten aufgehört, ihre Vaterunser zu sagen, und begannen nun, nach einigem Seufzen, über vielerlei Dinge dieser Pestzeit sich zu unterhalten.

53. Doch nach einiger Zeit schwiegen sie, und Pampinea begann so zu sprechen:

„Liebe Frauen, ihr habt bestimmt genausooft wie ich gehört, daß man niemandem einen Vorwurf machen kann, der auf anständige Weise sein Recht in Anspruch nimmt. Es ist das natürliche Recht eines jeden, der in diese Welt geboren wird, sein Leben zu fördern, zu bewahren und zu verteidigen, so gut er kann. Dieses Recht wird so allgemein anerkannt, daß es schon vorgekommen ist, daß jemand bei der Verteidigung seines Lebens andere Menschen getötet hat, ohne Schuld auf sich zu laden. 54. Wenn

54. E se questo concedono le leggi, nelle sollecitudini delle quali è il ben vivere d'ogni mortale, quanto maggiormente, senza offesa d'alcuno, è a noi e a qualunque altro onesto alla conservazione della nostra vita prendere quegli rimedii che noi possiamo? 55. Ognora che io vengo ben raguardando alli nostri modi di questa mattina e ancora a quegli di piú altre passate e pensando chenti e quali li nostri ragionamenti sieno, io comprendo, e voi similmente il potete comprendere, ciascuna di noi di se medesima dubitare: né di ciò mi maraviglio niente, ma maravigliomi forte avvedendomi ciascuna di noi aver sentimento di donna, non prendersi per voi a quello di che ciascuna di voi meritamente teme alcun compenso. 56. Noi dimoriamo qui, al parer mio, non altramente che se essere volessimo o dovessimo testimonie di quanti corpi morti ci sieno alla sepoltura recati o d'ascoltare se i frati di qua entro, de' quali il numero è quasi venuto al niente, alle debite ore cantino i loro ufici, o a dimostrare a qualunque ci apparisce, ne nostri abiti, la qualità e la quantità delle nostre miserie. 57. E se di quinci usciamo, o veggiamo corpi morti o infermi trasportarsi da torno, o veggiamo coloro li quali per li loro difetti l'autorità delle publiche leggi già condannò a essilio, quasi quelle schernendo per ciò che sen-

dies die Gesetze zugestehen, denen doch das gute Leben aller Sterblichen anvertraut ist, erlauben sie dann nicht erst recht uns und jedem anderen anständigen Menschen, daß wir, ohne irgend jemandes Interesse zu verletzen, zur Rettung unseres Lebens die Mittel einsetzen, die uns zur Verfügung stehen? 55. Wenn ich sehe, wie wir diesen Vormittag und viele andere verbracht haben, wenn ich bedenke, worüber und wie wir uns unterhalten haben, dann wird mir klar, was euch ebenso klar sein dürfte: Wir alle fürchten um unser Leben. Darüber wundere ich mich auch nicht. Worüber ich mich aber sehr wundere, ist, daß, obwohl wir kluge Frauen sind, niemand von euch etwas unternimmt gegen das, was jede von euch mit Recht fürchtet. 56. Wir bleiben hier in der Stadt, scheint mir, als wollten und sollten wir nur die Leichen zählen, die zum Friedhof gebracht werden, oder nur um zu hören, ob die Mönche, deren Zahl verschwindend gering geworden ist, hier zu den vorgeschriebenen Stunden ihre Chorgesänge verrichten, oder um jedem, dem wir begegnen, durch unsere Trauerkleider zu zeigen, wie groß unser Unglück ist und worin es besteht. 57. Wenn wir hier aus dieser Kirche hinaustreten, was sehen wir dann? Man trägt Leichen oder Kranke hin und her. Verbrecher, die das Gesetz wegen ihrer Vergehen zu Verbannung verurteilt hat, rennen durch die Stadt und üben Gewalt aus, weil sie erfahren haben, daß die Männer, die jene Gesetze anzuwenden

tono gli essecutori di quelle o morti o malati, con dispiacevoli impeti per la terra discorrere, o la feccia della nostra città, del nostro sangue riscaldata, chiamarsi becchini e in istrazio di noi andar cavalcando e discorrendo per tutto, con disoneste canzoni rimproverandoci i nostri danni; 58. né altra cosa alcuna ci udiamo, se non ‚I cotali son morti' e ‚Gli altretali sono per morire'; e se ci fosse chi fargli, per tutto dolorosi pianti udiremmo. 59. E se alle nostre case torniamo, non so se a voi cosí come a me adiviene: io, di molta famiglia, niuna altra persona in quella se non la mia fante trovando, impaurisco e quasi tutti i capelli adosso mi sento arricciare, e parmi, dovunque io vado o dimoro per quella, l'ombre di coloro che sono trapassati vedere, e non con quegli visi che io soleva, ma con una vista orribile non so donde in loro nuovamente venuta spaventarmi. 60. Per le quali cose, e qui e fuori di qui e in casa mi sembra star male, e tanto piú ancora quanto egli mi pare che niuna persona, la quale abbia alcun polso e dove possa andare, come noi abbiamo, ci sia rimasa altri che noi. 61. E ho sentito e veduto piú volte, se pure alcuni ce ne sono, quegli cotali, senza fare distinzione alcuna dalle cose oneste a quelle che

hätten, tot oder krank sind. Oder wir sehen, wie der Abschaum unserer Stadt, der sich *becchini*, Totengräber, nennt, von unserem Blut in Saus und Braus lebt. Herausfordernd reiten sie überall herum und halten uns mit obszönen Spottliedern unser Elend auch noch vor. 58. Hier hören wir nichts anderes mehr als ‚die und die sind gestorben' oder ‚die und die liegen im Sterben'. Und wenn es überhaupt noch Menschen gäbe, die Totenklagen abhielten, würden wir in der ganzen Stadt nichts anderes mehr hören. 59. Und wenn wir zurückkehren in unsere Häuser, ich weiß nicht, ob es euch dann genauso geht wie mir. Ich, die ich eine große Familie hatte, finde in meinem Haus keinen Menschen mehr vor außer meiner Dienerin. Ich schaudere; die Haare sträuben sich mir, überall, wo ich im Haus gehe und stehe, glaube ich die Schatten derer zu sehen, die hinübergegangen sind. Nicht mit ihren vertrauten Gesichtern schauen sie mich an, sondern sie entsetzen mich mit einem Schreckensausdruck, von dem ich nicht weiß, woher sie ihn auf einmal haben. 60. Aus all diesen Gründen, finde ich, ist es nicht gut, hier zu bleiben, weder hier in der Kirche noch draußen auf der Straße, noch drinnen im Haus, und das um so weniger, als offenbar außer uns kein Mensch, der es sich leisten kann und der weiß, wo er hingehen könnte, hiergeblieben ist. 61. Bei denen, die weggegangen sind, habe ich immer wieder selbst beobachtet und von anderen gehört, daß sie, wenn sie überlebt haben,

oneste non sono, solo che l'appetito le cheggia, e soli e accompagnati, di dí e di notte, quelle fare che piú di diletto lor porgono; 62. e non che le solute persone, ma ancora le racchiuse ne' monisteri, faccendosi a credere che quello a lor si convenga e non si disdica che all'altre, rotte della obedienza le leggi, datesi a' diletti carnali, in tal guisa avvisando scampare, son divenute lascive e dissolute. 63. E se cosí è, che essere manifestamente si vede, che faccian noi qui, che attendiamo, che sogniamo? perché piú pigre e lente alla nostra salute che tutto il rimanente de' cittadini siamo? reputianci noi men care che tutte l'altre? o crediamo la nostra vita con piú forti catene esser legata al nostro corpo che quella degli altri sia, e cosí di niuna cosa curar dobbiamo la quale abbia forza d'offenderla? 64. Noi erriamo, noi siamo ingannate: che bestialità è la nostra se cosí crediamo? quante volte noi ci vorrem ricordare chenti e quali sieno stati i giovani e le donne vinte da questa crudel pestilenzia, noi ne vedremo apertissimo argomento. 65. E per ciò, acciò che noi per ischifaltà o per traccutaggine non cadessimo in quello di che noi per avventura per alcuna maniera volendo potremmo scampare, non so se a voi quello se ne parrà

nur noch das treiben, wozu sie Lust haben, wie es ihnen gerade paßt, ohne nach Anstand zu fragen, allein und in Gesellschaft, Tag und Nacht. 62. Nicht nur Laien handeln so, nein, auch Menschen hinter Klostermauern. Sie reden sich ein, sie selbst könnten sich das erlauben, verboten sei es nur für die anderen; so kündigen sie den Gesetzen den Gehorsam und geben sich fleischlichen Genüssen hin. Sie glauben, sie könnten dem Unglück entgehen, aber sie sind nur ausschweifend geworden und zuchtlos. 63. Wenn das alles so ist — und offensichtlich ist es so —, was tun wir dann noch hier? Worauf warten wir? Wovon träumen wir? Warum kümmern wir uns so viel zögerlicher um unsere Gesundheit als alle anderen Mitbürger? Halten wir uns für weniger wert als alle anderen? Oder glauben wir, unsere Lebenskraft sei mit stärkeren Ketten an den eigenen Leib gebunden als bei anderen, so daß wir uns keine Sorge zu machen brauchten, irgend etwas sei stark genug, sie anzugreifen? 64. Dann irren wir uns, dann sind wir betrogen! Ein tierischer Stumpfsinn wäre es, wenn wir das glaubten! Erinnern wir uns doch nur, welche jungen Männer und Frauen diese grausame Pest schon besiegt hat, dann haben wir dafür einen offensichtlichen Beweis. 65. Deswegen, damit wir nicht durch Leichtsinn und Nachlässigkeit in das Unglück stürzen, dem wir vielleicht entgehen können, wenn wir nur wollen, wäre es für uns das beste — denke ich jedenfalls, ich weiß

che a me ne parrebbe: io giudicherei ottimamente fatto che noi, sí come noi siamo, sí come molti innanzi a noi hanno fatto e fanno, di questa terra uscissimo, e fuggendo come la morte i disonesti essempli degli altri onestamente a' nostri luoghi in contado, de' quali a ciascuna di noi è gran copia, ce ne andassimo a stare, e quivi quella festa, quella allegrezza, quello piacere che noi potessimo, senza trapassare in alcuno atto il segno della ragione, prendessimo. 66. Quivi s'odono gli uccelletti cantare, veggionvisi verdeggiare i colli e le pianure, e i campi pieni di biade non altramenti ondeggiare che il mare, e d'alberi ben mille maniere, e il cielo piú apertamente, il quale, ancora che crucciato ne sia, non per ciò le sue bellezze eterne ne nega, le quali molto piú belle sono a riguardare che le mura vote della nostra città; 67. e èvvi, oltre a questo, l'aere assai piú fresco, e di quelle cose che alla vita bisognano in questi tempi v'è la copia maggiore e minore il numero delle noie. 68. Per ciò che, quantunque quivi cosí muoiano i lavoratori come qui fanno i cittadini, v'è tanto minore il dispiacere quanto vi sono piú che nella città rade le case e gli abitanti. 69. E qui d'altra parte, se io ben veggio, noi non abbandoniam persona, anzi ne possiamo con verità dire molto piú tosto abbandonate: per ciò che i nostri, o morendo o da morte fuggendo, quasi non fossimo loro,

nicht, ob ihr darüber genauso denkt wie ich —, so wie wir sind, die Stadt zu verlassen, wie es viele vor uns schon getan haben und gegenwärtig tun, dabei aber das schlechte Beispiel anderer genauso zu fürchten wie den Tod. Laßt uns also auf unsere Landsitze gehen, von denen wir ja viele haben. Dort wollen wir in allen Ehren leben und uns, so gut es geht, alle Lebensfreude, alle Heiterkeit und alles Vergnügen gönnen, ohne durch irgendeine Handlung die Grenzen der Vernunft zu überschreiten. 66. Dort hören wir die Vögel singen, wir sehen Hügel und Ebene in sattem Grün; die reichen Kornfelder wogen wie das Meer; wir sehen die verschiedensten Arten von Bäumen; der Himmel öffnet sich freier. Zwar zeigt der Sternenhimmel jetzt auch dort seinen Groll, aber er verbirgt doch nicht seine ewige Schönheit und ist erfreulicher anzuschauen als die leeren Straßen unserer Stadt. 67. Außerdem ist die Luft dort viel frischer. Das, was man in dieser Notzeit wirklich braucht, findet sich dort reichhaltiger, und die Erschwernisse sind dort geringer. 68. Zwar sterben die Landarbeiter genauso wie die Städter, aber das Unheil ist weniger fühlbar, weil es weniger Häuser und Bewohner gibt als in der Stadt. 69. Und wenn ich es recht sehe, ist es nicht so, daß wir hier in der Stadt irgend jemanden verlassen. In Wahrheit sind eher wir die Verlassenen, denn unsere Verwandten haben uns verlassen, indem sie starben oder vor dem Tod geflohen sind, als hätten sie mit uns nichts sole in tanta afflizione n'hanno lasciate. 70. Niuna riprensione adunque può cadere in cotal consiglio seguire: dolore e noia e forse morte, non seguendolo, potrebbe avvenire. 71. E per ciò, quando vi paia, prendendo le nostre fanti e con le cose oportune faccendoci seguitare, oggi in questo luogo e domane in quello quella allegrezza e festa prendendo che questo tempo può porgere, credo che sia ben fatto a dover fare; e tanto dimorare in tal guisa, che noi veggiamo, se prima da morte non siam sopragiunte, che fine il cielo riserbi a queste cose. 72. E ricordivi che egli non si disdice piú a noi l'onestamente andare, che faccia a gran parte dell'altre lo star disonestamente. –

73. L'altre donne, udita Pampinea, non solamente il suo consiglio lodarono, ma disiderose di seguitarlo avevan già piú particularmente tra sé cominciato a trattar del modo, quasi, quindi levandosi da sedere, a mano a mano dovessero entrare in cammino.

74. Ma Filomena, la quale discretissima era, disse: – Donne, quantunque ciò che ragiona Pampinea sia ottimamente detto, non è per ciò cosí da correre a farlo, come mostra che voi vogliate fare. Ricordivi che noi siamo tutte femine, e non ce n'ha niuna sí fanciulla, che non possa ben conoscere come le femine sien ragionate insieme e senza la provedenza d'alcuno uomo si sappiano regolare. 75. Noi siamo mobi-

zu tun; in einer so ungeheuren Not haben sie uns allein zurückgelassen. 70. Folgt ihr meinem Rat, so könnt ihr euch keinerlei Tadel zuziehen; folgt ihr ihm nicht, so riskiert ihr Schmerz und Kummer, vielleicht den Tod. 71. Wenn ihr mir zustimmt, dann tun wir gut daran, unsere Diener zu nehmen, alles Nötige nachkommen zu lassen und heute hier, morgen dort auf dem Lande die Vergnügen und gemeinsamen Freuden zu genießen, die uns diese Pestzeit noch gestattet. Und auf diese Weise sollten wir leben, bis wir erkennen, welches Ende der Himmel für dieses Unglück bestimmt hat, falls nicht vorher der Tod uns einholt. 72. Und seid euch darüber im klaren: Gegen uns, die wir auf ehrbare Weise weggehen, gibt es nicht *mehr* Einwände als gegen die Frauen, die auf ehrlose Weise bleiben."

73. Die anderen Frauen, die Pampinea zugehört hatten, lobten ihren Rat nicht nur, sondern wollten ihn voller Eifer sogleich befolgen. Sie hatten bereits begonnen, sich untereinander zu beraten, wie vorzugehen sei, als wollten sie aufstehen und sofort aufbrechen.

74. Aber Filomena, die ausnehmend klug war, sagte: „Frauen, die Pläne, die Pampinea vorgetragen hat, sind ausgezeichnet, aber wir sollten sie nicht so überstürzt ausführen, wie ihr das offenbar wollt. Denkt daran: Wir alle sind Frauen, und wir alle sind alt genug, um zu wissen, daß Frauen ohne die Leitung eines Mannes kaum vernünftig zusammenleben und ihre Dinge regeln können. 75. Wir sind wankelmü-

li, riottose, sospettose, pusillanime e paurose: per le quali cose io dubito forte, se noi alcuna altra guida non prendiamo che la nostra, che questa compagnia non si dissolva troppo piú tosto e con meno onor di noi che non ci bisognerebbe: e per ciò è buono a provederci avanti che cominciamo. —

76. Disse allora Elissa: — Veramente gli uomini sono delle femine capo e senza l'ordine loro rade volte riesce alcuna nostra opera a laudevole fine: ma come possiam noi aver questi uomini? 77. Ciascuna di noi sa che de' suoi son la maggior parte morti, e gli altri che vivi rimasi sono chi qua e chi là in diverse brigate, senza saper noi dove, vanno fuggendo quello che noi cerchiamo di fuggire: e il prender gli strani non saria convenevole; per che, se alla nostra salute vogliamo andar dietro, trovare si convien modo di sí fattamente ordinarci, che, dove per diletto e per riposo andiamo, noia e scandalo non ne segua. —

78. Mentre tralle donne erano cosí fatti ragionamenti, e ecco entrar nella chiesa tre giovani, non per ciò tanto che meno di venticinque anni fosse l'età di colui che piú giovane era di loro. Ne' quali né perversità di tempo né perdita d'amici o di parenti né paura di se medesimi avea potuto amor non che spegnere ma raffreddare. 79. De' quali l'uno era chiamato Panfilo e

tig und streitsüchtig, mißtrauisch, kleinmütig und ängstlich. Daher fürchte ich, daß unsere Gruppe sich sehr bald und zu unserer Schande auflösen wird, wenn wir uns nur der eigenen Führung überlassen. Deshalb sollten wir hierfür eine Lösung finden, bevor wir uns auf den Weg machen."

76. Daraufhin sagte Elissa: „Es ist wahr: Die Männer sind das Haupt der Frauen, und ohne ihre Leitung führen unsere Taten selten zu einem guten Ende. Aber wie können wir an diese Männer herankommen? 77. Jede von uns weiß, daß die meisten unserer männlichen Verwandten tot sind. Und die am Leben geblieben sind, halten sich in verschiedenen kleinen Gruppen einmal hier, einmal dort auf; wir wissen nicht, wo. Sie sind auf der Flucht vor der Pest, der auch wir zu entkommen suchen. Fremde Männer mitzunehmen, wäre unschicklich. Wenn wir daher für unsere Rettung etwas tun wollen, dann müssen wir es so einrichten, daß wir unserem Vergnügen und unserer Entspannung nachgehen können, ohne daß Kummer und Ärgernis daraus folgen."

78. Während die Frauen noch darüber sprachen, betraten auf einmal drei junge Männer die Kirche, von denen keiner jünger war als fünfundzwanzig. Weder die Wirren der Zeit noch der Verlust von Freunden und Verwandten, noch die Angst vor Ansteckung hatten die Glut der Liebe in ihnen ausgelöscht; sie hatten sie nicht einmal abgekühlt. 79. Der erste von

Filostrato il secondo e l'ultimo Dioneo, assai piacevole e costumato ciascuno: e andavan cercando per loro somma consolazione, in tanta turbazione di cose, di vedere le lor donne, le quali per ventura tutte e tre erano tralle predette sette, come che dell'altre alcune ne fossero congiunte parenti d'alcuni di loro.
80. Né prima esse agli occhi corsero di costoro, che costoro furono da esse veduti; per che Pampinea allor cominciò sorridendo: — Ecco che la fortuna a' nostri cominciamenti è favorevole, e hacci davanti posti discreti giovani e valorosi, li quali volentieri e guida e servidor ne saranno, se di prendergli a questo oficio non schiferemo. —
81. Neifile allora, tutta nel viso divenuta per vergogna vermiglia per ciò che l'una era di quelle che dall'un de' giovani era amata, disse:
82. — Pampinea, per Dio, guarda ciò che tu dichi. Io conosco assai apertamente niuna altra cosa che tutta buona dir potersi di qualunque s'è l'uno di costoro, e credogli a troppo maggior cosa che questa non è sofficienti; e similmente avviso loro buona compagnia e onesta dover tenere non che a noi ma a molto piú belle e piú care che noi non siamo. 83. Ma, per ciò che assai manifesta cosa è loro essere d'alcune che qui ne sono innamorati, temo che infamia e riprensione, senza nostra colpa o di loro, non ce ne segua se gli meniamo. —
84. Disse allora Filomena: — Questo non monta

ihnen hieß Panfilo, der zweite Filostrato und der dritte Dioneo. Alle waren schön und aus guter Familie, und sie waren gekommen, um ihre Freundinnen zu sehen, denn das war ihr größter Trost in dieser ungeheuren Verwirrung aller Dinge. Die Freundinnen gehörten zufällig zur Gruppe der sieben Frauen, und von den übrigen vier waren einige eng mit ihnen verwandt.

80. Die Männer hatten die Frauen noch nicht bemerkt, als diese sie schon gesehen hatten. Pampinea sagte daher lächelnd: „Sieh da, Fortuna begünstigt unsere Pläne. Sie hat uns drei kluge und tüchtige junge Männer geschickt, die gern bereit sein werden, uns zu führen und zu bedienen. Wir dürfen nur nicht zu vornehm tun und müssen sie mit diesem Amt beauftragen."

81. Neifile sagte, purpurrot im Gesicht, denn einer von den jungen Männern war in sie verliebt: 82. „Bei Gott, Pampinea, was sagst du da! Ich bin sicher, man kann von ihnen allen nur Gutes sagen, und ich glaube, jeder von ihnen ist noch zu weit schwierigeren Dingen geeignet als zu diesem Plan. Ich bin überzeugt, ihre gute und ehrenhafte Gesellschaft würde selbst zu Frauen passen, die viel schöner und liebenswerter sind als wir. 83. Aber weil ja wohl jeder sieht, daß sie in einige von uns verliebt sind, fürchte ich, wir ernten Schande und Tadel, wenn wir sie mitnehmen, und das ohne ihre oder unsere Schuld."

84. Darauf antwortete Filomena: „Das hat

niente; là dove io onestamente viva né mi rimorda d'alcuna cosa la coscienza, parli chi vuole in contrario: Idio e la verità l'arme per me prenderanno. 85. Ora, fossero essi pur già disposti a venire, ché veramente, come Pampinea disse, potremmo dire la fortuna essere alla nostra andata favoreggiante. —
86. L'altre, udendo costei cosí fattamente parlare, non solamente si tacquero ma con consentimento concorde tutte dissero che essi fosser chiamati e loro si dicesse la loro intenzione e pregassersi che dovesse lor piacere in cosí fatta andata lor tener compagnia. 87. Per che senza piú parole Pampinea, levatasi in piè, la quale a alcun di loro per consanguinità era congiunta, verso loro che fermi stavano a riguardarle si fece e, con lieto viso salutatigli, loro la lor disposizione fé manifesta e pregogli per parte di tutte che con puro e fratellevole animo a tener lor compagnia si dovessero disporre. 88. I giovani si credettero primieramente essere beffati, ma poi che videro che da dovero parlava la donna, rispuosero lietamente sé essere apparecchiati; e senza dare alcuno indugio all'opera, anzi che quindi si partissono, diedono ordine a ciò che a fare avessono in sul partire. 89. E ordinatamente fatta ogni cosa oportuna apparecchiare e prima mandato là dove intendevan d'andare, la seguente mattina, cioè il mercoledí, in su lo schia-

nichts zu bedeuten! Wenn ich selbst ehrbar lebe und mein Gewissen mir nichts vorwirft, da behaupte meinetwegen das Gegenteil, wer will. Dann werden Gott und die Wahrheit für mich die Waffen ergreifen. 85. Sind sie bereit mitzukommen, dann können wir wirklich, wie Pampinea gesagt hat, behaupten, daß Fortuna unseren Aufbruch begünstigt."
86. Nachdem die anderen Frauen Filomenas Rede gehört hatten, ließen sie ihre Einwände fallen und beschlossen übereinstimmend, die jungen Männer herbeizurufen, ihnen ihren Plan zu erklären und sie zu bitten, die Frauen bei ihrem Weggang zu begleiten. 87. Da stand Pampinea, die mit einem der drei verwandt war, ohne ein weiteres Wort auf und ging auf die Männer zu, die dort standen und zu den jungen Frauen hinüberblickten. Pampinea begrüßte sie freundlich, erklärte ihren Plan und fragte sie im Namen ihrer Freundinnen, ob sie ihnen rein und brüderlich Gesellschaft leisten wollten. 88. Die jungen Männer glaubten zuerst, die Frauen wollten nur ihren Scherz mit ihnen treiben. Als sie aber sahen, daß Pampinea in vollem Ernst sprach, antworteten sie erfreut, sie seien bereit. Und ohne im geringsten zu zögern, gaben sie Anweisung, was noch vor der Abreise geregelt werden sollte. 89. Zuerst schickten sie einen Boten dorthin, wohin sie gehen wollten, und nachdem alles Nötige sorgfältig vorbereitet war, brachen sie in der Morgendämmerung des nächsten Tages, einem Mitt-

rir del giorno, le donne con alquante delle lor fanti e i tre giovani con tre lor famigliari, usciti della città, si misero in via: né oltre a due piccole miglia si dilungarono da essa, che essi pervennero al luogo da loro primieramente ordinato.

90. Era il detto luogo sopra una piccola montagnetta, da ogni parte lontano alquanto alle nostre strade, di varii albuscelli e piante tutte di verdi fronde ripiene piacevoli a riguardare; in sul colmo della quale era un palagio con bello e gran cortile nel mezzo, e con logge e con sale e con camere, tutte ciascuna verso di sé bellissima e di liete dipinture raguardevole e ornata, con pratelli da torno e con giardini maravigliosi e con pozzi d'acque freschissime e con volte di preziosi vini: cose piú atte a curiosi bevitori che a sobrie e oneste donne. 91. Il quale tutto spazzato, e nelle camere i letti fatti, e ogni cosa di fiori quali nella stagione si potevano avere piena e di giunchi giuncata la vegnente brigata trovò con suo non poco piacere.

92. E postisi nella prima giunta a sedere, disse Dioneo, il quale oltre a ogni altro era piacevole giovane e pieno di motti: — Donne, il vostro senno piú che il nostro avvedimento ci ha qui guidati; 93. io non so quello che de' vostri pen-

woch, zusammen aus der Stadt auf, die Frauen mit einigen Dienerinnen, die drei jungen Männer mit ihren Dienern. Sie entfernten sich etwa drei Kilometer von der Stadt und erreichten den Ort, den sie zuvor bestimmt hatten.
90. Der Ort, den sie sich ausgesucht hatten, lag abseits der Straßen auf einem Hügel, schön anzuschauen wegen der Fülle von Büschen und Bäumen, über und über bedeckt mit grünen Blättern. Auf seiner Höhe lag eine Villa mit einem schönen großen Innenhof, ringsum lagen Loggien, Säle und Schlafräume, alle in ihrer Art wunderschön und sehenswert wegen der heiteren Wandgemälde, mit denen sie ausgeschmückt waren. Der Palast lag inmitten von Wiesen und phantasiereichen Gärten; zu ihm gehörten Brunnen mit quellfrischem Wasser und Gewölbekeller voller kostbarer Weine, eher für raffinierte Weinkenner bestimmt als für nüchterne, ehrbare Frauen. 91. Als sie ankamen, entdeckten sie zu ihrer großen Freude, daß das Haus vollständig gereinigt war und die Betten in den Schlafräumen frisch gemacht waren. Überall standen Blumen, wie die Jahreszeit sie hervorbrachte, und die Böden waren frisch mit Binsen ausgelegt.
92. Kaum waren sie angekommen und hatten es sich bequem gemacht, da sagte Dioneo, ein besonders liebenswürdiger und witziger junger Mann: „Ihr Frauen, es war nicht männliche Voraussicht, sondern euer Verstand, der uns hierhergeführt hat. 93. Ich weiß nicht, wie ihr

sieri voi v'intendete di fare: li miei lasciai io dentro dalla porta della città allora che io con voi poco fa me ne usci' fuori: e per ciò o voi a sollazzare e a ridere e a cantare con meco insieme vi disponete (tanto, dico, quanto alla vostra dignità s'appartiene), o voi mi licenziate che io per li miei pensier mi ritorni e steami nella città tribolata. —

94. A cui Pampinea, non d'altra maniera che se similmente tutti i suoi avesse da sé cacciati, lieta rispose: — Dioneo, ottimamente parli: festevolmente viver si vuole, né altra cagione dalle tristizie ci ha fatte fuggire. 95. Ma per ciò che le cose che sono senza modo non possono lungamente durare, io, che cominciatrice fui de' ragionamenti da' quali questa cosí bella compagnia è stata fatta, pensando al continuar della nostra letizia, estimo che di necessità sia convenire esser tra noi alcuno principale, il quale noi e onoriamo e ubidiamo come maggiore, nel quale ogni pensiero stea di doverci a lietamente vivere disporre. 96. E acciò che ciascun pruovi il peso della sollecitudine insieme col piacere della maggioranza e, per conseguente da una parte e d'altra tratti, non possa chi nol pruova invidia avere alcuna, dico che a ciascuno per un giorno s'attribuisca e il peso e l'onore; e chi il primo di noi esser debba nella elezion di noi tutti sia: di quegli che seguiranno, come l'ora del vespro s'a-

es hier mit euren Sorgen haltet; ich habe meine hinter den Stadttoren zurückgelassen, als ich heute früh in eurer Gesellschaft dort heraustrat. Deswegen müßt ihr euch entscheiden: Entweder ihr schickt mich zurück in die Stadt zu meinen Sorgen, so daß ich weiter in der heimgesuchten Stadt lebe, oder ihr seid bereit, euch mit mir zu amüsieren, zu lachen und zu singen, immer freilich in den Grenzen, die euer Sinn für Würde uns weist."

94. Darauf antwortete ihm Pampinea, als habe auch sie ihre Sorgen verjagt: „Dioneo, du hast vollkommen recht. Fröhlich zu leben ist unsere Absicht; aus keinem anderen Grund sind wir vor dem Kummer in der Stadt geflohen. 95. Aber weil Maßloses nicht lange währt, denke gerade ich, die ich mit meinen Reden unsere schöne Gemeinschaft ins Leben gerufen habe, daß wir um der Fortdauer unseres Vergnügens willen unbedingt ein Oberhaupt brauchen, das wir ehren, dem wir als unserem Herrscher gehorchen und dessen einzige Aufgabe es sein soll, dafür zu sorgen, daß wir heiter leben. 96. Jeder von uns soll beides erfahren, sowohl das Gewicht der Sorge als auch die Freude, die oder der Erste zu sein. Jeder soll die eine wie die andere Seite kennenlernen. Dann kann niemand neidisch werden. Daher schlage ich vor: Jeder von uns erhält für je einen Tag diese Last und diese Ehre. Wir alle bestimmen durch Wahl, wer unser erster Herrscher sein soll. Dieser oder diese wählt dann jedesmal, wenn die Stunde der Ves-

vicinerà, quegli o quella che a colui o a colei piacerà che quel giorno avrà avuta la signoria; e questo cotale, secondo il suo arbitrio, del tempo che la sua signoria dee bastare, del luogo e del modo nel quale a vivere abbiamo ordini e disponga. –

97. Queste parole sommamente piacquero, e a una voce lei prima del primo giorno elessero; e Filomena, corsa prestamente a uno alloro (per ciò che assai volte aveva udito ragionare di quanto onore le frondi di quello eran degne e quanto degno d'onore facevano chi n'era meritamente incoronato), di quello alcuni rami colti, ne le fece una ghirlanda onorevole e apparente; la quale, messale sopra la testa, fu poi mentre durò la lor compagnia manifesto segno a ciascuno altro della real signoria e maggioranza.

98. Pampinea, fatta reina, comandò che ogn'uom tacesse, avendo già fatti i famigliari de' tre giovani e le loro fanti, ch'eran quatro, davanti chiamarsi; e tacendo ciascun, disse: – Acciò che io prima essemplo dea a tutti voi, per lo quale di bene in meglio procedendo la nostra compagnia con ordine e con piacere e senza alcuna vergogna viva e duri quanto a grado ne fia, io primieramente constituisco Parmeno, famigliare di Dioneo, mio siniscalco, e a lui la cura e la sollecitudine di tutta la nostra famiglia commetto e ciò che al servigio della sala appartiene. 99. Sirisco, famigliar di Panfilo, voglio che di noi sia spenditore e tesoriere e di Parme-

per naht, seinen oder ihren Nachfolger bzw. seine oder ihre Nachfolgerin, und wer gewählt ist, bestimmt für die Zeit seiner Herrschaft, ganz wie es ihm oder ihr beliebt, frei den Ort und die Art, wie wir leben."

97. Diese Worte Pampineas fanden größten Beifall, und alle wählten sie einstimmig zur Herrin für den ersten Tag. Filomena lief eilig zu einem Lorbeerstrauch, denn sie hatte oft davon reden hören, Lorbeerblätter seien ehrwürdig und brächten den Menschen, die zu Recht mit ihnen gekrönt wurden, hohe Ehre. Sie pflückte einige Zweige, flocht daraus einen stattlichen Ehrenkranz und setzte ihn Pampinea auf. Von da an war der Lorbeerkranz das sichtbare Zeichen der königlichen Herrschaft und Autorität, solange die Gruppe zusammenblieb.

98. Nachdem Pampinea zur Königin gekrönt war, rief sie die Diener der drei jungen Männer und die vier Dienerinnen der Frauen zu sich. Sie befahl allen zu schweigen. Als Stille eingetreten war, sagte sie: „Um als erste euch allen ein Beispiel zu geben, wie unsere Gruppe im Guten voranschreiten, in Ordnung und mit Vergnügen, aber ohne Schande leben und Bestand haben kann, ernenne ich Parmeno, den Diener von Dioneo, zu meinem Verwalter und vertraue ihm die Sorge für unseren Haushalt an, insbesondere für alles, was den Dienst im Speisesaal betrifft. 99. Sirisco, der Diener von Panfilo, soll nach meinem Willen unser Einkäufer und

no seguiti i comandamenti. Tindaro al servigio di Filostrato e degli altri due attenda nelle camere loro, qualora gli altri, intorno alli loro ufici impediti, attender non vi potessero. 100. Misia, mia fante, e Licisca, di Filomena, nella cucina saranno continue e quelle vivande diligentemente apparecchieranno che per Parmeno loro saranno imposte. 101. Chimera, di Lauretta, e Stratilia, di Fiammetta, al governo delle camere delle donne intente vogliamo che stieno e alla nettezza de' luoghi dove staremo. E ciascun generalmente, per quanto egli avrà cara la nostra grazia, vogliamo e comandiamo che si guardi, dove che egli vada, onde che egli torni, che che egli oda o vegga, niuna novella altra che lieta ci rechi di fuori. −

102. E questi ordini sommariamente dati, li quali da tutti commendati furono, lieta drizzata in piè disse: − Qui sono giardini, qui sono pratelli, qui altri luoghi dilettevoli assai, per li quali ciascuno a suo piacer sollazzando si vada; e come terza suona, ciascun qui sia, acciò che per lo fresco si mangi. −

103. Licenziata adunque dalla nuova reina la lieta brigata, li giovani insieme con le belle donne, ragionando dilettevoli cose, con lento

Schatzmeister sein und die Befehle von Parmeno ausführen. Tindaro soll Filostrato und die beiden anderen Männer bedienen und sich um ihre Zimmer kümmern, wenn deren Diener wegen ihrer anderen Pflichten dort nicht arbeiten können. 100. Meine Dienerin Misia und Licisca, die Dienerin von Filomena, sollen ständig in der Küche sein und mit größter Sorgfalt die Speisen bereiten, die Parmeno anordnet. 101. Chimera und Stratilia, die Dienerinnen von Lauretta und Fiammetta, sollen sich um die Zimmer der Frauen kümmern und um die Sauberkeit der Orte, an denen wir uns aufhalten werden. Und für alle gilt: Wer sich nicht meine Gunst verscherzen will, den ersuche und dem befehle ich, daß er ausschließlich heitere Nachrichten von außen mitbringe, woher auch immer er komme, wohin auch immer er gehe, was auch immer er sehe oder höre."

102. Nachdem sie kurz und bündig ihre Befehle gegeben und die Zustimmung aller gefunden hatte, erhob sie sich lächelnd und sagte: „Hier sind Gärten, hier sind Wiesen, hier gibt es viele schöne Stellen, hier mag jeder sich ergehen und sich amüsieren, wie es ihm gefällt. Aber wenn es zur Terz läutet, sollte jeder hier sein, so daß wir essen können, bevor die Hitze zu groß wird."

103. Nachdem also die neugewählte Königin die heitere Gruppe entlassen hatte, schlenderten die jungen Männer mit den schönen Frauen gemächlich durch den Garten; sie unterhielten

passo si misero per un giardino, belle ghirlande di varie frondi faccendosi e amorosamente cantando. 104. E poi che in quello tanto fur dimorati quanto di spazio dalla reina avuto aveano, a casa tornati trovarono Parmeno studiosamente aver dato principio al suo uficio, per ciò che, entrati in una sala terrena, quivi le tavole messe videro con tovaglie bianchissime e con bicchieri che d'ariento parevano, e ogni cosa di fiori di ginestra coperta; per che, data l'acqua alle mani, come piacque alla reina, secondo il giudicio di Parmeno tutti andarono a sedere. 105. Le vivande dilicatamente fatte vennero e finissimi vini fur presti: e senza piú, chetamente li tre famigliari servirono le tavole. 106. Dalle quali cose, per ciò che belle e ordinate erano, rallegrato ciascuno, con piacevoli motti e con festa mangiarono. E levate le tavole, con ciò fosse cosa che tutte le donne carolar sapessero e similmente i giovani e parte di loro ottimamente e sonare e cantare, comandò la reina che gli strumenti venissero; e per comandamento di lei, Dioneo preso un liuto e la Fiammetta una viuola, cominciarono soavemente una danza a sonare; 107. per che la reina con l'altre donne insieme co' due giovani presa una carola, con lento passo, mandati i famigliari a mangiare, a caro-

sich über angenehme Dinge, flochten einander Girlanden aus Zweigen verschiedenartiger Bäume und sangen Liebeslieder. 104. Damit beschäftigten sie sich während der Stunden, die die Königin ihnen zugestanden hatte. Dann kehrten sie ins Haus zurück und fanden, daß Parmeno voller Eifer seinen Pflichten nachgekommen war, denn als sie den Speisesaal im Erdgeschoß betraten, sahen sie, daß die Tische mit schneeweißen Tafeltüchern gedeckt waren, die Becher silbern glänzten und der ganze Raum mit Ginsterblüten ausgeschmückt war. Sie wuschen sich die Hände, wie die Königin es gewünscht hatte; dann nahmen sie nach den Anweisungen Parmenos Platz. 105. Feinste Speisen wurden hereingebracht und edelste Weine gereicht; ohne weitere Aufforderung begannen die drei Diener ihre Aufwartung bei Tisch. 106. Alles war schön und geordnet. Heiterkeit breitete sich bei allen aus; sie aßen bei vergnüglichen Unterhaltungen und in heiterer Laune. Als die Tafel aufgehoben war, ließ die Königin die Musikinstrumente kommen. Da Frauen wie Männer sich auf den Reigentanz verstanden und einige von ihnen hervorragend Instrumente spielen und singen konnten, ergriffen Dioneo und Fiammetta auf Wunsch der Königin Laute und Viola und begannen eine süße Tanzmelodie zu spielen. 107. Die Königin schickte die Diener zum Essen, und dann begann sie, mit den Frauen und den zwei Männern gemessenen Schrittes einen Reigen zu

lar cominciarono; e quella finita, canzoni vaghette e liete cominciarono a cantare. 108. E in questa maniera stettero tanto che tempo parve alla reina d'andare a dormire: per che, data a tutti la licenzia, li tre giovani alle lor camere, da quelle delle donne separate, se n'andarono, le quali co' letti ben fatti e cosí di fiori piene come la sala trovarono, e simigliantemente le donne le loro: per che, spogliatesi, s'andarono a riposare.

109. Non era di molto spazio sonata nona, che la reina levatasi tutte l'altre fece levare e similmente i giovani, affermando esser nocivo il troppo dormire il giorno: e cosí se ne andarono in un pratello nel quale l'erba era verde e grande né vi poteva d'alcuna parte il sole; e quivi, sentendo un soave venticello venire, sí come volle la lor reina, tutti sopra la verde erba si puosero in cerchio a sedere, a' quali ella disse cosí:

110. — Come voi vedete, il sole è alto e il caldo è grande, né altro s'ode che le cicale su per gli ulivi, per che l'andare al presente in alcun luogo sarebbe senza dubbio sciocchezza. Qui è bello e fresco stare, e hacci, come voi vedete, e tavolieri e scacchieri, e puote ciascuno, secondo che all'animo gli è piú di piacere, diletto pigliare. 111. Ma se in questo il mio parer si seguisse, non giucando, nel quale l'animo dell'una delle

tanzen. Als er zu Ende war, fingen sie an, nette und fröhliche kleine Lieder zu singen. 108. Damit vergnügten sie sich so lange, bis die Königin fand, es sei Zeit, schlafen zu gehen, und sie alle entließ. Die drei jungen Männer gingen in ihre Schlafzimmer, die von denen der Frauen getrennt lagen; sie fanden ihre Zimmer, wie zuvor den Speisesaal, mit Blumen geschmückt; die Betten waren ordentlich gemacht. Die Frauen fanden ihre Zimmer genauso vor; sie entkleideten sich und legten sich zur Ruhe.

109. Es hatte noch nicht lange zur Non geläutet, da erhob sich die Königin und ließ auch die anderen Frauen und die Männer aufstehen; es sei ungesund, am Tag zu lange zu schlafen, erklärte sie. Und so gingen alle zu einer Wiese, wo das Gras dicht und satt grün stand, weil die Sonnenstrahlen dahin nicht durchdrangen. Sie spürten, daß ein leichter Wind ging. Und hier setzten sich alle auf Wunsch der Königin im Kreis ins grüne Gras, und sie sagte zu ihnen:

110. „Wie ihr seht, steht die Sonne hoch am Himmel, und die Hitze ist groß. Nichts ist zu hören, nur die Zikaden in den Ölbäumen. Jetzt woandershin zu gehen, wäre zweifellos eine Dummheit. Hier ist es schön und kühl; hier stehen, wie ihr seht, Spieltischchen und Schachbretter, und jeder kann sich vergnügen, wie es ihm beliebt. 111. Wenn ihr aber meinen Rat hören wollt, sollten wir die heißen Stunden des Tages nicht mit diesen Spielen verbringen, bei denen der Verlierer schließlich Mißvergnügen

parti convien che si turbi senza troppo piacere dell'altra o di chi sta a vedere, ma novellando (il che può porgere, dicendo uno, a tutta la compagnia che ascolta diletto) questa calda parte del giorno trapasseremo. 112. Voi non avrete compiuta ciascuno di dire una sua novelletta, che il sole fa declinato e il caldo mancato, e potremo dove piú a grado vi fia andare prendendo diletto: e per ciò, quando questo che io dico vi piaccia ché disposta sono in ciò di seguire il piacer vostro, faccianlo; e dove non vi piacesse, ciascuno infino all'ora del vespro quello faccia che piú gli piace. —

113. Le donne parimente e gli uomini tutti lodarono il novellare.

114. — Adunque, — disse la reina — se questo vi piace, per questa prima giornata voglio che libero sia a ciascuno di quella materia ragionare che piú gli sarà a grado. —

115. E rivolta a Panfilo, il quale alla sua destra sedea, piacevolmente gli disse che con una delle sue novelle all'altre desse principio; laonde Panfilo, udito il comandamento, prestamente, essendo da tutti ascoltato, cominciò cosí.

empfindet, während Gewinner und Zuschauer daraus kein allzugroßes Vergnügen ziehen, sondern indem wir Geschichten erzählen, denn das macht allen Spaß — dem, der sie erzählt, und allen, die zuhören. 112. Und noch bevor jeder von euch sein Geschichtchen erzählt hat, geht die Sonne unter, die Hitze läßt nach; dann können wir spazierengehen, wo wir wollen, und uns amüsieren. Gefällt euch mein Vorschlag, dann laßt ihn uns ausführen. Aber ich richte mich gerne nach dem, was euch gefällt, und wenn ihr anders denkt, dann mag jeder bis zur Vesperstunde treiben, was er will."

113. Doch die ganze Gesellschaft, Frauen wie Männer gleichermaßen, sprachen sich für das Erzählen aus.

114. „Nun denn", sagte die Königin, „wenn es euch also recht ist, so bestimme ich, daß es für diesen ersten Tag kein vorgeschriebenes Thema gibt, sondern daß jeder frei wählen kann, wovon seine Erzählung handelt."

115. Sie wandte sich Panfilo zu, der rechts von ihr saß, und bat ihn liebenswürdig, er möge mit einer seiner Geschichten den Anfang machen. Panfilo hatte ihren Wunsch kaum vernommen, da begann er schon wie folgt, während alle gespannt lauschten:

Novella I

1. *Ser Cepparello con una falsa confessione inganna un santo frate e muorsi; e, essendo stato un pessimo uomo in vita, è morto reputato per santo e chiamato san Ciappelletto.*

2. — Convenevole cosa è, carissime donne, che ciascheduna cosa la quale l'uomo fa, dallo ammirabile e santo nome di Colui, il quale di tutte fu facitore, le dea principio. Per che, dovendo io al vostro novellare, sí come primo, dare cominciamento, intendo da una delle sue maravigliose cose incominciare, acciò che, quella udita, la nostra speranza in Lui, sí come in cosa impermutabile, si fermi e sempre sia da noi il suo nome lodato.
3. Manifesta cosa è che, sí come le cose temporali tutte sono transitorie e mortali, cosí in sé e fuor di sé esser piene di noia, d'angoscia e di fatica e a infiniti pericoli sogiacere; alle quali senza niuno fallo né potremmo noi, che viviamo mescolati in esse e che siamo parte d'esse, durare né ripararci, se spezial grazia di Dio forza e avvedimento non ci prestasse. 4. La quale a noi e in noi non è da credere che per alcun nostro merito discenda, ma dalla sua propria benignità mossa e da' prieghi di coloro impetrata

Novelle I

1. *Ser Cepparello täuscht mit einer falschen Beichte einen heiligen Mönch und stirbt. Im Leben war er ein abgründig schlechter Mensch; nach seinem Tod hält man ihn für einen Heiligen und nennt ihn Sankt Ciappelletto.*

2. Es ziemt sich, verehrte Damen, alles, was der Mensch anfängt, mit dem wunderbaren und heiligen Namen dessen zu beginnen, der alle Dinge gemacht hat. Da ich als erster mit dem Erzählen anfangen soll, will ich mit einer seiner Wundertaten beginnen, damit durch diese Erzählung unsere Hoffnung auf ihn, den Unwandelbaren, sich festige und sein Name von uns immer gelobt werde.

3. Eines ist ja offensichtlich: Alle zeitlichen Dinge sind vergänglich und sterblich. Sie sind von innen wie von außen bedroht durch Sorge, Angst und Mühsal. Sie unterliegen unendlich vielen Gefahren. Wir, die wir mitten unter ihnen leben und gar ein Teil von ihnen sind, können all dem gewiß nicht widerstehen oder ausweichen, es sei denn, eine besondere Gunst Gottes schenkte uns dazu Kraft und Einsicht.

4. Von ihr darf man aber nicht etwa glauben, sie komme zu uns oder in uns, weil wir sie verdient hätten. Vielmehr kommt sie uns kraft ihrer Güte entgegen, und wir erlangen sie

che, sí come noi siamo, furon mortali, e bene i suoi piaceri mentre furono in vita seguendo ora con Lui eterni son divenuti e beati; alli quali noi medesimi, sí come a procuratori informati per esperienza della nostra fragilità, forse non audaci di porgere i prieghi nostri nel cospetto di tanto giudice, delle cose le quali a noi reputiamo oportune gli porgiamo. 5. E ancor piú in Lui, verso noi di pietosa liberalità pieno, discerniamo, che, non potendo l'acume dell'occhio mortale nel segreto della divina mente trapassare in alcun modo, avvien forse tal volta che, da oppinione ingannati, tale dinanzi alla sua maestà facciamo procuratore che da quella con eterno essilio è iscacciato: e nondimeno Esso, al quale niuna cosa è occulta, piú alla purità del pregator riguardando che alla sua ignoranza o allo essilio del pregator, cosí come se quegli fosse nel suo cospetto beato, essaudisce coloro che 'l priegano. 6. Il che manifestamente potrà apparire nella novella la quale di raccontare intendo: manifestamente, dico, non il giudicio di Dio ma quel degli uomini seguitando.

7. Ragionasi adunque che essendo Musciatto Franzesi di ricchissimo e gran mercatante in Francia cavalier divenuto e dovendone in Toscana venire con messer Carlo Senzaterra, fra-

durch die Fürsprache derer, die sterblich waren, wie wir es sind, und die, solange sie am Leben waren, getreu seinen Willen erfüllt haben und jetzt mit ihm ewig und glückselig geworden sind. An sie wenden wir uns als an Vermittler, die unsere Schwachheit aus eigener Erfahrung kennen, wenn wir um Dinge bitten, von denen wir glauben, daß sie uns fördern, uns aber vielleicht der Mut fehlt, solche Bitten vor das Angesicht des Weltenrichters zu bringen. 5. Wir finden, daß er, der von gütiger Freigebigkeit gegen uns ist, noch Größeres tut: Da das sterbliche Auge in gar keiner Weise in das Geheimnis des göttlichen Geistes eindringen kann, kommt es wohl vor, daß wir, von Menschenmeinungen genarrt, jemanden zum Vermittler bei seiner Majestät wählen, den er auf ewig von sich verbannt hat. Aber er, dem nichts verborgen ist, blickt dann mehr auf die Reinheit des Bittenden als auf dessen Irrtum oder auf das Verbanntsein des Angerufenen. Und er erhört die, die zu ihm beten, als stehe der Angerufene selig vor seinem Angesicht. 6. Dies beweist die Geschichte, die ich euch jetzt erzählen will. Sie beweist es, behaupte ich, aber nicht nach dem Urteil Gottes, sondern nach dem Urteil von Menschen.

7. Man erzählt also, der reiche Großkaufmann Musciatto Franzesi, der in Frankreich Ritter geworden war, habe auf Bitten und Drängen von Papst Bonifaz in die Toskana kommen müssen, in Begleitung des Fürsten Karl Ohneland, Bru-

tello del re di Francia, da papa Bonifazio addomandato e al venir promosso, sentendo egli li fatti suoi, sí come le piú volte son quegli de' mercatanti, molto intralciati in qua e in là e non potersi di leggiere né subitamente stralciare, pensò quegli commettere a piú persone e a tutti trovò modo: fuor solamente in dubbio gli rimase cui lasciar potesse sofficiente a riscuoter suoi crediti fatti a piú borgognoni. 8. E la cagione del dubbio era il sentire li borgognoni uomini riottosi e di mala condizione e misleali; e a lui non andava per la memoria chi tanto malvagio uom fosse, in cui egli potesse alcuna fidanza avere, che opporre alla loro malvagità si potesse. 9. E sopra questa essaminazione pensando lungamente stato, gli venne a memoria un ser Cepparello da Prato, il quale molto alla sua casa in Parigi si riparava; il quale, per ciò che piccolo di persona era e molto assettatuzzo, non sappiendo li franceschi che si volesse dir Cepparello, credendo che ‚cappello', cioè ‚ghirlanda' secondo il lor volgare a dir venisse, per ciò che piccolo era come dicemmo, non Ciappello ma Ciappelletto il chiamavano: e per Ciappelletto era conosciuto per tutto, la dove pochi per ser Cepperello il conoscieno.

10. Era questo Ciappelletto di questa vita: egli, essendo notaio, avea grandissima vergogna quando uno de' suoi strumenti, come che pochi

der des Königs von Frankreich. Da er wußte, daß seine Geschäfte, wie häufig bei Kaufleuten, sehr verwickelt waren und sich auf verschiedene Orte erstreckten, daß er sie also nicht leicht und schnell würde abwickeln können, entschloß er sich, sie verschiedenen Personen zu übertragen, und er fand für alle eine Lösung. Nur zweifelte er, ob er jemanden finden könnte, der imstande wäre, die Darlehen einzutreiben, die er an mehrere Burgunder vergeben hatte. 8. Der Grund seines Zweifels war folgender: Er hatte gehört, die Burgunder seien streitsüchtige, ruchlose und falsche Menschen, und ihm fiel niemand ein, der schlecht genug war, daß er ihm zutrauen konnte, es mit ihrer Bosheit aufzunehmen. 9. Lange schon hatte er darüber nachgedacht, als ihm plötzlich Ser Cepparello aus Prato in den Sinn kam, der oft in seinem Haus in Paris Unterschlupf gefunden hatte. Cepparello war gedrungen von Gestalt und stutzerhaft herausgeputzt, und weil die Franzosen das Wort *Cepparello* nicht verstanden und glaubten, es bedeute soviel wie in ihrer Sprache „Hut" oder „Kopfschmuck", so nannten sie ihn, weil er, wie gesagt, klein war, nicht Ciappello, sondern Ciappelletto (Hütchen). Als Ciappelletto war er überall bekannt, während ihn kaum jemand als Ser Cepparello kannte.

10. Dieser Ciappelletto hatte nun folgende Lebensart: Von Beruf war er Notar, aber es wäre für ihn die größte Schande gewesen, wenn eine seiner Urkunden, so wenige er auch ausstellte,

ne facesse, fosse altro che falso trovato; de' quali tanti avrebbe fatti di quanti fosse stato richesto, e quegli piú volentieri in dono che alcuno altro grandemente salariato. 11. Testimonianze false con sommo diletto diceva, richesto e non richesto; e dandosi a quei tempi in Francia a' saramenti grandissima fede, non curandosi fargli falsi, tante quistioni malvagiamente vincea a quante a giurare di dire il vero sopra la sua fede era chiamato. 12. Aveva oltre modo piacere, e forte vi studiava, in commettere tra amici e parenti e qualunque altra persona mali e inimicizie e scandali, de' quali quanto maggiori mali vedeva seguire tanto piú d'allegrezza prendea. 13. Invitato a uno omicidio o a qualunque altra rea cosa, senza negarlo mai, volenterosamente v'andava, e piú volte a fedire e a uccidere uomini con le proprie mani si ritrovò volentieri. Bestemmiatore di Dio e de' Santi era grandissimo, e per ogni piccola cosa, sí come colui che piú che alcuno altro era iracundo. 14. A chiesa non usava giammai, e i sacramenti di quella tutti come vil cosa con abominevoli parole scherniva; e cosí in contrario le taverne e gli altri disonesti luoghi visitava volentieri e usavagli. Delle femine era cosí vago come sono i cani de' bastoni; del

einmal keine Fälschung gewesen wäre. Fälschungen dagegen hätte er jedem ausgestellt, der ihn darum gebeten hätte, denn lieber fertigte er umsonst eine Fälschung an, als gegen noch so hohe Gebühr ein korrektes Dokument. 11. Mit größtem Vergnügen legte er falsches Zeugnis ab, ob man ihn darum bat oder nicht. Da man in jenen Jahren in Frankreich große Stücke auf beeidete Urkunden hielt, und da es ihm nichts ausmachte, solche zu fälschen, gewann er mühelos jeden Prozeß, in dem er aufgefordert wurde, bei seinem Glauben zu schwören, daß er die Wahrheit sage. 12. Zwischen Freunden, Verwandten und jedermann sonst böses Blut zu machen, Feindschaft und Streit zu stiften — daran hatte er größte Freude und betrieb es mit Leidenschaft. Je größeres Übel daraus erwuchs, umso größere Genugtuung zog er daraus. 13. Lud man ihn ein, bei einem Mord oder einem anderen Verbrechen mitzumachen, lehnte er nie ab, sondern drängte sich noch auf; oft und gerne war er dabei, wenn es darum ging, Menschen eigenhändig zu verwunden oder zu töten. Gott und die Heiligen lästerte er fürchterlich, und er geriet aus nichtigem Anlaß in Zorn wie kein zweiter. 14. In die Kirche ging er nie, und alle ihre Sakramente verspottete er mit abscheulichen Worten, als seien sie das Letzte. Hingegen besuchte er Kneipen und andere zweifelhafte Lokale gern und regelmäßig. Auf Frauen war er so scharf wie ein Hund auf den Prügel; an Männern dagegen hatte er mehr

contrario piú che alcuno altro tristo uomo si dilettava. Imbolato avrebbe e rubato con quella coscienza che un santo uomo offerrebbe. Gulosissimo e bevitor grande, tanto che alcuna volta sconciamente gli facea noia. Giucatore e mettitore di malvagi dadi era solenne. 15. Perché mi distendo io in tante parole? egli era il piggiore uomo forse che mai nascesse. La cui malizia lungo tempo sostenne la potenzia e lo stato di messer Musciatto, per cui molte volte e dalle private persone, alle quali assai sovente faceva iniuria, e dalla corte, a cui tuttavia la facea, fu riguardato.

16. Venuto adunque questo ser Cepparello nell'animo a messer Musciatto, il quale ottimamente la sua vita conosceva, si pensò il detto messer Musciatto costui dovere esser tale quale la malvagità de' borgognoni il richiedea; e perciò, fattolsi chiamare, gli disse cosí: 17. „Ser Ciappelletto, come tu sai, io sono per ritrarmi del tutto di qui: e avendo tra gli altri a fare co' borgognoni, uomini pieni d'inganni, non so cui io mi possa lasciare a riscuotere il mio da loro piú convenevole di te. E perciò, con ciò sia cosa che tu niente facci al presente, ove a questo vogli intendere, io intendo di farti avere il favore della corte e di donarti quella parte di ciò che tu riscoterai che convenevole sia".

18. Ser Ciappelletto, che scioperato si vedea e

als jeder andere traurige Kerl seine Lust. Bei Diebstahl und Raub hatte er das gute Gewissen eines Heiligen, der Gaben verteilt. Er trieb Völlerei und war ein so großer Säufer, daß es ihm selbst manchmal in widerlicher Weise hochkam. Als Spieler, der falsche Würfel einsetzt, war er berühmt. 15. Aber warum so viele Worte? Er war wohl der schlechteste Mensch, der je in diese Welt kam. Seine Bosheit vergrößerte lange Zeit Macht und Reichtum des Messer Musciatto; deshalb ließen sie ihn gewähren – sowohl die einzelnen Personen, denen er Unrecht getan hatte, als auch die Gerichte, die er ständig betrog.

16. Dieser Ser Cepparello also kam Messer Musciatto in den Sinn. Er kannte das Leben, das Cepparello führte, bestens und dachte, nur dieser Mann sei der Bosheit der Burgunder gewachsen. Deshalb ließ er ihn zu sich rufen und sagte: 17. „Ser Ciappelletto, wie du weißt, bin ich dabei, hier alles aufzugeben. Aber ich habe noch einige Geschäfte zu erledigen, unter anderem mit Burgundern, mit Menschen, die nur aus Betrug bestehen. Daher weiß ich nicht, wem außer dir ich es auftragen könnte, mein Geld von ihnen einzutreiben. Du hast ja im Moment nichts anderes zu tun. Wenn du das übernehmen willst, verschaffe ich dir eine königliche Vollmacht. Außerdem gebe ich dir einen angemessenen Anteil von dem, was du eintreiben wirst."

18. Ser Ciappelletto dachte daran, daß er gerade

male agiato delle cose del mondo e lui ne vedeva andare che suo sostegno e ritegno era lungamente stato, senza niuno indugio e quasi da necessità costretto si diliberò, e disse che volea volentieri. 19. Per che, convenutisi insieme, ricevuta ser Ciappelletto la procura e le lettere favorevoli del re, partitosi messer Musciatto, n'andò in Borgogna dove quasi niuno il conoscea: e quivi fuori di sua natura benignamente e mansuetamente cominciò a voler riscuotere e fare quello per che andato v'era, quasi si riserbasse l'adirarsi al da sezzo.

20. E cosí faccendo, riparandosi in casa di due fratelli fiorentini, li quali quivi a usura prestavano e lui per amor di messer Musciatto onoravano molto, avvenne che egli infermò. Al quale i due fratelli fecero prestamente venir medici e fanti che il servissero e ogni cosa oportuna alla sua santà racquistare. 21. Ma ogni aiuto era nullo, per ciò che il buono uomo, il quale già era vecchio e disordinatamente vivuto, secondo che i medici dicevano, andava di giorno in giorno di male in peggio come colui che aveva il male della morte; di che li due fratelli si dolevan forte.

22. E un giorno, assai vicini della camera nella quale ser Ciappelletto giaceva infermo, seco medesimo cominciarono a ragionare. 23. „Che farem noi" diceva l'uno all'altro „di costui? Noi

ohne Arbeit war und wenig Geld hatte und daß der Mann im Weggehen begriffen war, der ihm lange Zeit Unterhalt und Schutz geboten hatte. Daher entschied er sich ohne Zögern. Von seiner Notlage also gewissermaßen gezwungen, antwortete er, er nehme das Angebot gerne an.
19. Sie wurden sich einig, Ciappelletto erhielt die Vollmacht und die schriftlichen Privilegien des Königs, Musciatto reiste ab, und Ciappelletto ging nach Burgund, wo ihn fast niemand kannte. Dort begann er, wider seine Natur, auf gütige und sanfte Weise das Geld einzutreiben und alles zu tun, was ihm aufgetragen war, als wolle er seinen Zorn bis zuletzt aufsparen.
20. Während dieser Tätigkeit wurde er plötzlich schwer krank. Er wohnte im Hause zweier Brüder, die aus Florenz stammten, in Burgund Wuchergeschäfte betrieben und ihn Messer Musciatto zuliebe hoch in Ehren hielten. Sofort stellten ihm die beiden Brüder Ärzte und Diener zur Verfügung und versorgten ihn mit allem, was seiner Gesundheit nutzen konnte.
21. Aber alle Hilfe war vergeblich, denn dem guten Mann, der schon alt und verlebt war, ging es, nach Aussage seiner Ärzte, von Tag zu Tag schlechter, wie einem, der zu Tode erkrankt ist. Den beiden Brüdern war das sehr unangenehm.
22. Eines Tages standen sie ganz nahe bei dem Zimmer, in dem Ser Ciappelletto daniederlag, und begannen gemeinsam zu überlegen: 23. „Was fangen wir mit dem bloß an?"

abbiamo de' fatti suoi pessimo partito alle mani: per ciò che il mandarlo fuori di casa nostra cosí infermo ne sarebbe gran biasimo e segno manifesto di pocco senno, veggendo la gente che noi l'avessimo ricevuto prima e poi fatto servire e medicare cosí sollecitamente, e ora, senza potere egli aver fatta cosa alcuna che dispiacer ci debbia, cosí subitamente di casa nostra e infermo a morte vederlo mandar fuori. 24. D'altra parte, egli è stato sí malvagio uomo, che egli non si vorrà confessare né prendere alcuno sagramento della Chiesa; e, morendo senza confessione, niuna chiesa vorrà il suo corpo ricevere, anzi sarà gittato a' fossi a guisa d'un cane. 25. E, se egli si pur confessa, i peccati suoi son tanti e sí orribili, che il simigliante n'averrà, per ciò che frate né prete ci sarà che 'l voglia né possa assolvere: per che, non assoluto, anche sarà gittato a' fossi. 26. E se questo avviene, il popolo di questa terra, il quale sí per lo mestier nostro, il quale loro pare iniquissimo e tutto il giorno ne dicon male, e sí per la volontà che hanno di rubarci, veggendo ciò si leverà a romore e griderà: ‚Questi lombardi cani, li quali a chiesa non sono voluti ricevere, non ci si voglion piú sostenere'; e correrannoci alle case e per avventura non solamente l'avere ci ruberanno ma for-

fragte einer der beiden Brüder den anderen. „Wir sind durch ihn in eine schlimme Geschichte geraten. Denn wenn wir ihn so krank, wie er ist, aus unserem Hause jagten, würde uns das übel vermerkt, und es wäre ziemlich dumm, wenn die Leute sähen, daß wir ihn plötzlich todkrank fortschickten, ohne daß er inzwischen etwas gemacht hätte, was uns mißfallen könnte, nachdem wir ihn zuerst aufgenommen und gut mit Dienern und Ärzten versorgt haben. 24. Andererseits ist er ein so schlechter Mensch gewesen, daß er nicht bereit sein wird, zu beichten oder ein Kirchensakrament zu empfangen. Stirbt er aber ohne Beichte, wird keine Kirche seine Leiche beerdigen, ja man wird ihn wie einen Hund in den Stadtgraben werfen. 25. Aber selbst wenn er beichten sollte, sind seine Sünden doch so zahlreich und so schrecklich, daß es auf dasselbe hinauskommen würde, denn weder Mönch noch Weltpriester würden ihm die Lossprechung erteilen wollen oder können, und ohne die Lossprechung wird er auch in den Stadtgraben geworfen. 26. Und wenn das Volk hier das sieht, wird es ein großes Geschrei erheben, denn die Leute hassen uns wegen unseres Gewerbes, das sie für eine Gaunerei halten, und außerdem wollen sie bei uns plündern. Deshalb werden sie schreien: ‚Diese Hunde aus der Lombardei! Die Kirche will nichts von ihnen wissen, und wir wollen sie nicht mehr länger hier dulden!' Sie werden unsere Häuser stürmen, uns ausrauben und am

se ci torranno oltre a ciò le persone: di che noi in ogni guisa stiam male se costui muore".
27. Ser Ciappelletto, il quale, come dicemmo, presso giacea là dove costoro cosí ragionavano, avendo l'udire sottile, sí come le piú volte veggiamo aver gl'infermi, udí ciò che costoro di lui dicevano; li quali egli si fece chiamare e disse loro: „Io non voglio che voi d'alcuna cosa di me dubitiate né abbiate paura di ricevere per me alcun danno. Io ho inteso ciò che di me ragionato avete e son certissimo che cosí n'averrebbe come voi dite, dove cosí andasse la bisogna come avvisate: ma ella andrà altramenti. 28. Io ho, vivendo, tante ingiurie fatte a Domenedio, che, per farnegli io una ora in su la mia morte, né piú né meno ne farà; 29. e per ciò procacciate di farmi venire un santo e valente frate, il piú che aver potete, se alcun ce n'è; e lasciate fare a me, ché fermamente io acconcerò i fatti vostri e' miei in maniera che starà bene e che dovrete esser contenti".
30. I due fratelli, come che molta speranza non prendessono di questo, nondimeno se n'andarono a una religione di frati e domandarono alcuno santo e savio uomo che udisse la confessione d'un lombardo che in casa loro era infermo; e fu lor dato un frate antico di santa e di buona vita

Ende gar das Leben nehmen. In jedem Fall geht es uns schlecht, wenn der da stirbt."
27. Ser Ciappelletto, der, wie gesagt, dort in der Nähe lag, wo sie sich so unterhielten, hörte, was sie über ihn sagten, denn er hatte ein feines Gehör, wie wir es bei Kranken oft beobachten. Er ließ sie zu sich rufen und sagte ihnen: „Ich will nicht, daß ihr euch meinetwegen irgendwelche Sorgen macht. Ihr sollt auch keine Angst haben, daß ihr durch mich irgendwie zu Schaden kommt. Ich habe gehört, was ihr über mich gesagt habt, und ich bin ganz sicher, daß es so kommt, wie ihr sagt, wenn die Sache so läuft, wie ihr denkt. Aber sie wird anders laufen.
28. Ich habe mich in meinem Leben so oft gegen Gott vergangen, daß es nichts ausmacht, wenn ich es jetzt vor meinem Tod noch einmal tue. 29. Besorgt mir deshalb schnell den heiligsten und tüchtigsten Mönch, den ihr auftreiben könnt, wenn es so etwas überhaupt gibt. Dann laßt mich nur machen. Ich bringe eure und meine Geschäfte mit Sicherheit schon so in Ordnung, daß alles gut geht und ihr zufrieden sein könnt."
30. Obwohl die beiden Brüder daraus nicht viel Zuversicht schöpften, gingen sie doch in ein Kloster und verlangten nach einem heiligen und weisen Mann, der einem Lombarden, der in ihrem Hause krank daniederliege, die Beichte abnehmen solle. Man gab ihnen einen älteren Mönch mit, einen Mann von heiligem und gutem Leben, einen berühmten Professor der

e gran maestro in Iscrittura e molto venerabile uomo, nel quale tutti i cittadini grandissima e speziale divozione aveano, e lui menarono. 31. Il quale, giunto nella camera dove ser Ciappelletto giacea e allato postoglisi a sedere, prima benignamente il cominciò a confortare, e appresso il domandò quanto tempo era che egli altra volta confessato si fosse.

32. Al quale ser Ciappelletto, che mai confessato non s'era, rispose: „Padre mio, la mia usanza suole essere di confessarsi ogni settimana almeno una volta, senza che assai sono di quelle che io mi confesso piú; è il vero che poi che io infermai, che son passati da otto dí, io non mi confessai; tanta è stata la noia che la infermità m'ha data".

33. Disse allora il frate: „Figliuol mio, bene hai fatto, e cosí si vuol fare per innanzi; e veggio che, poi sí spesso ti confessi, poca fatica avrò d'udire o di dimandare".

34. Disse ser Ciappelletto: „Messer lo frate, non dite cosí: io non mi confessai mai tante volte né sí spesso, che io sempre non mi volessi confessare generalmente di tutti i miei peccati che io mi ricordassi dal dí che io nacqui infno a quello che confessato mi sono; e per ciò vi priego, padre mio buono, che cosí puntalmente d'ogni cosa mi domandiate come se mai confessato non mi fossi; 35. e non mi riguardate perché io infermo

Theologie, einen überaus ehrwürdigen Mann, vor dem alle Bürger der Stadt den größten Respekt hatten. Die Brüder begleiteten ihn zu ihrem Haus. 31. Er betrat das Zimmer, in dem Ser Ciappelletto lag, setzte sich an seine Seite und begann zunächst damit, ihn mit liebenswürdigen Worten zu trösten. Danach fragte er ihn, wann er zum letzten Mal gebeichtet habe.
32. Ser Ciappelletto, der niemals gebeichtet hatte, antwortete: „Mein Vater, meine feste Gewohnheit ist es, wöchentlich mindestens einmal zur Beichte zu gehen, außer in den vielen Wochen, in denen ich noch häufiger beichten gehe. Aber, um die Wahrheit zu sagen, seit ich vor acht Tagen krank geworden bin, bin ich überhaupt nicht mehr beichten gegangen; so groß war das Ungemach, das meine Krankheit mit sich gebracht hat."
33. „Mein Sohn", erwiderte darauf der Mönch, „daran hast du gut getan, und so sollst du's auch in Zukunft halten. Ich sehe, da du so oft zur Beichte gehst, werde ich nicht viel damit zu tun haben, dir zuzuhören oder dich zu fragen."
34. „Mein Herr Pater", rief Ser Ciappelletto, „so dürft ihr nicht reden. Denn sooft ich auch gebeichtet habe, wollte ich doch immer eine Generalbeichte ablegen über all meine Sünden, an die ich mich erinnere, vom Tag meiner Geburt bis zum Tag der Beichte, und deshalb bitte ich euch, mein guter Vater, mich über alles der Reihe nach abzufragen, als ob ich noch nie gebeichtet hätte. 35. Und schont mich nicht etwa

sia, ché io amo molto meglio di dispiacere a queste mie carni che, faccendo agio loro, io facessi cosa che potesse essere perdizione dell'anima mia, la quale il mio Salvatore ricomperò col suo prezioso sangue".

36. Queste parole piacquero molto al santo uomo e parvongli argomento di bene disposta mente: e poi che a ser Ciappelletto ebbe molto commendato questa sua usanza, il cominciò a domandare se egli mai in lussuria con alcuna femina peccato avesse.

37. Al quale ser Ciappelletto sospirando rispose: „Padre mio, di questa parte mi vergogno io di dirvene il vero temendo di non peccare in vanagloria".

38. Al quale il santo frate disse: „Dí sicuramente, ché il vero dicendo né in confessione né in altro atto si peccò giammai".

39. Disse allora ser Ciappelletto: „Poiché voi di questo mi fate sicuro, e io il vi dirò: io son cosí vergine come io usci' del corpo della mamma mia".

40. „Oh, benedetto sie tu da Dio!" disse il frate „come bene hai fatto! e, faccendolo, hai tanto piú meritato, quanto, volendo, avevi piú d'albitrio di fare il contrario che non abbiam noi e qualunque altri son quegli che sotto alcuna regola son constretti".

wegen meiner Krankheit, denn viel lieber züchtige ich mein Fleisch, als daß ich ihm zu sehr nachgebe und irgend etwas tue, was zum Verderben meiner Seele führt, die mein Erlöser erkauft hat mit seinem kostbaren Blut."

36. Diese Worte gefielen dem heiligen Mann sehr. Sie schienen ihm zu beweisen, daß er es mit einer wohlgeordneten Seele zu tun hatte. Und nachdem er Ser Ciappelletto wegen seiner Gesinnung sehr gelobt hatte, fragte er ihn, ob er je mit einer Frau durch Unzucht gesündigt hätte.

37. Darauf seufzte Ser Ciappelletto und antwortete: „Mein Vater, in dieser Sache schäme ich mich, euch die Wahrheit zu sagen; ich habe Angst, ich könnte dabei sündigen durch Prahlerei."

38. Darauf sagte der heilige Mönch: „Sprich nur frei heraus. Denn noch nie hat jemand dadurch gesündigt, daß er die Wahrheit gesagt hat. Das gilt für die Beichte genau wie sonst."

39. Da sagte Ser Ciappelletto: „Da ihr mich darin beruhigt, gut, so will ich es euch sagen: Ich bin so unschuldig, wie ich aus dem Schoß meiner Mutter gekommen bin."

40. „O, gesegnet seist du von Gott", sagte der Mönch. „Wie gut hast du daran getan! Indem du jungfräulich gelebt hast, hast du dir um so mehr Verdienste erworben, da du frei warst, auch das Gegenteil zu tun, anders als wir und alle, denen es die Mönchsregel strikt verbietet."

41. E appresso questo il domandò se nel peccato della gola aveva a Dio dispiaciuto. Al quale, sospirando forte, ser Ciappelletto rispose di sí e molte volte; per ciò che, con ciò fosse cosa che egli, oltre alli digiuni delle quaresime che nell'anno si fanno dalle divote persone, ogni settimana almeno tre dí fosse uso di digiunare in pane e in acqua, con quello diletto e con quello appetito l'acqua bevuta aveva, e spezialmente quando avesse alcuna fatica durata o adorando o andando in pellegrinaggio, che fanno i gran bevitori il vino; e molte volte aveva disiderato d'avere cotali insalatuzze d'erbucce, come le donne fanno quando vanno in villa, e alcuna volta gli era paruto migliore il mangiare che non pareva a lui che dovesse parere a chi digiuna per divozione, come digiunava egli.

42. Al quale il frate disse: „Figliuol mio, questi peccati sono naturali e sono assai leggieri, e per ciò io non voglio che tu ne gravi piú la coscienza tua che bisogni. A ogni uomo avviene, quantunque santissimo sia, il parergli dopo lungo digiuno buono il manicare e dopo la fatica il bere".

43. „Oh!" disse ser Ciappelletto „padre mio, non mi dite questo per confortarmi: ben sapete che io so che le cose che al servigio di Dio si fanno, si deono fare tutte nettamente e senza alcuna

41. Danach fragte er ihn, ob er durch die Sünde der Völlerei Gott beleidigt habe. Ser Ciappelletto seufzte tief und antwortete: „Ja, und zwar oft." Denn wenn er über die vorgeschriebene Fastenzeit hinaus, die fromme Personen im Laufe des Jahres einhalten, jede Woche mindestens an drei Tagen regelmäßig bei Wasser und Brot gefastet habe, dann sei es vorgekommen, besonders nach einem anstrengenden Tag, den er im Gebet oder auf einer Wallfahrt verbracht habe, daß er das Wasser mit einer solchen Lust und Sinnengier getrunken habe wie die größten Säufer ihren Wein. Und oft habe er sich dann danach gesehnt, so ein Salätchen aus Wildkräutern zu bekommen, wie es die Frauen machen, wenn sie aufs Land gehen. Manchmal habe er dabei das Essen höher geschätzt, als es jemand seiner Ansicht nach schätzen dürfe, der, wie er, aus Frömmigkeit faste.

42. Darauf sagte der Pater: „Mein Sohn, das sind doch natürliche und ziemlich leichte Sünden. Ich will nicht, daß du damit dein Gewissen mehr beschwerst als nötig. Daß man nach langem Fasten das Essen hochschätzt und nach großer Mühsal das Trinken, das passiert doch jedem Menschen, mag er selbst der größte Heilige sein."

43. „O", sagte Ser Ciappelletto, „redet nicht so, mein Vater, nur um mich zu trösten. Ihr wißt genau, daß ich weiß, daß Dinge, die man im Dienste Gottes tut, ganz rein und ohne einen

ruggine d'animo: e chiunque altramenti fa, pecca".
44. Il frate contentissimo disse: „E io son contento che cosí ti cappia nell'animo e piacemi forte la tua pura e buona conscienza in ciò. Ma dimmi: in avarizia hai tu peccato disiderando piú che il convenevole o tenendo quello che tu tener non dovesti?"
45. Al quale ser Ciappelletto disse: „Padre mio, io non vorrei che voi guardasti perché io sia in casa di questi usurieri: io non ci ho a far nulla, anzi ci era venuto per dovergli ammonire e gastigare e torgli da questo abominevole guadagno; e credo mi sarebbe venuto fatto, se Idio non m'avesse cosí visitato. 46. Ma voi dovete sapere che mio padre mi lasciò ricco uomo, del cui avere, come egli fu morto, diedi la maggior parte per Dio; e poi, per sostentar la vita mia e per potere aiutare i poveri di Cristo, ho fatte mie piccole mercatantie e in quelle ho disiderato di guadagnare. E sempre co' poveri di Dio, quello che guadagnato ho, ho partito per mezzo, la mia metà convertendo ne' miei bisogni, l'altra metà dando loro: e di ciò m'ha sí bene il mio Creatore

Flecken auf der Seele getan werden müssen und daß, wer anders handelt, sündigt."
44. Der Mönch war tief zufrieden und sagte: „Ich bin froh, daß du so denkst, und daß du bei diesen Dingen eine so reine und gute Gesinnung hast, gefällt mir sehr. Aber jetzt sage mir: Hast du durch Geiz gesündigt? Wolltest du mehr haben, als dir zustand, oder hast du behalten, was du nicht behalten durftest?"
45. Darauf antwortete Ser Ciappelletto: „Mein Vater, es würde mir leid tun, wenn ihr mich danach beurteiltet, daß ich mich im Hause dieser Wucherer aufhalte. Ich habe mit ihrem Geschäft nicht das geringste zu tun, ja, ich bin hierhergekommen, um sie zu ermahnen und zu tadeln und sie so von dieser abscheulichen Geldmacherei abzubringen, und ich glaube, das wäre mir auch gelungen, hätte Gott mich nicht mit dieser Krankheit heimgesucht. 46. Aber ihr müßt wissen, daß mir mein Vater, als er starb, ein großes Vermögen hinterließ. Davon gab ich nach seinem Tod den größeren Teil den Armen. Danach habe ich einen kleinen Handel betrieben, nur um meinen Lebensunterhalt zu verdienen und um den Armen Christi helfen zu können. Dabei hatte ich freilich den Wunsch, Gewinn zu machen. Doch immer habe ich meinen Gewinn zur Hälfte mit den Armen Gottes geteilt. Die eine Hälfte habe ich für meine Bedürfnisse verbraucht, die andere Hälfte ihnen gegeben. Dabei hat mir mein Schöpfer so kräf-

aiutato, che io ho sempre di bene in meglio fatti i fatti miei".

47. „Bene hai fatto:" disse il frate „ma come ti se' tu spesso adirato?"

48. „Oh!" disse ser Ciappelletto „cotesto vi dico io bene che io ho molto spesso fatto; e chi se ne potrebbe tenere, veggendo tutto il dí gli uomini fare le sconce cose, non servare i comandamenti di Dio, non temere i suoi giudicii? 49. Egli sono state assai volte il dí che io vorrei piú tosto essere stato morto che vivo, veggendo i giovani andar dietro alle vanità e udendogli giurare e spergiurare, andare alle taverne, non visitar le chiese e seguir piú tosto le vie del mondo che quella di Dio".

50. Disse allora il frate: „Figliuol mio, cotesta è buona ira, né io per me te ne saprei penitenza imporre; ma per alcun caso avrebbeti l'ira potuto inducere a fare alcuno omicidio o a dire villania a persona o a fare alcuna altra ingiuria?"

51. A cui ser Ciappelletto rispose: „Oimè, messere, o voi mi parete uomo di Dio: come dite voi coteste parole? o s'io avessi avuto pure un pensieruzzo di fare qualunque s'è l'una delle cose che voi dite, credete voi che io creda che Idio m'avesse tanto sostenuto? Coteste son cose da farle gli scherani e i rei uomini, de' quali qua-

tig geholfen, daß meine Geschäfte immer besser gegangen sind."

47. „Gut hast du daran getan", sagte der Mönch. „Aber sag' mir, wie oft bist du zornig geworden?"

48. „O!" sagte Ser Ciappelletto, „das ist sehr oft vorgekommen, wie ich euch offen gestehe. Aber wer kann an sich halten, wenn er täglich sieht, welche schmutzigen Dinge die Menschen treiben, wie sie die Gebote Gottes mißachten, ohne sein Strafgericht zu fürchten? 49. Wie oft am Tag wünschte ich mir, lieber tot zu sein als zu leben, wenn ich sah, wie die Jungen ihren eitlen Vergnügungen nachjagen, wenn ich hörte, wie sie Meineide schwören, daß sie in die Tavernen gehen, aber nicht in die Kirche, und daß sie lieber auf den Wegen dieser Welt als auf den Wegen Gottes wandeln."

50. „Mein Sohn", sagte dann der Mönch, „diese Art von Zorn ist gut, und dafür könnte ich dir keine Buße auferlegen. Aber kam es nicht vor, daß dich dein Zorn hingerissen hat, einen Mord zu begehen, jemanden zu verletzen oder ihm sonst ein Unrecht anzutun?"

51. arauf antwortete Ser Ciappelletto: „O weh! Mein Herr Pater! O, wie konntet ihr so etwas sagen, ihr, den ich für einen Mann Gottes halte? O, wenn ich auch nur das kleinste Gedänkchen gehabt hätte, so etwas zu tun, meint ihr, ich hätte dann geglaubt, daß Gott mir so bei meinen Geschäften beigestanden hätte? So etwas tun nur Halsabschneider und Verbrecher.

lunque ora io n'ho mai veduto alcuno, sempre ho detto: ,Va, che Idio ti converta'".

52. Allora disse il frate: „Or mi dí, figliuol mio, che benedetto sie tu da Dio: hai tu mai testimonianza niuna falsa detta contra alcuno o detto male d'altrui o tolte dell'altrui cose senza piacere di colui di cui sono?"

53. „Mai messer sí," rispose ser Ciappelletto „che io ho detto male d'altrui; per ciò che io ebbi già un mio vicino che, al maggior torto del mondo, non faceva altro che batter la moglie, sí che io dissi una volta male di lui alli parenti della moglie, sí gran pietà mi venne di quella cattivella, la quale egli, ogni volta che bevuto avea troppo, conciava come Dio vel dica".

54. Disse allora il frate: „Or bene, tu mi di' che se' stato mercatante: ingannasti tu mai persona cosí come fanno i mercatanti?"

55. „Gnaffé," disse ser Ciappelletto „messer sí, ma io non so chi egli si fu: se non che, uno avendomi recati denari che egli mi doveva dare di panno che io gli avea venduto e io messigli in una mia cassa senza annoverare, ivi bene a un mese trovai ch'egli erano quattro piccioli piú che esser non doveano; per che, non rivedendo colui

Immer wenn ich einen von ihnen zu Gesicht bekam, habe ich ihm zugerufen: Geh weg! Möge Gott dich bekehren."

52. „Gott segne dich, mein Sohn", sagte darauf der Mönch. „Hast du je falsches Zeugnis gegen irgend jemanden abgelegt oder schlecht von einem anderen geredet oder ihm Dinge weggenommen, ohne daß er es erlaubte?"

53. „Ja, Herr Pater, ja", antwortete Ser Ciappelletto, „gewiß doch habe ich schlecht von meinem Nächsten geredet. Denn ich hatte einmal einen Nachbarn, der völlig zu unrecht den ganzen Tag seine Frau schlug. So habe ich denn einmal schlecht von ihm geredet, bei den Verwandten seiner Frau; vom Mitleid übermannt, das ich mit dieser armen Frau hatte, denn er hat sie, immer wenn er zuviel getrunken hatte, Gott weiß wie zugerichtet."

54. Da sagte der Mönch: „Schon gut. Aber du sagst mir, du seist Kaufmann gewesen. Hast du denn nie jemanden betrogen, wie die Kaufleute das so machen?"

55. „Mein Gott, ja, Pater!", sagte Ser Ciappelletto, „aber alles, was ich von diesem Menschen weiß, ist, daß er mir einmal Geld gab, das er mir für Tuch schuldete, das ich ihm verkauft hatte. Ich habe das Geld in meine Kasse gelegt, ohne nachzuzählen. Ein Monat verging, bis ich bemerkte, daß es vier Groschen mehr waren, als es sein mußten. Da ich ihn nie wieder sah, habe ich das Geld als Almosen verschenkt, nachdem ich es ihm ein

e avendogli serbati bene uno anno per rendergliele, io gli diedi per l'amor di Dio".

56. Disse il frate: „Cotesta fu piccola cosa, e facesti bene a farne quello che ne facesti".

57. E, oltre a questo, il domandò il santo frate di molte altre cose, delle quali di tutte rispose a questo modo, e volendo egli già procedere alla absoluzione, disse ser Ciappelletto: „Messere, io ho ancora alcun peccato che io non v'ho detto".

58. Il frate il domandò quale; e egli disse: „Io mi ricordo che io feci al fante mio, un sabato dopo nona, spazzare la casa e non ebbi alla santa domenica quella reverenza che io dovea".

59. „Oh!" disse il frate „figliuol mio, cotesta è leggier cosa".

60. „Non," disse ser Ciappelletto „non dite leggier cosa, ché la domenica è troppo da onorare, però che in cosí fatto dí risuscitò da morte a vita il nostro Signore".

61. Disse allora il frate: „0, altro hai tu fatto?"

62. „Messer sí," rispose ser Ciappelletto „ché io, non avvedendomene, sputai una volta nella chiesa di Dio".

63. Il frate cominciò a sorridere e disse: „Fi-

Jahr lang zurückgelegt hatte, um es ihm wiederzugeben."

56. Da sagte der Mönch: „Das war doch eine Kleinigkeit. Und was du dann mit dem Geld gemacht hast, war gut."

57. Diese und viele andere Sünden fragte der heilige Mönch ihn ab, und immer antwortete er auf diese Weise. Schon wollte der Mönch zur Lossprechung kommen, da sagte Ser Ciappelletto: „Herr, ich habe noch eine Sünde auf dem Gewissen, die ich euch noch nicht gebeichtet habe."

58. Der Mönch fragte ihn, welche, und er sagte: „Ich erinnere mich, eines Samstagabends nach der Non befahl ich meinem Diener, das Haus zu kehren, ich erwies also dem heiligen Sonntag nicht die Ehrfurcht, die man ihm schuldet."

59. „O! Mein Sohn!", sagte der Mönch, „das ist nicht so schlimm."

60. „Nein", entgegnete Ser Ciappelletto, „sagt nicht, das ist nicht schlimm. Den Sonntag kann man nicht genug in Ehren halten; es ist doch der Tag, an dem unser Herr vom Tode zum Leben auferstanden ist."

61. Dann sagte der Mönch: „Hast du sonst noch etwas getan?"

62. „Ja, mein Herr", antwortete Ser Ciappelletto, „einmal habe ich in der Kirche, dem Haus Gottes, achtlos ausgespuckt."

63. Der Mönch begann zu lächeln und sagte: „Darüber, mein Sohn, brauchst du dir keine

gliuol mio, cotesta non è cosa da curarsene: noi, che siamo religiosi, tutto il dí vi sputiamo".

64. Disse allora ser Ciappelletto: "E voi fate gran villania, per ciò che niuna cosa si convien tener netta come il santo tempio, nel quale si rende sacrificio a Dio".

65. E in brieve de' cosí fatti ne gli disse molti; e ultimamente cominciò a sospirare e appresso a piagner forte, come colui che il sapeva troppo ben fare quando volea.

66. Disse il santo frate: "Figliuol mio, che hai tu?"

67. Rispose ser Ciappelletto: "Oimè, messere, ché un peccato m'è rimaso, del quale io non mi confessai mai, sí gran vergogna ho di doverlo dire; e ogni volta che io me ne ricordo piango come voi vedete, e parmi esser molto certo che Idio mai non avrà misericordia di me per questo peccato".

68. Allora il santo frate disse: "Va via, figliuolo, che è ciò che tu di'? Se tutti i peccati che furon mai fatti da tutti gli uomini, o che si debbon fare da tutti gli uomini mentre che il mondo durerà, fosser tutti in uno uom solo, e egli ne fosse pentuto e contrito come io veggio te, sí è tanta la benignità e la misericordia di Dio, che, confessandogli egli, gliele perdonerebbe liberamente: e per ciò dillo sicuramente".

Gedanken zu machen. Wir, die wir doch Ordensleute sind, spucken dort den ganzen Tag lang."

64. Da sagte Ser Ciappelletto: „Damit begeht ihr großes Unrecht. Denn nichts auf der Welt muß man so rein halten wie den Tempel Gottes, in dem man Gott sein Opfer darbringt.

65. Um es kurz zu machen: Von dieser Art Sünden bekannte er ihm noch viele. Zuletzt fing er an zu seufzen und dann auch bitter zu weinen, denn er war jemand, der das nur allzugut konnte, wann immer er wollte.

66. Da fragte der heilige Mönch: „Was hast du denn, mein Sohn?"

67. Ser Ciappelletto antwortete: „O weh, Herr, da ist noch eine Sünde bei mir übriggeblieben, die ich nie gebeichtet habe, so sehr schäme ich mich, davon zu sprechen. Und immer, wenn ich an sie denke, muß ich weinen, wie Ihr ja seht, und ich bin ganz sicher, daß Gott mir nie verzeihen wird wegen dieser Sünde."

68. Da sagte der heilige Mönch: „Komm, laß das, mein Sohn! Weißt du, was du da sagst? Kämen auch alle Sünden, die je von Menschen begangen wurden oder die noch von allen Menschen begangen werden, solange die Welt besteht, in einem einzigen Menschen zusammen, wenn er sie dann so zerknirscht bereute, wie ich es bei dir sehe, dann vergäbe sie ihm die Güte und Barmherzigkeit Gottes gern, wenn der Sünder beichtete. Deswegen beichte es nur ruhig!"

69. Disse allora ser Ciappelletto sempre piagnendo forte: „Oimè, padre mio, il mio è troppo gran peccato, e appena posso credere se i vostri prieghi non ci si adoperano, che egli mi debba mai da Dio esser perdonato".

70. A cui il frate disse: „Dillo sicuramente, ché io ti prometto di pregare Idio per te".

71. Ser Ciappelletto pur piagnea e nol dicea, e il frate pure il confortava a dire; ma poi che ser Ciappelletto piagnendo ebbe un grandissimo pezzo tenuto il frate cosí sospeso, e egli gittò un gran sospiro e disse: „Padre mio, poscia che voi mi promettete di pregare Idio per me, e io il vi dirò: sappiate che, quando io era piccolino, io bestemmiai una volta la mamma mia". E cosí detto rincominciò a piagner forte.

72. Disse il frate: „O figliuol mio, or parti questo cosí gran peccato? o gli uomini bestemmiano tutto il giorno Idio, e sí perdona Egli volentieri a chi si pente d'averlo bestemmiato; e tu non credi che Egli perdoni a te questo? Non piagner, confortati, ché fermamente, se tu fossi stato un di quegli che il posero in croce, avendo la contrizione che io ti veggio, sí ti perdonerebbe Egli".

73. Disse allora ser Ciappelletto: "Oimè, padre mio, che dite voi? la mamma mia dolce, che mi

69. Da sagte Ser Ciappelletto unter ständigem heftigem Weinen: „O weh, mein Vater, meine Sünde ist zu schwer. Ich kann gar nicht glauben, daß Gott sie mir vergeben wird. Es sei denn, ihr helft mir mit eurem Gebet."

70. Da sagte ihm der Mönch: „Du kannst es ruhig sagen. Denn ich verspreche dir, Gott für dich zu bitten."

71. Ser Ciappelletto weinte immer weiter und wollte nicht sprechen, und der Mönch ermutigte ihn zu reden. Aber nachdem Ser Ciappelletto den Mönch eine sehr lange Zeit mit seinem Weinen hingehalten hatte, stieß er einen tiefen Seufzer aus und sagte: „Mein Vater, da ihr versprecht, Gott für mich zu bitten, will ich es euch gestehen: Wißt, daß ich, als ich noch ganz klein war, einmal meine Mutter beschimpft habe." Kaum hatte er dies gesagt, fing er wieder heftig an zu weinen.

72. Da sagte der Mönch: „O, mein Sohn, das also hältst du für eine so große Sünde? Wieso? Die Menschen lästern den ganzen Tag lang Gott, und doch vergibt er gern, wenn jemand bereut, ihn gelästert zu haben. Und du glaubst, er werde dir das nicht vergeben? Fasse Mut, weine nicht. Denn das ist ganz gewiß: Wärst du einer von den Männern gewesen, die ihn ans Kreuz geschlagen haben, hättest es aber so bereut, wie ich dich bereuen sehe, er hätte dir vergeben."

73. Da sagte Ser Ciappelletto: „O weh, mein Vater, was sagt ihr da? Meine süße, liebe Mama,

portò in corpo nove mesi il dí e la notte e portommi in collo piú di cento volte! troppo feci male a bestemmiarla e troppo è gran peccato; e se voi non pregate Idio per me, egli non mi serà perdonato".

74. Veggendo il frate non essere altro restato a dire a ser Ciappelletto, gli fece l'absoluzione e diedegli la sua benedizione, avendolo per santissimo uomo, sí come colui che pienamente credeva esser vero ciò che ser Ciappelletto avea detto: e chi sarebbe colui che nol credesse, veggendo uno uomo in caso di morte dir cosí?

75. E poi, dopo tutto questo, gli disse: „Ser Ciappelletto, con l'aiuto di Dio voi sarete tosto sano; ma se pure avvenisse che Idio la vostra benedetta e ben disposta anima. chiamasse a sé, piacevi egli che 'l vostro corpo sia sepellito al nostro luogo?"

76. Al quale ser Ciappelletto rispose: „Messer sí, anzi non vorrei io essere altrove, poscia che voi m'avete promesso di pregare Idio per me: senza che io ho avuta sempre spezial divozione al vostro Ordine. E per ciò vi priego che, come voi al vostro luogo sarete, facciate che a me vegna quel veracissimo corpo di Cristo il quale voi la mattina sopra l'altare consecrate; per ciò che,

die mich neun Monate lang Tag und Nacht unter ihrem Herzen getragen hat. Hundertmal und mehr hat sie mich auf dem Rücken umhergetragen! Nein, es war ein Übermaß an Bosheit, sie zu beschimpfen, eine übergroße Sünde. Und wenn ihr nicht für mich betet, wird mir nie verziehen!"

74. Als der Mönch sah, daß Ser Ciappelletto nichts weiter zu beichten hatte, sprach er ihn von seinen Sünden los und gab ihm seinen Segen. Er hielt ihn für einen großen Heiligen, denn er war vollständig überzeugt, Ser Ciappelletto habe die Wahrheit gesagt. Aber wo ist der Mensch, der das nicht geglaubt hätte, wenn er gesehen hätte, wie ein Sterbender in dieser Weise redete?

75. Und dann, nach all dem, sagte er zu ihm: „Ser Ciappelletto, mit der Hilfe Gottes werdet ihr bald wieder gesund. Aber sollte es doch geschehen, daß Gott eure gesegnete und wohlvorbereitete Seele zu sich ruft, würdet ihr dann erlauben, daß euer Leib in unserem Kloster begraben wird?"

76. Daraufhin antwortete Ser Ciappelletto: „Ja, Herr, nirgendwo lieber als bei euch, denn ihr habt mir versprochen, bei Gott für mich zu beten. Außerdem habe ich für euren Orden schon immer eine besondere Verehrung gehabt. Deshalb bitte ich euch, sobald ihr in euer Kloster zurückkehrt, sorgt dafür, daß der wahre Leib Christi, den ihr morgens auf dem Altar weiht, zu mir kommt. Denn wenn ich seiner auch

come che io degno non ne sia, io intendo con la vostra licenzia di prenderlo, e appresso la santa e ultima unzione, acciò che io, se vivuto son come peccatore, almeno muoia come cristiano".

77. Il santo uomo disse che molto gli piacea e che egli diceva bene, e farebbe che di presente gli sarebbe apportato; e cosí fu.

78. Li due fratelli, li quali dubitavan forte non ser Ciappelletto gl'ingannasse, s'eran posti appresso a un tavolato, il quale la camera dove ser Ciappelletto giaceva dividea da un'altra, e ascoltando leggiermente udivano e intendevano ciò che ser Ciappelletto al frate diceva; e aveano alcuna volta sí gran voglia di ridere, udendo le cose le quali egli confessava d'aver fatte, che quasi scoppiavano: e fra sé talora dicevano: 79. „Che uomo è costui, il quale né vecchiezza né infermità né paura di morte, alla qual si vede vicino, né ancora di Dio, dinanzi al giudicio del quale di qui a picciola ora s'aspetta di dovere essere, dalla sua malvagità l'hanno potuto rimuovere, né far che egli cosí non voglia morire come egli è vivuto?" 80. Ma pur vedendo che sí aveva detto che egli sarebbe a sepoltura ricevuto in chiesa, niente del rimaso si curarono.

nicht würdig bin, so will ich ihn doch mit eurer Erlaubnis empfangen. Danach möchte ich die heilige letzte Ölung bekommen, damit ich, wenn ich auch als Sünder gelebt habe, wenigstens als Christ sterbe."
77. Der heilige Mann sagte, er werde dem Wunsch gern entsprechen, diese Worte seien wohl gesprochen, er werde veranlassen, daß ihm der Leib Christi sofort gebracht werde. So geschah es auch.
78. Die beiden Brüder hatten den starken Verdacht gehabt, Ser Ciappelletto werde sie betrügen. Deshalb hatten sie sich hinter eine spanische Wand gestellt, die das Zimmer, in dem Ser Ciappelletto lag, von einem anderen trennte. Dort konnten sie bequem hören und verstehen, was Ser Ciappelletto dem Mönch sagte. Manchmal konnten sie sich das Lachen kaum verbeißen, als sie die Sünden hörten, die Ser Ciappelletto beichtete. Sie wären bald vor Lachen geplatzt, aber dann sagten sie zueinander: 79. „Was ist das für ein Mann? Nichts konnte ihn von seiner Bosheit abbringen — weder sein Alter noch die Krankheit, noch die Angst vor dem Tod, den er nahen sieht, noch die Furcht vor Gott, vor dessen Richterstuhl er, wie er wohl weiß, in dieser Stunde treten muß. Nichts von all dem konnte ihn bewegen, anders sterben zu wollen, als er gelebt hat." 80. Aber da sie sahen, daß er mit solchem Erfolg geredet hatte, daß eine Kirche ihn zur Beerdigung zuließ, ließen sie alles übrige auf sich beruhen.

81. Ser Ciappelletto poco appresso si comunicò: e peggiorando senza modo ebbe l'ultima unzione e poco passato vespro, quel dí stesso che la buona confessione fatta avea, si morí. 82. Per la qual cosa li due fratelli, ordinato di quello di lui medesimo come egli fosse onorevolmente sepellito e mandatolo a dire al luogo de' frati, e che essi vi venissero la sera a far la vigilia secondo l'usanza e la mattina per lo corpo, ogni cosa a ciò oportuna dispuosero.

83. Il santo frate che confessato l'avea, udendo che egli era trapassato, fu insieme col priore del luogo; e fatto sonare a capitolo, alli frati ragunati in quello mostrò ser Ciappelletto essere stato santo uomo, secondo che per la sua confessione conceputo avea; e sperando per lui Domenedio dovere molti miracoli dimostrare, persuadette loro che con grandissima reverenza e divozione quello corpo si dovesse ricevere. 84. Alla qual cosa il priore e gli altri frati creduli s'acordarono: e la sera, andati tutti là dove il corpo di ser Ciappelletto giaceva, sopr'esso fecero una grande e solenne vigilia; e la mattina, tutti vestiti co' camisci e co' pieviali, con li libri in mano e con le croci innanzi cantando andaron per questo

81. Kurz danach empfing Ser Ciappelletto das Abendmahl. Sein Zustand verschlechterte sich rasch. Er erhielt die letzte Ölung. Und kaum war die Vesper vorbei, an demselben Tag, an dem er seine gute Beichte abgelegt hatte, da starb er. 82. Die beiden Brüder bereiteten alles Nötige für ein ehrenvolles Begräbnis vor; sie verwandten dazu das von ihm dafür vorgesehene Geld. Sie gaben den Mönchen Nachricht von seinem Tod und baten sie, am Abend zu kommen, um nach ihrer Gewohnheit die Totenpsalmen zu singen, und am Morgen die Leiche abzuholen.
83. Als der heilige Mönch, der seine Beichte gehört hatte, erfuhr, daß er hinübergegangen war, ging er zum Prior. Man ließ die Glocke zum Kapitel läuten, und als die Brüder dort versammelt waren, erklärte er ihnen, Ser Ciappelletto sei ein Heiliger gewesen. Das habe ihm seine Beichte bewiesen. Er sei zuversichtlich, Gott der Herr werde durch ihn viele Wunder wirken. Er ermahnte sie, diesen Leichnam mit der größten Verehrung und Andacht bei sich aufzunehmen. 84. Der Prior und die anderen leichtgläubigen Mönche stimmten ihm zu, und am Abend zogen sie alle dorthin, wo der Leichnam Ser Ciappellettos lag, und hielten bei der Leiche eine große und feierliche Vigil ab. Am Morgen kehrten sie zurück zu dem Leichnam, alle in Chorhemd und Chormantel, mit Büchern in den Händen und mit Kreuzen voneweg, und trugen ihn mit allem festlichen Zere-

corpo e con grandissima festa e solennità il recarono alla lor chiesa, seguendo quasi tutto il popolo della città, uomini e donne. 85. E nella chiesa postolo, il santo frate, che confessato l'avea, salito in sul pergamo di lui cominciò e della sua vita, de' suoi digiuni, della sua virginità, della sua simplicità e innocenzia e santità maravigliose cose a predicare, tra l'altre cose narrando quello che ser Ciappelletto per lo suo maggior peccato piangendo gli avea confessato, e come esso appena gli avea potuto metter nel capo che Idio gliele dovesse perdonare da questo volgendosi a riprendere il popolo che ascoltava, dicendo: „E voi, maladetti da Dio, per ogni fuscello di paglia che vi si volge tra' piedi bestemmiate Idio e la Madre e tutta la corte di Paradiso".

86. E oltre a queste, molte altre cose disse della sua lealtà e della sua purità: e in brieve con le sue parole, alle quali era dalla gente della contrada data intera fede, sí il mise nel capo e nella divozion di tutti coloro che v'erano, che, poi che fornito fu l'uficio, con la maggior calca del mondo da tutti fu andato a basciargli i piedi e le mani, e tutti i panni gli furono indosso stracciati, tenendosi beato chi pure un poco di quegli

moniell und aller Feierlichkeit in ihre Kirche. Fast das gesamte Volk der Stadt folgte ihnen, Männer wie Frauen. 85. Sobald sie ihn in der Kirche abgesetzt hatten, stieg der heilige Mönch, der die Beichte gehört hatte, auf die Kanzel und begann, von Ser Ciappelletto und seinem Lebenswandel die herrlichsten Dinge zu predigen – von seinen Fastenübungen, von seiner Jungfräulichkeit, von seiner Herzenseinfalt und Unschuld und Heiligkeit. Unter anderem erzählte er, was ihm Ser Ciappelletto unter Tränen als seine größte Sünde gebeichtet hatte, und daß es ihm kaum gelungen sei, ihn zu überzeugen, daß Gott ihm auch diese vergeben werde. An dieser Stelle ergriff er die Gelegenheit, das Volk, das ihm zuhörte, heftig zu tadeln. Er sagte: „Und ihr, ihr Gottverfluchten, bei jedem Strohhalm, der sich Euch in den Weg legt, fangt ihr schon an, Gott, die heilige Mutter und den ganzen himmlischen Hofstaat zu lästern."

86. Dann erzählte er noch viele andere Dinge von Ciappellettos Rechtschaffenheit und Reinheit. Kurz, mit einer Flut von Worten, denen die Leute jener Gegend vollen Glauben schenkten, versetzte er seinen Heiligen in die Köpfe und Herzen aller Anwesenden. Die Folge war: Als der Gottesdienst zu Ende ging, gab es ein Riesengedränge. Alle eilten herbei, Ciappelletto die Füße und die Hände zu küssen. Sie rissen ihm sämtliche Kleider vom Leib, und wer auch nur einen Fetzen davon erwischen konnte,

potesse avere: e convenne che tutto il giorno
cosí fosse tenuto, acciò che da tutti potesse essere veduto e visitato. 87. Poi, la vegnente notte,
in una arca di marmo sepellito fu onorevolemente in una cappella: e a mano a mano il dí
seguente vi cominciarono le genti a andare e a
accender lumi e a adorarlo, e per conseguente a
botarsi e a appicarvi le imagini della cera secondo la promession fatta. 88. E in tanto crebbe la
fama della sua santità e divozione a lui, che
quasi niuno era che in alcuna avversità fosse,
che a altro santo che a lui si botasse, e chiamaronlo e chiamano san Ciappelletto; e affermano
molti miracoli Idio aver mostrati per lui e mostrare tutto giorno a chi divotamente si raccomanda a lui.
89. Cosí adunque visse e morí ser Cepparello da
Prato e santo divenne come avete udito. Il quale
negar non voglio esser possibile lui esser beato
nella presenza di Dio, per ciò che, come che la
sua vita fosse scellerata e malvagia, egli poté in
su lo stremo aver sí fatta contrizione, che per
avventura Idio ebbe misericordia di lui e nel
suo regno il ricevette: ma per ciò che questo n'è
occulto, secondo quello che ne può apparire ragiono, e dico costui piú tosto dovere essere nelle
mani del diavolo in perdizione che in Paradiso.

glaubte, jetzt sei er im Paradies. Den ganzen Tag über mußte man ihn dort aufgebahrt liegen lassen, so daß jeder ihn aufsuchen und besehen konnte. 87. In der folgenden Nacht wurde er dann mit allen Ehren in einem Marmorsarkophag in einer der Kapellen beigesetzt. Und gleich am nächsten Tag kamen die Leute herbei, um Kerzen anzuzünden und zu ihm zu beten. Sie lieferten Votivgaben ab und hängten die verschiedenen Wachsfiguren auf, wie sie es gelobt hatten. 88. Und der Ruf seiner Heiligkeit wuchs und wuchs, wie auch die Verehrung für ihn, so daß es bald niemanden mehr gab, der sich in irgendeiner Not an einen anderen Heiligen gewandt hätte. Und sie nannten ihn, wie sie ihn jetzt noch nennen: Sankt Ciappelletto. Sie behaupten, Gott habe durch ihn viele Wunder gewirkt und wirke sie noch jeden Tag für jeden, der sich fromm an diesen Heiligen wende.

89. So also lebte und starb Ser Cepparello aus Prato. Und wie er ein Heiliger wurde, habt ihr gehört. Dabei will ich nicht leugnen, daß es möglich ist, daß er selig ist in der Gegenwart Gottes. Denn obwohl er ein verruchtes Sünderleben geführt hat, ist es möglich, daß er im letzten Augenblick so sehr bereute, daß Gott sich seiner vielleicht erbarmt hat und ihn aufgenommen hat in sein Reich. Aber weil uns das verborgen bleibt, so rede ich nur von dem, was davon zutagetreten kann, weil er eher in der Hölle, in den Händen des Teufels sein dürfte

90. E se cosí è, grandissima si può la benignità di Dio cognoscere verso noi, la quale non al nostro errore ma alla purità della fé riguardando, cosí faccendo noi nostro mezzano un suo nemico, amico credendolo, ci essaudisce, come se a uno veramente santo per mezzano della sua grazia ricorressimo. 91. E per ciò, acciò che noi per la sua grazia nelle presenti avversità e in questa compagnia cosí lieta siamo sani e salvi servati, lodando il suo nome nel quale cominciata l'abbiamo, Lui in reverenza avendo, ne' nostri bisogni gli ci raccomanderemo sicurissimi d'essere uditi. —
92. E qui si tacque.

als im Paradies. 90. Und wenn es so ist, können wir daran erkennen, wie gut Gott zu uns ist, da er nicht auf unseren Irrtum, sondern auf die Reinheit des Glaubens schaut. Sogar wenn wir einen Feind Gottes zu unserem Vermittler wählen, weil wir ihn für seinen Freund halten, erhört uns Gott, als hätten wir uns an einen wirklichen Heiligen als Vermittler seiner Gnade gewandt. 91. Damit wir also in der gegenwärtigen Not und in unserer fröhlichen Gesellschaft durch seine Gunst sicher und gesund bewahrt werden, laßt uns seinen Namen preisen, in dem wir unsere Geschichten zu erzählen begonnen haben. Ihn laßt uns verehren, an ihn wollen wir uns wenden in unseren Nöten, in der ganz sicheren Gewißheit, daß er uns erhört.
92. Und hier schwieg er.

Novella II

1. *Abraam giudeo, da Giannotto di Civigní stimolato, va in corte di Roma, e, veduta la malvagità de' cherici, torna a Parigi e fassi cristiano.*

2. La novella di Panfilo fu in parte risa e tutta commendata dalle donne: la quale diligentemente ascoltata e al suo fine essendo venuta, sedendo appresso di lui Neifile, le comandò la reina che, una dicendone, l'ordine dello incominciato sollazzo seguisse. La quale, sí come colei che non meno era di cortesi costumi che di bellezze ornata, lietamente rispose che volentieri: e cominciò in questa guisa:
3. — Mostrato n'ha Panfilo nel suo novellare la benignità di Dio non guardare a' nostri errori quando da cosa che per noi veder non si possa procedano: e io nel mio intendo di dimostrarvi quanto questa medesima benignità, sostenendo pazientemente i difetti di coloro li quali d'essa ne deono dare e con l'opere e con le parole vera testimonianza, il contrario operando, di sé argomento d'infallibile verità ne dimostri, acciò che quello che noi crediamo con piú fermezza d'animo seguitiamo.

Novelle II

1. *Der Jude Abraham, durch Giannotto aus Civigni angeregt, geht an den päpstlichen Hof nach Rom. Er sieht dort die Schlechtigkeit der Kleriker, kehrt nach Paris zurück und wird Christ.*

2. Panfilos Geschichte war von den Damen an vielen Stellen mit Gelächter und als ganze mit Lob aufgenommen worden. Alle hatten aufmerksam zugehört, und als die Geschichte zu Ende war, gebot die Königin, jetzt solle Neifile, die neben Panfilo saß, auch eine Geschichte erzählen und so die Regel des vergnüglichen Spiels einhalten, mit dem sie begonnen hatten. Neifile, ebenso wohlgesittet wie schön, antwortete lächelnd, das tue sie gern, und begann so:

3. Panfilo hat uns mit seiner Geschichte gezeigt, daß Gott in seiner Güte nicht auf unsere Irrtümer blickt, wenn sie aus Ursachen hervorgehen, die wir unmöglich erkennen können. Ich will euch nun mit meiner Geschichte beweisen, wie diese Güte Gottes geduldig selbst die Fehler jener Menschen erträgt, die von ihr in Wort und Tat wahres Zeugnis geben sollen, aber in Wirklichkeit das Gegenteil tun, und wie sie eben damit beweist, daß sie die untrügliche Wahrheit ist. Ich erzähle die Geschichte, damit wir an unserem Glauben mit noch größerer Sicherheit festhalten.

4. Sí come io, graziose donne, già udii ragionare, in Parigi fu un gran mercatante e buono uomo il quale fu chiamato Giannotto di Civigní, lealissimo e diritto e di gran traffico d'opera di drapperia: e avea singulare amistà con uno ricchissimo uomo giudeo chiamato Abraam, il quale similmente mercatante era e diritto e leale uomo assai. 5. La cui dirittura e la cui lealtà veggendo Giannotto, gl'incominciò forte a increscere che l'anima d'un cosí valente e savio e buono uomo per difetto di fede andasse a perdizione; 6. e per ciò amichevolmente lo 'ncominciò a pregare che egli lasciasse gli errori della fede giudaica e ritornassesi alla verità cristiana, la quale egli poteva vedere, sí come santa e buona, sempre prosperare e aumentarsi; dove la sua, in contrario, diminuirsi e venire al niente poteva discernere.

7. Il giudeo rispondeva che niuna ne credeva né santa né buona fuor che la giudaica, e che egli in quella era nato e in quella intendeva e vivere e morire, né cosa sarebbe che mai da ciò il facesse rimuovere. 8. Giannotto non stette per questo che egli, passati alquanti dí, non gli rimovesse simiglianti parole, mostrandogli cosí grossamente, come il piú i mercatanti sanno fare, per quali ragioni la nostra era migliore che la giudaica; 9. e come che il giudeo fosse nella giudai-

4. Wie ich einmal hörte, liebe Damen, lebte in Paris ein großer Kaufmann, ein tüchtiger Mann namens Giannotto von Civigni, der äußerst rechtschaffen und aufrecht war und einen großen Tuchhandel betrieb. Er war eng befreundet mit einem reichen Juden namens Abraham, der ebenfalls Kaufmann und ein sehr aufrechter und rechtschaffener Mann war. 5. Angesichts von Abrahams Aufrichtigkeit und Rechtschaffenheit tat es Giannotto von Herzen leid, daß die Seele dieses so wertvollen, weisen und guten Menschen ewig verdammt sein sollte, nur weil ihm der wahre Glaube fehlte. 6. Er begann also, in freundschaftlichem Ton, ihn zu drängen, die Irrlehren des jüdischen Glaubens aufzugeben und zur christlichen Wahrheit zurückzukehren. Wie er ja selbst sehen könne, wachse sie ständig und breite sich aus, da sie heilig und gut sei, während, wie er feststellen könne, im Gegensatz dazu seine Religion zurückgehe und sich auflöse.

7. Der Jude erwiderte, er betrachte nur den jüdischen Glauben als heilig und gut, in diesen sei er hineingeboren, mit ihm wolle er leben und sterben, und nichts auf der Welt könne ihn davon abbringen. 8. Diese Antwort hielt Giannotto jedoch nicht davon ab, wenige Tage später wieder in ähnlicher Weise mit ihm zu reden und ihm in schlichten und knappen Worten — so wie es Kaufleuten liegt — zu zeigen, aus welchen Gründen der christliche Glaube dem jüdischen überlegen sei. 9. Obwohl Abraham im jü-

ca legge un gran maestro, tuttavia, o l'amicizia grande che con Giannotto avea che il movesse o forse parole le quali lo Spirito Santo sopra la lingua dell'uomo idiota poneva che sel facessero, al giudeo cominciarono forte a piacere le dimostrazioni di Giannotto: ma pure, ostinato in su la sua credenza, volger non si lasciava.

10. Cosí come egli pertinace dimorava, cosí Giannotto di sollecitarlo non finava giammai, tanto che il giudeo, da cosí continua instanzia vinto, disse: „Ecco, Giannotto, a te piace che io divenga cristiano: e io sono disposto a farlo, sí veramente che io voglio in prima andare a Roma e quivi vedere colui il quale tu di' che è vicario di Dio in terra e considerare i suoi modi e i suoi costumi, e similmente de' suoi fratelli cardinali; 11. e se essi mi parranno tali, che io possa tra per le tue parole e per quegli comprendere che la vostra fede sia miglior che la mia, come tu ti se' ingegnato di dimostrarmi, io farò quello che detto t'ho: ove cosí non fosse, io mi rimarrò giudeo come io mi sono".

12. Quando Giannotto intese questo, fu in se stesso oltre modo dolente, tacitamente dicendo: „Perduta ho la fatica la quale ottimamente mi pareva avere impiegata, credendomi costui aver convertito: per ciò che, se egli va in corte di

dischen Gesetz ein großer Meister war, fand er allmählich Geschmack an den Beweisen Giannottos. Entweder bewegte ihn dazu die enge Freundschaft zu Giannotto, oder vielleicht waren es die Worte, die der Heilige Geist einem Laien in den Mund gelegt hatte. Dennoch hielt er starrköpfig an seinem Glauben fest und wollte sich nicht bekehren lassen.

10. Aber je hartnäckiger er Widerstand leistete, um so weniger ließ Giannotto davon ab, ihn zu bedrängen, bis schließlich der Jude, überwältigt von so viel anhaltender Zudringlichkeit, sagte: „Siehst du, Giannotto, du willst, daß ich Christ werde, und ich bin bereit dazu. Aber nur unter einer Bedingung: Zuvor will ich nach Rom gehen und den Mann beobachten, von dem du behauptest, er sei der Stellvertreter Gottes auf Erden. Ich will sein Leben und seine Gewohnheiten in Augenschein nehmen, ebenso die seiner Brüder, der Kardinäle. 11. Und wenn der Eindruck, den ich von ihnen bekomme, mich zusätzlich zu deinen Argumenten zu dem Schluß bringt, euer Glaube sei besser als der meine, wie du versucht hast, mir zu beweisen, dann werde ich tun, was ich gesagt habe. Sollte es nicht so sein, dann bleibe ich, was ich bin, nämlich ein Jude."

12. Als Giannotto das hörte, verfiel er in maßlosen Trübsinn und sagte sich im stillen: „Meine Mühe war umsonst, obwohl ich zuerst dachte, sie sei gut angewendet, weil ich mir einbildete, den Mann bekehrt zu haben; denn wenn er jetzt

Roma e vede la vita scellerata e lorda de' cherici, non che egli di giudeo si faccia cristiano, ma se egli fosse cristian fatto senza fallo giudeo si ritornerebbe". 13. E a Abraam rivolto disse: „Deh! amico mio, perché vuoi tu entrare in questa fatica e cosí grande spesa come a te sarà d'andare di qui a Roma? senza che, e per mare e per terra, a un ricco uomo come tu se' ci è tutto pien di pericoli. 14. Non credi tu trovar qui chi il battesimo ti dea? E, se forse alcuni dubbii hai intorno alla fede che io ti dimostro, dove ha maggior maestri e piú savi uomini in quella, che son qui, da poterti di ciò che tu vorrai o domanderai dichiarire? 15. Per le quali cose, al mio parere, questa tua andata è di soperchio. Pensa che tali sono là i prelati quali tu gli hai qui potuti vedere, e piú, e tanto ancor migliori quanto essi son piú vicini al pastor principale; e per ciò questa fatica per mio consiglio ti serberai in altra volta a alcuno perdono, al quale io per avventura ti farò compagnia".

16. A cui il giudeo rispose: „Io mi credo, Giannotto, che cosí sia come tu mi favelli; ma recandoti le molte parole in una, io son del tutto, se tu vuogli che io faccia quello di che tu m'hai cotanto pregato, disposto a andarvi, e altramenti mai non ne farò nulla".

an den päpstlichen Hof nach Rom geht und das ruchlose Lotterleben der Kleriker sieht, dann bekehrt er sich nicht nur nicht zum Christentum, sondern selbst, wenn er Christ wäre, würde er ganz bestimmt als Jude zurückkommen."
13. Und zu Abraham gewandt, sagte er: „Ach was, mein Freund, wozu willst du diese Strapazen und die großen Kosten einer Reise von hier nach Rom auf dich nehmen? Außerdem ist diese Reise, ob über Land oder über das Meer, für einen reichen Mann wie dich voller Gefahren. 14. Meinst du, du findest hier niemanden, der dich tauft? Und solltest du noch irgendwelche Zweifel haben an unserem Glauben, den ich dir bewiesen habe, wo gibt es bessere Theologieprofessoren und weisere Männer als hier? Sie können dir alles erklären, was du wissen willst und was du sie fragst. 15. Deshalb ist deine Reise meiner Meinung nach unnötig. Mach dir doch klar, daß die hohen Geistlichen dort genauso sind wie die, die du hier gesehen hast, ja, daß sie noch viel besser sind, weil sie näher bei dem obersten Hirten leben. Daher ist mein Rat dieser: Spare dir die Strapaze für eine andere Gelegenheit auf, für eine Wallfahrt mit Ablaß etwa, bei der ich dich vielleicht begleiten werde."
16. „Giannotto", antwortete der Jude, „ich bin überzeugt, daß es genau so ist, wie du sagst. Aber statt vieler Worte sage ich dir nur das eine: Wenn du wirklich willst, worum du mich so beharrlich gebeten hast, dann muß ich reisen. Sonst geschieht überhaupt nichts."

17. Giannotto, vedendo il voler suo, disse: „E tu va' con buona ventura!" e seco avvisò lui mai non doversi far cristiano come la corte di Roma veduta avesse; ma pur, niente perdendovi, si stette.

18. Il giudeo montò a cavallo, e, come piú tosto poté, se n'andò in corte di Roma, dove pervenuto da' suoi giudei fu onorevolmente ricevuto.

19. E quivi dimorando, senza dire a alcuno perché ito vi fosse, cautamente cominciò a riguardare alle maniere del Papa e de' cardinali e degli altri prelati e di tutti i cortigiani: e tra che egli s'accorse, sí come uomo che molto avveduto era, e che egli ancora da alcuno fu informato, egli trovò dal maggiore infino al minore generalmente tutti disonestissimamente peccare in lussuria, e non solo nella naturale ma ancora nella sogdomitica, senza freno alcuno di rimordimento o di vergogna, in tanto che la potenza delle meretrici e de' garzoni in impetrare qualunque gran cosa non v'era di picciol potere.

20. Oltre a questo, universalmente gulosi, bevitori, ebriachi e piú al ventre serventi a guisa d'animali bruti appresso alla lussuria, che a altro gli conobbe apertamente; 21. e piú avanti guardando, in tanto tutti avari e cupidi di denari gli vide, che parimente l'uman sangue, anzi il cri-

17. Giannotto, der sah, daß der Jude entschlossen war, sagte: „Dann geh! Und viel Glück auf der Reise!" Im stillen war er der festen Ansicht, Abraham würde niemals Christ, wenn er einmal den päpstlichen Hof gesehen hätte. Da sowieso alles verloren war, gab er auf.

18. Der Jude bestieg ein Pferd und ritt so schnell er konnte zum päpstlichen Hof nach Rom. Als er dort ankam, wurde er von seinen jüdischen Freunden ehrenvoll aufgenommen.

19. Er wohnte bei ihnen, sagte aber niemandem, weshalb er gekommen war. Unauffällig begann er, das Verhalten des Papstes, der Kardinäle, der anderen hohen Geistlichen und der Höflinge zu beobachten. Aus dem, was er als intelligenter Mann selbst sah, und aus dem, was andere ihm zusätzlich berichteten, erkannte er, daß alle, ohne Ausnahme, vom Größten bis zum Kleinsten, völlig ehrvergessen Unzucht trieben, nicht nur die natürliche, sondern auch Sodomie. Sie kannten keine Grenzen, keine Gewissensbisse und keine Scham. Daher hatten Prostituierte und Strichjungen einen ungeheuer starken Einfluß, wenn jemand sich einen großen Vorteil verschaffen wollte. 20. Aber damit nicht genug. Er sah auch, daß sie alle zusammen Schlemmer, Säufer und Trunkenbolde waren und daß sie außer der Unzucht nur ihrem Bauch dienten, wie das Vieh. 21. Als er genauer hinsah, erkannte er, wie geizig und geldgierig sie alle waren, ja daß sie Menschen- und sogar Christenblut und alle heiligen Din-

stiano, e le divine cose, chenti che elle si fossero o a sacrificii o a benefici appartenenti, a denari e vendevano e comperavano, maggior mercatantia faccendone e piú sensali avendone che a Parigi di drappi o d'alcuna altra cosa non erano, avendo alla manifesta simonia ‚procureria' posto nome e alla gulosità ‚substentazioni', quasi Idio, lasciamo stare il significato di vocaboli, ma la 'ntenzione de' pessimi animi non conoscesse e a guisa degli uomini a' nomi delle cose si debba lasciare ingannare. 22. Le quali, insieme con molte altre che da tacer sono, sommamente spiacendo al giudeo, sí come a colui che sobrio e modesto uomo era, parendogli assai aver veduto, propose di tornare a Parigi; e cosí fece.

23. Al quale, come Giannotto seppe che venuto se n'era, niuna cosa meno sperando che del suo farsi cristiano, se ne venne, e gran festa insieme si fecero; e poi che riposato si fu alcun giorno, Giannotto il domandò quello che del santo Padre e de' cardinali e degli altri cortigiani gli parea.

24. Al quale il giudeo prestamente rispose: „Parmene male che Idio dea a quanti sono: e dicoti cosí, che, se io ben seppi considerare, quivi

ge, Kultgegenstände und was für die Armen bestimmt war, gegen Geld kauften und verkauften. Sie trieben damit einen schwungvolleren Handel und beschäftigten mehr Zwischenhändler als irgendein Handelszweig in Paris, einschließlich der Textilbranche. Dem unverhüllten Ämterkauf hatten sie den Namen „Vorsorge" gegeben; die Schlemmerei nannten sie „Unterhalt", als sähe Gott dabei nicht die Absicht der verkommenen Seelen — lassen wir die Wortbedeutungen einmal auf sich beruhen — und als ließe er sich wie die Menschen von den Namen der Dinge täuschen. 22. All dies und vieles andere, worüber man besser schweigt, mißfiel dem Juden, der ein zuchtvoller und vernünftiger Mann war, in höchstem Maße. Er hatte den Eindruck, er habe jetzt genug gesehen, und beschloß, nach Paris zurückzukehren. Das tat er dann auch.

23. Als Giannotto erfuhr, daß Abraham angekommen war, besuchte er ihn, ohne die geringste Hoffnung, daß er Christ werde. Sie veranstalteten zusammen ein großes Wiedersehensfest. Und nachdem Abraham sich ein paar Tage ausgeruht hatte, fragte Giannotto ihn, welchen Eindruck er denn vom Heiligen Vater, von den Kardinälen und von den anderen Höflingen bekommen habe.

24. „Einen miserablen", antwortete sofort der Jude. „Und Gott möge es ihnen allen vergelten! Ich sage dir das, weil ich, wenn ich meinen Augen trauen darf, dort bei keinem Kleriker

niuna santità, niuna divozione, niuna buona opera o essemplo di vita o d'altro in alcuno che cherico fosse veder mi parve, ma lussuria, avarizia e gulosità, fraude, invidia e superbia e simili cose e piggiori, se piggiori esser possono in alcuno, mi vi parve in tanta grazia di tutti vedere, che io ho piú tosto quella per una fucina di diaboliche operazioni che di divine. 25. E per quello che io estimi, con ogni sollecitudine e con ogni ingegno e con ogni arte mi pare che il vostro pastore e per consequente tutti gli altri si procaccino di riducere a nulla e di cacciare del mondo la cristiana religione, là dove essi fondamento e sostegno esser dovrebber di quella. 26. E per ciò che io veggio non quello avvenire che essi procacciano, ma continuamente la vostra religione aumentarsi e piú lucida e piú chiara divenire, meritamente mi par discerner lo Spirito Santo esser d'essa, sí come di vera e di santa piú che alcuna altra, fondamento e sostegno. 27. Per la qual cosa, dove io rigido e duro stava a' tuoi conforti e non mi volea far cristiano, ora tutto aperto ti dico che io per niuna cosa lascerei di cristian farmi: andiamo adunque alla chiesa, e quivi secondo il debito costume della vostra santa fede mi fa' battezzare".

28. Giannotto, il quale aspettava dirittamente contraria conclusione a questa, come lui cosí udí dire, fu il piú contento uomo che giammai fosse: e a Nostra Dama di Parigi con lui insieme andatosene, richiese i cherici di là entro che a Abraam dovessero dare il battesimo. 29. Li qua-

auch nur eine Andeutung von Heiligkeit, von Frömmigkeit, von guten Werken oder von Vorbild entdecken konnte. Statt dessen fand ich, daß sie dort alle Unzucht, Geiz und Völlerei, Betrug, Neid und Stolz und alles, was es vielleicht noch Schlimmeres gibt, so lieben, daß ich Rom eher für eine Brutstätte teuflischer Ränke als göttlicher Gnaden halte. 25. Ich habe den Eindruck, euer Oberhirte und all die andren setzen all ihre Kraft und ihren ganzen Verstand daran, die christliche Religion mit allen Kunstgriffen zu vernichten und aus der Welt zu schaffen; dabei sollten gerade sie die Religion tragen und stützen. 26. Aber da ich feststelle, daß doch nicht geschieht, was sie betreiben, sondern daß sich eure Religion ständig ausbreitet und immer mehr an Glanz und Ansehen gewinnt, kann ich daraus nur schließen, daß der Heilige Geist selbst es ist, der sie trägt und stützt, weil sie mehr als jede andere Religion die wahre und die heilige ist. 27. Ich, der ich gegen deine Bemühungen hart und abweisend blieb und kein Christ werden wollte, ich sage dir daher jetzt ganz klar: Nichts in der Welt kann mich mehr hindern, Christ zu werden. Gehen wir zur Kirche. Laß' mich dort taufen, ganz so, wie es der Brauch eures heiligen Glaubens vorschreibt."
28. Als Giannotto, der genau die gegenteilige Folgerung erwartet hatte, dies hörte, war er der glücklichste Mensch, den es je gab. Und er ging mit ihm nach Notre Dame von Paris und bat die Priester dort, Abraham zu taufen. 29. Als sie

li, udendo che esso l'adomandava, prestamente il fecero; e Giannotto il levò del sacro fonte e nominollo Giovanni, e appresso a gran valenti uomini il fece compiutamente ammaestrare nella nostra fede, la quale egli prestamente apprese: e fu poi buono e valente uomo e di santa vita. —

hörten, daß Abraham selbst es verlangte, taten sie es sofort, und Giannotto als sein Pate hob ihn aus dem heiligen Brunnen und gab ihm den Namen Giovanni. Dann ließ er ihn durch hochgelehrte Männer umfassend in unserem Glauben unterrichten: Giovanni erfaßte ihn schnell. So wurde er ein guter und angesehener Mann und führte ein heiliges Leben.

Novella III

1. *Melchisedech giudeo con una novella di tre anella cessa un gran pericolo dal Saladino apparecchiatogli.*

2. Poi che, commendata da tutti la novella di Neifile, ella si tacque, come alla reina piacque Filomena cosí cominciò a parlare:

3. — La novella da Neifile detta mi ritorna a memoria il dubbioso caso già avvenuto a un giudeo. Per ciò che già e di Dio e della verità della nostra fede è assai bene stato detto, il discendere oggimai agli avvenimenti e agli atti degli uomini non si dovrà disdire: a narrarvi quella verrò, la quale udita, forse piú caute diverrete nelle risposte alle quistioni che fatte vi fossero.

4. Voi dovete, amorose compagne, sapere che, sí come la sciocchezza spesse volte trae altrui di felice stato e mette in grandissima miseria, cosí il senno di grandissimi pericoli trae il savio e ponlo in grande e in sicuro riposo. 5. E che vero sia che la sciocchezza di buono stato in miseria alcun conduca, per molti essempli si vede, li quali non fia al presente nostra cura di raccontare, avendo riguardo che tutto il dí mille essem-

Novelle III

1. *Der Jude Melchisedech entkommt mit einer Erzählung über drei Ringe einer höchst gefährlichen Falle, die ihm Saladin gestellt hat.*

2. Die Erzählung der Neifile wurde von allen gelobt. Da sie schwieg, begann jetzt Filomena nach dem Willen der Königin folgendermaßen zu sprechen:

3. Die Geschichte, die Neifile erzählt hat, erinnert mich an einen gefährlichen Vorfall, der einst einem Juden widerfahren ist. Von Gott und von der Wahrheit unseres Glaubens haben wir schon ziemlich viel gesprochen; daher wird niemand etwas dagegen haben, wenn wir jetzt hinabsteigen zu den Begebenheiten und Handlungen der Menschen. Darüber erzähle ich euch eine Geschichte, und wenn ihr sie gehört habt, werdet ihr wohl vorsichtiger auf Fragen antworten, die man euch stellt.

4. Ihr müßt wissen, liebe Freundinnen: So wie die Dummheit manch einen aus dem Glück in tiefes Elend stürzt, so befreit die Klugheit den Weisen aus größten Gefahren und hilft ihm zu großer und sicherer Ruhe. 5. Viele Beispiele beweisen, daß Dummheit einen guten Zustand in Elend verwandelt; sie zu erzählen, soll im Augenblick nicht unsere Sorge sein, denn davon kann man jeden Tag

pli n'appaiano manifesti: ma che il senno di consolazion sia cagione, come premisi, per una novelletta mostrerò brievemente.

6. Il Saladino, il valore del quale fu tanto, che non solamente di piccolo uomo il fé di Babillonia soldano ma ancora molte vittorie sopra li re saracini e cristiani gli fece avere, avendo in diverse guerre e in grandissime sue magnificenze speso tutto il suo tesoro e per alcuno accidente sopravenutogli bisognandogli una buona quantità di denari, né veggendo donde cosí prestamente come gli bisognavano avergli potesse, gli venne a memoria un ricco giudeo, il cui nome era Melchisedech, il quale prestava a usura in Alessandria. 7. E pensossi costui avere da poterlo servire, quando volesse, ma sí era avaro che di sua volontà non l'avrebbe mai fatto, e forza non gli voleva fare; per che, strignendolo il bisogno, rivoltosi tutto a dover trovar modo come il giudeo il servisse, s'avisò di fargli una forza da alcuna ragion colorata.

8. E fattolsi chiamare e familiarmente ricevutolo, seco il fece sedere e appresso gli disse: „Valente uomo, io ho da piú persone inteso che tu se' savissimo e nelle cose di Dio senti molto avanti; e per ciò io saprei volentieri da te quale

Tausende erleben. Aber daß, wie gesagt, die Klugheit uns zugute kommt, das beweise ich euch ganz schnell mit einer kurzen Geschichte:

6. Als ein Mann von großer Tüchtigkeit war Saladin aus niedriger Stellung zum Sultan von Babylon aufgestiegen und hatte viele Siege über sarazenische und christliche Könige errungen. Als er seinen Staatsschatz wieder einmal für diverse Kriege und für seinen gewaltigen Prachtaufwand aufgebraucht hatte, zwang ihn plötzlich ein unerwartetes Ereignis, eine große Menge Geldes aufzubringen. Er sah aber keine Möglichkeit, es so schnell zu bekommen, wie er es brauchte. Da fiel ihm ein reicher Jude namens Melchisedech ein, der in Alexandria lebte und Geld gegen Wucherzinsen verlieh. 7. Dieser, dachte er, habe Geld genug, um ihm auszuhelfen, wenn er nur wollte, nur sei er zu geizig, um dies je freiwillig zu tun; und Gewalt wollte er gegen ihn nicht anwenden. Da aber seine Geldnot wuchs, suchte er mit aller Kraft nach einem Weg, den Juden zur Zahlung zu zwingen. Und zuletzt entschloß er sich doch, Gewalt, aber eine mit Vernunftgründen getarnte Gewalt, gegen ihn anzuwenden.

8. Er ließ ihn kommen, empfing ihn freundlich, ließ ihn neben sich Platz nehmen und sagte: „Du bist ein tüchtiger Mann, und ich habe von mehreren Personen gehört, daß du sehr weise bist und viel von Theologie verstehst. Deshalb wüßte ich gerne von dir, welche der

delle tre leggi tu reputi la verace, o la giudaica o la saracina o la cristiana".
9. Il giudeo, il quale veramente era savio uomo, s'avisò troppo bene che il Saladino guardava di pigliarlo nelle parole per dovergli muovere alcuna quistione, e pensò non potere alcuna di queste tre piú l'una che l'altre lodare, che il Saladino non avesse la sua intenzione; per che, come colui il qual pareva d'aver bisogno di risposta per la quale preso non potesse essere, aguzzato lo 'ngegno, gli venne prestamente avanti quello che dir dovesse; e disse: 10. „Signor mio, la quistione la qual voi mi fate è bella, e a volervene dire ciò che io ne sento mi vi convien dire una novelletta, qual voi udirete. 11. Se io non erro, io mi ricordo aver molte volte udito dire che un grande uomo e ricco fu già, il quale, intra l'altre gioie piú care che nel suo tesoro avesse, era uno anello bellissimo e prezioso; al quale per lo suo valore e per la sua bellezza volendo fare onore e in perpetuo lasciarlo ne' suoi discendenti, ordinò che colui de suoi figliuoli appo il quale, sí come lasciatogli da lui, fosse questo anello trovato, che colui s'intendesse essere il suo erede e dovesse da tutti gli altri esser come maggiore onorato e reverito. 12. E colui al quale da costui fu lasciato tenne simigliante ordine ne' suoi discendenti, e cosí fece come fatto avea il suo predecessore; e in brieve andò questo anello di mano in mano a molti successori, e ultimamente pervenne alle mani a uno il quale avea tre figliuoli belli e virtuosi e

drei Religionen du für die wahre hältst, die jüdische, die sarazenische oder die christliche."
9. Der Jude war wirklich ein weiser Mann. Er erfaßte nur zu gut, daß der Sultan ihn mit seiner Antwort hereinlegen wollte. Er erkannte, daß der Sultan sein Ziel erreichen würde, wenn er eine der drei Religionen mehr als die anderen lobte, und daß er jetzt eine Antwort geben mußte, die ihm nicht zur Falle würde. Derart gewitzigt, fiel ihm sofort eine Antwort ein, und er sagte: 10. „Mein Herr, eure Frage ist gut gestellt. Um euch zu sagen, wie ich darüber denke, muß ich euch eine kleine Geschichte erzählen. Hört sie euch an. 11. Wenn ich mich nicht irre, habe ich oft gehört, es habe einmal ein bedeutender und reicher Mann gelebt, in dessen Schatz neben vielen anderen Juwelen ein wunderschöner und wertvoller Ring lag. Wegen seines Wertes und seiner Schönheit sollte er immer als etwas Besonderes behandelt werden und für immer bei seinen Nachkommen bleiben. Daher bestimmte er, von seinen Söhnen solle der, der den Ring als Hinterlassenschaft besitze, als sein Erbe betrachtet und von den anderen als Familienoberhaupt geachtet und geehrt werden. 12. Der, dem er den Ring hinterließ, hielt es wie sein Vorgänger und traf eine entsprechende Anordnung. Kurz, der Ring ging von Hand zu Hand durch viele Generationen, bis er schließlich in die Hand eines Mannes kam, der drei Söhne hatte, die alle drei schön, tugendhaft und dem Vater überaus ge-

molto al padre loro obedienti, per la qual cosa
tutti e tre parimente gli amava. 13. E i giovani,
li quali la consuetudine dello anello sapevano, sí
come vaghi ciascuno d'essere il piú onorato tra'
suoi, ciascun per sé, come meglio sapeva, prega-
va il padre, il quale era già vecchio, che quando
a morte venisse a lui quello anello lasciasse.
14. Il valente uomo, che parimente tutti gli
amava né sapeva esso medesimo eleggere a qua-
le piú tosto lasciar lo volesse, pensò, avendolo a
ciascun promesso, di volergli tutti e tre sodisfa-
re: e segretamente a un buon maestro ne fece
fare due altri, li quali sí furono simiglianti al
primiero, che esso medesimo che fatti gli aveva
fare appena conosceva qual si fosse il vero; e ve-
nendo a morte, segretamente diede il suo a cia-
scun de' fgliuoli. 15. Li quali, dopo la morte del
padre, volendo ciascuno la eredità e l'onore oc-
cupare e l'uno negandola all'altro, in testimo-
nanza di dover ciò ragionevolmente fare ciascu-
no produsse fuori il suo anello; e trovatisi gli
anelli sí simili l'uno all'altro, che qual fosse il
vero non si sapeva cognoscere, si rimase la qui-
stione, qual fosse il vero erede del padre, in pen-
dente: e ancor pende. 16. E cosí vi dico, signor
mio, delle tre leggi alli tre popoli date da Dio
padre, delle quali la quistion proponeste: cia-
scun la sua eredità, la sua vera legge e i suoi co-

horsam waren und die er deshalb alle drei gleichermaßen liebte. 13. Die Söhne kannten den Brauch mit dem Ring. Und da jeder von ihnen der Meistgeehrte in der Familie sein wollte, versuchte jeder, so gut er nur konnte, den Vater, der nun schon alt war, zu erweichen, ihm bei seinem Tod diesen Ring zu hinterlassen. 14. Der gute Mann liebte aber alle gleichermaßen und konnte sich nicht entscheiden, wem er den Ring überlassen sollte. Schließlich hatte er ihn allen dreien versprochen und beschloß, es allen dreien recht zu machen. So beauftragte er heimlich einen tüchtigen Goldschmiedemeister, zwei weitere Ringe zu fertigen, die dem ersten so ähnlich wurden, daß selbst der, der sie gemacht hatte, den echten kaum noch erkennen konnte. Als der Vater im Sterben lag, gab er heimlich jedem der Söhne einen Ring. 15. Nach seinem Tod wollte nun jeder von ihnen Erbe und Ehre in Besitz nehmen, aber jeder machte den anderen den Anspruch streitig und legte einen Ring vor als Beweis für sein Recht. Und da man fand, daß die Ringe einander so ähnlich waren, daß man den echten nicht herausfinden konnte, blieb die Streitfrage offen, wer der wahre Erbe des Vaters sei; sie ist auch heute noch offen. 16. Und dasselbe behaupte ich, mein Herr, von den drei Religionen, die Gott, der Vater, den drei Völkern gegeben hat und auf die sich eure Frage bezieht. Jedes dieser Völker betrachtet sich als legitimen Erben des göttlichen Vermächtnisses und glaubt sich im Besitz

mandamenti dirittamente si crede avere e fare, ma chi se l'abbia, come degli anelli, ancora ne pende la quistione".
17. Il Saladino conobbe costui ottimamente esser saputo uscire del laccio il quale davanti a' piedi teso gli aveva, e per ciò dispose d'aprirgli il suo bisogno e vedere se servire il volesse; e cosí fece, aprendogli ciò che in animo avesse avuto di fare, se cosí discretamente, come fatto avea, non gli avesse risposto. 18. Il giudeo liberamente d'ogni quantità che il Saladino il richiese il servi, e il Saladino poi interamente il sodisfece; e oltre a ciò gli donò grandissimi doni e sempre per suo amico l'ebbe e in grande e onorevole stato appresso di sé il mantenne. —

des wahren Gesetzes und der von Gott selbst gegebenen Gebote. Aber wie bei den Ringen bleibt die Frage, wer sie wirklich besitzt, immer noch offen."

17. Saladin begriff, daß der Jude es glänzend verstanden hatte, sich aus der Schlinge zu ziehen, die er ihm gelegt hatte. Deswegen beschloß er, mit ihm offen über seine Geldnot zu sprechen und abzuwarten, ob er ihm aushelfen würde. Dabei sagte er ihm auch unumwunden, was er vorgehabt hätte, wenn Melchisedech nicht so klug geantwortet hätte. Der Jude lieh Saladin gern jede gewünschte Summe. Saladin zahlte ihm das Darlehen nicht nur vollständig zurück, sondern gab ihm dazu ansehnliche Geschenke; er wurde für immer sein Freund und gewährte ihm an seinem Hof auf Dauer eine bedeutende und ehrenvolle Stellung.

Novella IV

1. *Un monaco, caduto in peccato degno di gravissima punizione, onestamente rimproverando al suo abate quella medesima colpa, si libera dalla pena.*

2. Già si tacea Filomena dalla sua novella espedita, quando Dioneo, che appresso di lei sedeva, senza aspettare dalla reina altro comandamento, conoscendo già per l'ordine cominciato che a lui toccava il dover dire, in cotal guisa cominciò a parlare:

3. — Amorose donne, se io ho bene la 'ntenzione di tutte compresa, noi siamo qui per dovere a noi medesimi novellando piacere; e per ciò, solamente che contro a questo non si faccia, estimo a ciascuno dovere esser licito (e cosí ne disse la nostra reina, poco avanti, che fosse) quella novella dire che piú crede che possa dilettare: per che, avendo udito che per li buoni consigli di Giannoto di Civigní Abraam aver l'anima salvata e Melchisedech per lo suo senno avere le sue ricchezze dagli aguati del Saladino difese, senza riprensione attender da voi intendo di raccontar brievemente con che cautela un monaco il suo corpo di gravissima pena liberasse.

4. Fu in Lunigiana, paese non molto da que-

Novelle IV

1. *Ein Mönch hat eine schwere Sünde begangen, auf die eine strenge Bestrafung steht. Er entgeht aber der Strafe, indem er auf diskrete Art seinem Abt dieselbe Schuld vorwirft.*

2. Filomena hatte soeben ihre Erzählung beendet und schwieg, da begann Dioneo — der neben ihr saß und gar nicht auf den Wink der Königin wartete, weil er wußte, daß er an der Reihe war — auf folgende Weise zu reden:

3. Ihr lieben Frauen, wenn ich unsere einmütige Absicht richtig verstanden habe, dann sind wir hier, um uns durch Erzählen miteinander zu vergnügen. Gegen dieses Gebot sollte niemand verstoßen, und deswegen glaube ich — auch unsere Königin hat das soeben erlaubt —, daß jeder die Geschichte erzählen darf, von der er denkt, daß sie am meisten Vergnügen bringt. Nachdem wir also gehört haben, wie durch die guten Ratschläge des Giannotto von Civigni die Seele Abrahams gerettet wurde und wie Melchisedech durch seine Klugheit seinen Reichtum vor den Anschlägen Saladins geschützt hat, will ich jetzt, ohne euren Tadel zu fürchten, kurz erzählen, wie ein Mönch sich mit einer List eine schwere Strafe vom Leibe gehalten hat.

4. In der Lunigiana, also gar nicht weit von

sto lontano, un monistero già di santità e di monaci piú copioso che oggi non è, nel quale tra gli altri era un monaco giovane, il vigore del quale né la freschezza né i digiuni né le vigilie potevano macerare. 5. Il quale per ventura un giorno in sul mezzodí, quando gli altri monaci tutti dormivano, andandosi tutto solo da torno alla sua chiesa, la quale in luogo assai solitario era, gli venne veduta una giovinetta assai bella, forse figliuola d'alcuno de' lavoratori della contrada, la quale andava per li campi certe erbe cogliendo: né prima veduta l'ebbe, che egli fieramente assalito fu dalla concupiscenza carnale. 6. Per che, fattolesi piú presso, con lei entrò in parole e tanto andò d'una in altra, che egli si fu accordato con lei e seco nella sua cella ne la menò, che niuna persona se n'accorse.
7. E mentre che egli, da troppa volontà trasportato, men cautamente con le' scherzava, avvenne che l'abate, da dormir levatosi e pianamente passando davanti alla cella di costui, sentio lo schiamazzio che costoro insieme faceano; e per conoscere meglio le voci s'accostò chetamente all'uscio della cella a ascoltare, e manifestamente conobbe che dentro a quella era femina e tutto fu tentato di farsi aprire; poi pensò di volere tenere in ciò altra maniera, e tornatosi alla sua camera aspettò che il monaco fuori uscisse. 8. Il monaco, ancora che da grandissimo suo piacere

hier, stand einmal ein Kloster, in dem es früher mehr Heiligkeit und mehr Mönche gab als heutzutage. Dort lebte ein junger Mönch, dessen Kraft und Jugendfrische weder Fasten noch Nachtwachen hatten brechen können. 5. Dieser machte nun eines Tages, zur Mittagszeit, als alle anderen Mönche schliefen, ganz allein einen Spaziergang rund um die einsam gelegene Klosterkirche, als ihm plötzlich ein sehr hübsches Mädchen begegnete – vielleicht die Tochter eines Bauern aus der Umgebung –, das durch die Felder ging, um Kräuter zu sammeln. Kaum hatte er sie gesehen, da packte ihn eine wilde fleischliche Begierde. 6. Er trat näher und begann mit ihr eine Unterhaltung. Ein Wort ergab das andere, und schnell wurden sie sich einig; er nahm sie mit in seine Zelle, ohne daß jemand etwas bemerkte.

7. Er war ganz außer sich vor Leidenschaft und trieb sein Spiel mit ihr unvorsichtig laut. Da passierte es, daß der Abt, der vom Mittagsschlaf aufgestanden war, leise an der Zellentür vorbeiging und das Girren der beiden hörte. Um ihre Stimmen zu unterscheiden, lehnte er sich vorsichtig an die Zellentür und lauschte, und sofort wurde ihm klar, daß in der Zelle eine Frau war. Zuerst war er ganz versessen darauf, sich sofort öffnen zu lassen, aber dann beschloß er doch, in dieser Affäre anders vorzugehen. Er ging in seine Zelle zurück und wartete darauf, daß der Mönch herauskäme. 8. Der Mönch war zwar immer noch voller Lust und Vergnüglich-

e diletto fosse con questa giovane occupato, pur nondimeno tuttavia sospettava; e parendogli aver sentito alcuno stropicio di piedi per lo dormitoro, a un piccol pertugio pose l'occhio e vide apertissimamente l'abate stare a ascoltarlo, e molto ben comprese l'abate aver potuto conoscere quella giovane esser nella sua cella. 9. Di che egli, sappiendo che di questo gran pena gli dovea seguire, oltre modo fu dolente: ma pur, sanza del suo cruccio niente mostrare alla giovane, prestamente seco molte cose rivolse cercando se a lui alcuna salutifera trovar ne potesse.
10. E occorsagli una nuova malizia, la quale al fine imaginato da lui dirittamente pervenne, e faccendo sembiante che esser gli paresse stato assai con quella giovane, le disse: „Io voglio andare a trovar modo come tu esca di qua entro senza esser veduta, e per ciò statti pianamente infino alla mia tornata".
11. E uscito fuori e serrata la cella con la chiave, dirittamente se n'andò alla camera dell'abate; e, presentatagli quella secondo che ciascun monaco facea quando fuori andava, con un buon volto disse: „Messere, io non potei stamane farne venire tutte le legne le quali io aveva fatte fare, e per ciò con vostra licenzia io voglio andare al bosco e farlene venire".
12. L'abate, per potersi piú pienamente informare del fallo commesso da costui, avvisando

keit mit der jungen Frau beschäftigt, war aber doch mißtrauisch geworden. Da er glaubte, draußen auf dem Gang das Schlurfen von Schritten gehört zu haben, preßte er sein Auge an einen winzigen Türspalt und sah ganz deutlich den Abt da stehen und lauschen. Er begriff sofort, daß der Abt jetzt wußte, daß das Mädchen in seiner Zelle war. 9. Er war maßlos bestürzt, denn ihm war klar, daß er dafür schwer bestraft würde. Ohne das Mädchen von seinem Kummer etwas merken zu lassen, begann er sofort, still für sich hin und her zu überlegen, um der Sache vielleicht doch einen guten Ausgang zu geben. 10. Da kam ihm ein neuer boshafter Einfall, der zum erwünschten Ziel führen konnte. Er tat so, als meine er, jetzt sei er lange genug mit dem Mädchen zusammengewesen, und sagte zu ihr: „Ich gehe einmal hinaus, um zu sehen, wie du hier herauskommst, ohne gesehen zu werden. Bleib du hier und sei ganz still, bis ich wiederkomme."

11. Er trat hinaus und verschloß die Zelle. Dann ging er direkt zum Raum des Abtes, gab ihm den Schlüssel, wie jeder Mönch es tat, wenn er ausging, und sagte zu ihm mit Unschuldsmiene: „Herr Abt, heute früh konnte nicht all das Holz herbeigeschafft werden, das ich habe schlagen lassen; deshalb will ich jetzt mit eurer Erlaubnis in den Wald gehen und es herbringen lassen."

12. Der Abt nahm an, der Mönch habe nicht bemerkt, daß er ihn beobachtet hatte, und

che questi accorto non se ne fosse che egli fosse stato da lui veduto, fu lieto di tale accidente e volentier prese la chiave e similmente gli diè licenzia. 13. E come il vide andato via, cominciò a pensare qual far volesse piú tosto: o in presenza di tutti i monaci aprir la cella di costui e far loro vedere il suo difetto, acciò che poi non avesser cagione di mormorare contro di lui quando il monaco punisse, o di voler prima da lei sentire come andata fosse la bisogna. 14. E pensando seco stesso che questa potrebbe esser tal femina o figliuola di tale uomo, che egli non le vorrebbe aver fatta quella vergogna d'averla a tutti i monaci fatta vedere, s'avisò di voler prima veder chi fosse e poi prender partito; e chetamente andatose alla cella, quella aprí e entrò dentro e l'uscio richiuse. La giovane vedendo venir l'abate tutta smarrí, e temendo di vergogna cominciò a piagnere.

15. Messer l'abate, postole l'occhio adosso e veggendola bella e fresca, ancora che vecchio fosse sentí subitamente non meno cocenti gli stimoli della carne che sentiti avesse il suo giovane monaco; e fra se stesso cominciò a dire: „Deh, perché non prendo io del piacere quando io ne posso avere, con ciò sia cosa che il dispiacere e la noia, sempre che io ne vorrò, sieno apparecchiati? Costei è una bella giovane e è qui che niuna

nahm freudig die Gelegenheit wahr, sich genauer über dessen Vergehen zu informieren. Bereitwillig nahm er den Schlüssel entgegen und gestattete dem Mönch zu gehen. 13. Als er sah, daß er weg war, begann er nachzudenken, was er jetzt als nächstes tun wolle: entweder alle Mönche herbeirufen, die Zelle des Sünders öffnen und allen dessen Fehltritt offenlegen, damit sie später nicht maulten, wenn er den Mönch bestrafte, oder zuerst zu dem Mädchen gehen und einmal hören, wie die Geschichte gelaufen sei. 14. Dann dachte er bei sich, sie könne ja die Frau oder die Tochter eines angesehenen Mannes sein, dem es nicht recht wäre, wenn ihre Schande allen Mönchen vorgeführt würde; deshalb entschloß er sich, erst einmal nachzusehen, wer sie sei, um danach zu entscheiden. Leise ging er zu der Zelle, öffnete sie, trat ein und schloß hinter sich ab. Als das Mädchen sah, daß der Abt kam, verlor es völlig die Fassung; aus Furcht und aus Scham fing es an zu weinen.

15. Der Herr Abt besah sie sich nun genauer und fand, daß sie schön und jung war, und obgleich er alt war, spürte er doch plötzlich ein glühend heißes fleischliches Begehren — genau wie vorher sein junger Mönch. Und er fing an, zu sich selbst zu sagen: „Na, warum nehme ich mir nicht ein bißchen Vergnügen, solange ich es kriegen kann? Unlust und Ärger kann ich schließlich immer noch haben, soviel ich will. Sie ist ein hübsches Mädchen, und kein Mensch

persona del mondo il sa: se io la posso recare a fare i piacer miei, io non so perché io nol mi faccia. 16. Chi il saprà? Egli nol saprà persona mai, e peccato celato è mezzo perdonato. Questo caso non avverrà forse mai piú: io estimo ch'egli sia gran senno a pigliarsi del bene, quando Domenedio ne manda altrui".
17. E cosí dicendo e avendo del tutto mutato proposito da quello per che andato v'era, fattosi piú presso alla giovane, pianamente la cominciò a confortare e a pregarla che non piagnesse; e d'una parola in un'altra procedendo, a aprirle il suo disidero pervenne. 18. La giovane, che non era di ferro né di diamante, assai agevolmente si piegò a' piaceri dell'abate: il quale, abbracciatala e basciatala piú volte, in su il letticello del monaco salitosene, avendo forse riguardo al grave peso della sua dignità e alla tenera età della giovane, temendo forse di non offenderla per troppa gravezza, non sopra il petto di lei salí ma lei sopra il suo petto pose, e per lungo spazio con lei si trastullò.
19. Il monaco, che fatto avea sembiante d'andare al bosco essendo nel dormentoro occultato, come vide l'abate solo nella sua cella entrare, cosí tutto rassicurato estimò il suo avviso dovere avere effetto; e veggendol serrar dentro, l'ebbe

weiß, daß sie hier ist. Wenn ich sie dazu bringe, zu tun, was ich will, ich wüßte nicht, warum ich mir das nicht gönnen sollte. 16. Wer kann es denn erfahren? Niemand wird es je erfahren, und eine gut versteckte Sünde ist halb vergeben. So eine Chance bekomme ich vielleicht nie wieder. Ich denke, man muß das Gute auch annehmen, das der Herrgott einem schickt. Das ist doch nur vernünftig."
17. Während er so mit sich sprach, verkehrte er den Vorsatz, mit dem er hierhergekommen war, genau ins Gegenteil. Er ging auf das Mädchen zu und begann freundlich, sie zu trösten; er bat sie, nicht länger zu weinen. Ein Wort gab das andere; schließlich sagte er ihr, was er wollte.
18. Das Mädchen war weder aus Eisen noch aus Diamant und beugte sich willig den Wünschen des Abtes. Der umarmte und küßte sie mehrmals, dann stieg er in das kleine Bett des Mönchs, und vielleicht mit Rücksicht auf das erhebliche Gewicht seiner Abtswürde und auf das zarte Alter des Mädchens, und weil er wohl fürchtete, ihr durch zuviel Gewicht weh zu tun, legte er sich nicht auf sie, sondern setzte sie auf sich und vergnügte sich so mit ihr eine gute Weile.
19. Der Mönch, der nur so getan hatte, als gehe er in den Wald, hatte sich statt dessen im Schlaftrakt des Klosters versteckt. Als er sah, daß der Abt allein in seine Zelle ging, dachte er, jetzt gehe alles nach seinem Plan; und als er merkte, daß der Abt von innen abschloß, war er

per certissimo. E uscito di là dove era, chetamente n'andò a un pertugio per lo quale ciò che l'abate fece o disse e udí e vide. 20. Parendo all'abate esser assai con la giovanetta dimorato, serratala nella cella, alla sua camera se ne tornò; e dopo alquanto, sentendo il monaco e credendo lui esser tornato dal bosco, avvisò di riprenderlo forte e di farlo incarcerare acciò che esso solo possedesse la guadagnata preda: e fattoselo chiamare, gravissimamente e con mal viso il riprese e comandò che fosse in carcere messo.
21. Il monaco prontissimamente rispose: „Messere, io non sono ancora tanto all'Ordine di san Benedetto stato, che io possa avere ogni particularità di quello apparata; e voi ancora non m'avavate monstrato che' monaci si debban far dalle femine premiere come da' digiuni e dalle vigilie; ma ora che mostrato me l'avete, vi prometto, se questa mi perdonate, di mai piú in ciò non peccare, anzi farò sempre come io a voi ho veduto fare".
22. L'abate, che accorto uomo era, prestamente conobbe costui non solamente aver piú di lui saputo ma veduto ciò che esso aveva fatto; per che, dalla sua colpa stessa rimorso, si vergognò di fare al monaco quello che egli, sí come lui,

ganz sicher. Er kam aus seinem Versteck, trat leise an den kleinen Türspalt und sah und hörte so, was der Abt tat und sprach. 20. Als der Abt fand, jetzt sei er lange genug mit dem Mädchen zusammengewesen, schloß er sie in die Zelle ein und ging in seine Zelle zurück. Nach einiger Zeit hörte er den Mönch; er nahm an, dieser käme soeben aus dem Wald zurück. Da beschloß er, ihn heftig zu tadeln und in den Klosterkerker zu werfen, um sich allein der gemeinsam erworbenen Beute zu erfreuen. Er ließ ihn rufen, tadelte ihn mit finsterer Miene aufs strengste und verurteilte ihn zu Kerkerhaft.
21. Sofort antwortete der Mönch: „Herr Abt, ich bin noch nicht lange genug im Orden des heiligen Benedikt, um schon alle seine Besonderheiten zu kennen, und bislang hattet ihr mir noch nicht gezeigt, daß der Mönch sich nicht nur Fasten und Nachtwachen, sondern auch Frauen auferlegen soll. Aber jetzt habt ihr es mir ja gezeigt, und wenn ihr mir diesmal verzeiht, verspreche ich euch, darin niemals wieder nachlässig zu sein. Im Gegenteil, ich werde es immer so machen, wie ich es bei euch gesehen habe."
22. Der Abt war ein kluger Mann und erfaßte sofort, daß der Mönch klüger vorgegangen war als er und daß er gesehen hatte, was er mit dem Mädchen gemacht hatte. Er sah ein, daß er selbst die gleiche Schuld zu bereuen hatte, und schämte sich, den Mönch zu einer Strafe zu ver-

aveva meritato. E perdonatogli e impostogli di ciò che veduto aveva silenzio, onestamente misero la giovanetta di fuori e poi piú volte si dee credere ve la facesser tornare. —

urteilen, die er selbst verdient hatte. Daher vergab er ihm und gebot ihm zu schweigen über das, was er gesehen hatte. Sie schickten das Mädchen unauffällig nach Hause. Und später ließen sie es, so muß man annehmen, regelmäßig wiederkommen.

Bibliographie

I. GIOVANNI BOCCACCIO

Giovanni Boccaccio, *Decameron*, a cura di V. Branca, Turin, Einaudi 1984. – Das *Decameron* wird ausschließlich nach dieser Ausgabe zitiert.

Andere Werkausgaben:

Tutte le opere, ed. V. Branca, Mailand, Mondadori 1964 ff.
  Bd. 1: V. Branca, *Giovanni Boccaccio. Profilo biografico*, S. 1–203. *Caccia di Diana*, ed. V. Branca. *Filocolo*, ed. A. E. Quaglio, 1967.
  Bd. 2: *Filostrato*, ed. V. Branca. *Teseida*, ed. A. Limentani. *Comedia delle Ninfe Fiorentine*, ed. A. E. Quaglio, 1964.
  Bd. 3: *Amorosa Visione*, ed. V. Branca. *Ninfale Fiesolano*, ed. A. Balduino. *Trattatello in laude di Dante*, ed. P. G. Ricci, 1974.
  Bd. 4: *Decameron*, ed. V. Branca, 1976.
  Bd. 6: *Esposizioni sopra la Comedia di Dante*, ed. G. Padoan, 1965.
  Bd. 9: *De casibus virorum illustrium*, ed. P. G. Ricci / V. Zaccaria, 1983.
  Bd. 10: *De mulieribus claris*, ed. V. Zaccaria, 1967. ²1970.

Opere Latine Minori, ed. A. F. Massèra, Bari, Laterza 1928.

Genealogie deorum gentilium, ed. V. Romano, 2 Bde., Bari, Laterza 1951.

Opere in Versi. Corbaccio. In Laude di Dante. Prose Latine. Epistole, ed. P. G. Ricci, Mailand–Neapel, Ricciardi 1964.

Elegia di madonna Fiammetta, a cura di M. P. Mussini Sachi, Mailand, Mursia 1987.

Ninfale fiesolano, a cura di P. M. Forni, Mailand, Mursia 1991.

Il Corbaccio, a cura di G. Natali, Mailand, Mursia 1992.

II. WILHELM VON OCKHAM

GUILLELMI DE OCKHAM, *Opera philosophica et theologica*, cura Instituti Franciscani Universitatis S. Bonaventurae, St. Bonaventure (N. Y.) 1967 ff.

III. LITERATUR

ALMANSI, G., *L'estetica dell'osceno*, Turin 1974.

The Writer as Liar: Narrative technique in the Decameron, London–Boston 1975.

ALTAMURA, A., *La letteratura dell'età angioina. Tradizione medievale e premesse umanistiche*, Neapel 1952.

ANTAL, F., *La pittura fiorentina e il suo ambiente sociale nel Trecento e nel primo Quattrocento*, Turin 1960.

AUERBACH, E., *Mimesis. Dargestellte Wirklichkeit in der abendländischen Literatur*, Bern–München ³1964.

BARATTO, M., *Realtà e stile nel* Decameron, Vicenza 1970.

BARBERI SQUAROTTI, G., *Il potere della parola. Studi sul* Decameron, Neapel 1983.

BARBINA, A., *Concordanze del* Decameron, 2 Bde., Florenz 1969.

BARTHES, R., *Introduction à l'analyse structurale des récits*, in: *Communications* 8 (1966), 1–27.

BATTAGLIA, S., *La coscienza letteraria del Medioevo*, Neapel 1965.

BECKER, M.B., *Florence in Transition*, 2 Bde., Baltimore (Md.) 1967–1968.

BERNARDO, A.S., *Dante, Petrarch and Boccaccio*, in: *Italian Poets and English Critics, 1755–1859*, ed. Beatrice Corrigan, Chicago 1969, 270–318.

BETTINZOLI, A., *Per una definizione delle presenze dantesche nel* Decameron, in: *Studi sul Boccaccio* 13 (1981/82), 267–326 und 14 (1983/84), 209–240.

BEVILACQUA, M., *L'ideologia letteraria del* Decamerone, Rom 1978.

BIAGI, G., *Lo* Zibaldone *Boccaccesco Mediceo Laurenziano Plut. XXIX-8*, Florenz 1915.

BILLANOVICH, G., *Restauri boccacceschi*, Rom 1945.

Petrarca letterato, I: *Lo scrittoio del Petrarca*, Rom 1947.

La legenda dantesca del Boccaccio, in: *Studi danteschi* XXVIII (1949), 45–144.

Pietro Piccolo da Monteforte tra il Petrarca e il Boccaccio, in: *Medioevo e Rinascimento*. Studi in onore di Bruno Nardi, Bd. 1, Florenz 1955, 3–76.

Bosco, U., *Il* Decameron, Saggio 1929.

Il Boccaccio e il Rinascimento, in: *Saggi sul Rinascimento Italiano*, Florenz 1970.

Bottari, G., *Lezioni di Monsignore Giovanni Bottari sopra il* Decamerone, 2 Bde., Florenz 1818.

Branca, V., *Linee di una Storia della critica al* Decameron. Con Bibliografia Boccaccesca completamente aggiornata, Mailand–Genua–Rom 1939.

Per il testo del Decameron, in: *Studi di filologia italiana* 8 (1950), 29–143; 11 (1953), 163–243.

Giovanni Boccaccio. Profilo biografico, Florenz 1977.

(zusammen mit P. G. Ricci) *Un autografo del* Decameron, Padua 1962.

Boccaccio medievale, Florenz, zuerst 1956, [5]1981.

Brucker, G. A., *Florentine Politics and Society 1343–1378*, Princeton (N.Y.) 1962.

Florence and the Black Death, in: *Boccaccio, Secoli di Vita*, ed. Marga Cottino-Jones / Edward F. Tuttle, Ravenna 1977, 21–30.

Brockmeier, P., *Lust und Herrschaft. Studien über gesellschaftliche Aspekte der Novellistik*, Stuttgart 1972.

Bruni, F., *Boccaccio. L'invenzione della letteratura mezzana*, Bologna 1990.

CERBO, A., *Ideologia e retorica nel Boccaccio latino*, Neapel 1984.

CESARI, A. M., *L'Etica di Aristotele del Codice Ambrosiano A 204 inf.: un autografo del Boccaccio*, in: *Archivio Storico Lombardo* 93/94 (1966/67), 69–100.

CIOFFARI, V., *The Conception of Fortune in the* Decameron, in: *Italica* 17 (1940), 129–137.

COTTINO-JONES, M., *An Anatomy of Boccaccio's Style*, Neapel 1968.

Fabula vs Figura: Another Interpretation of the Griselda *Story*, in: *Italica* 50 (1973), 38–52.

The City/Country Conflict in the Decameron, in: *Studi sul Boccaccio* 8 (1974), 147–184.

Magic and Superstition in the Decameron, in: *Italian Quarterly* 72 (1975), 5–32.

Order from Chaos. Social and Aesthetic Harmonies in Boccaccio's Decamerone, Washington 1982.

COTTINO-JONES, M./TUTTLE, E. F. (Eds.), *Boccaccio: Secoli di Vita*, Ravenna 1977.

COULTER, C. C., *The Library of the Angevin Kings at Naples*, in: *Transactions and Proceedings of the American Philological Association* 75 (1944), 141–155.

CROCE, B., *Poesia popolare e poesia d'arte: Studi sulla poesia italiana dal tre al cinquecento*, Bari 1933.

DA RIF, B. M., *La miscellanea Laurenziana XXXIII 31*, in: *Studi sul Boccaccio* 7 (1973), 59–124.

DELCORNO, C., *Studi sugli „exempla" e il* Decameron, in: *Studi sul Boccaccio* 15 (1985), 189–214.

DELIGIORGIS, S., *Narrative Intellection in the* Decameron, Iowa City 1975.

DE MICHELIS, C., *Contradizioni nel* Decamerone, Mailand 1983.

DE' NEGRI, E., *The Legendary Style of the* Decameron, in: *The Romanic Review* 43 (1952), 166–189.

DIONISOTTI, C., *Geografia e storia della letteratura italiana*, Turin 1967.

DOMBROSKI, R. S. (Ed.), *Critical Perspectives on the* Decameron, London 1976.

DOTTI, U., *Boccaccio*, Mailand 1963.

DRONKE, P., *Fabula. Explorations into the Uses of Myth in Medieval Platonism*, Leiden 1974.

ESPOSITO, E., *Boccacciana bibliografia. 1939–1974*, Ravenna 1976.

FASSÒ, L., *La prima novella del* Decamerone *e la sua fortuna*, in: *Saggi e recerche di storia letteraria*, Mailand 1947, 33–90.

FARAL, E., *Les Arts Poétiques du XIIe et du XIIIe siècle*, Paris ^{2}1971.

FERRERI, R., *Innovazione e tradizione nel Boccaccio*, Rom 1981.

GARFAGNINI, G. C., *Da Seneca a Giovanni di Salisbury*, in: *Rinascimento* 20 (1980), 201–247.

GARIN, E., *Medioevo e Rinascimento*, Bari, zuerst 1954, ^{2}1961.

L'età nuova, Neapel 1969.

GETTO, G., *Vita di forme e forme di vita nel* Decameron, Turin 1958.

GIVENS, A., *La dottrina d'amore nel Boccaccio*, Messina–Florenz 1968.

GOETZ, W., *König Robert von Neapel. Seine Persönlichkeit und sein Verhältnis zum Humanismus*, Tübingen 1910.

GUILLEMAIN, B., *La Cour Pontificale d'Avignon (1309–1376): Étude d'une société*, Paris 1966.

HASTINGS, R., *Nature and Reason in the* Decameron, Manchester 1975.

HAY, D., *The Italian Renaissance in its Historical Background*, Cambridge 1961.

HECKER, O., *Boccaccio-Funde*, Braunschweig 1902.

HESSE, H., *Boccaccio*, Berlin–Leipzig 1904.

HOLLANDER, R., *Boccaccio's Two Venuses*, New York 1977.

Boccaccio's Dante: Imitative Distance (Dec. *I 1 and VI 10*), in: *Studi sul Boccaccio* 13 (1981/82), 169–198.

HORTIS, A., *Studi sulle Opere Latine del Boccaccio*, Triest 1897.

HYDE, J. K., *Society and Politics in Medieval Italy: the Evolution of the Civil Life, 1000–1350*, London 1973.

JANNACE, F., *La Religione di Boccaccio*, Rom 1977.

KERSTEN, H., *Die Lust am Leben*, München 1968.

LANDAU, M., *Die Quellen des* Decamerone, Stuttgart ^{2}1887.

LARNER, J., *Culture and Society in Italy 1290–1420*, London 1971.

LEONE, G., *Johannes Utilitatum. Saggio sul* Decameron, Bologna ²1967.

MARINO, L., *The* Decameron *Cornice: Allusion, Allegory and Iconology*, Ravenna 1979.

MARTELLOTTI, G., *Dante e Boccaccio e altri scrittori dall'Umanesimo al Romanticismo*, Florenz 1983.

MARTI, M., *Dante Boccaccio Leopardi. Studi*, Neapel 1980.

MUSCETTA, C., *Giovanni Boccaccio*, Bari 1972.

NEUSCHÄFER, H.-J., *Boccaccio und der Beginn der Novelle*, München 1969.

OSGOOD, C. G., *Boccaccio on Poetry*: Being the Preface and the Fourteenth and Fifteenth Books of Boccaccio's *Genealogia Deorum Gentilium* in an English Version with Introductory Essay and Commentary, Princeton 1930.

PADOAN, G., *L'ultima opera di G. Boccaccio. Le* Esposizioni *sopra il Dante*, Padua 1959.

Mondo aristocratico e mondo comunale nell'ideologia e nell'arte di Giovanni Boccaccio, in: *Studi sul Boccaccio* 2 (1964), 81–216.

Sulla genesi del Decameron, in: *Boccaccio: Secolo di Vita*, ed. Marga Cottino-Jones / Edward F. Tuttle, Ravenna 1977, 143–176.

Il Boccaccio, le Muse, il Parnasso et l'Arno, Florenz 1978.

Pastore-Stocchi, M. P., *Note e chiose interpretative*, in: *Studi sul Boccaccio* 2 (1964), 235–252.

Penna, M., *La parabola dei tre anelli e la toleranza nel medioevo*, Turin 1952.

Petrini, M., *Nel giardino del Boccaccio*, Udine 1986.

Petronio, G., *Il* Decamerone, *saggio critico*, Bari 1935.

La posizione del Decameron, in: *Rassegna della letteratura italiana* 7 (1957), 189–207.

Giovanni Boccaccio, in: *I Classici italiani nella storia della critica*, vol. I: *Da Dante al Marino*, ed. Walter Binni, Florenz 1974, 173–236.

I volti del Decameron, in: *Boccaccio: Secoli di Vita*, ed. Marga Cottino-Jones / Edward F. Tuttle, Ravenna 1977, 107–124.

Potter, J. H., *Five Frames for the* Decameron, Princeton 1982.

Quaglio, A. E., *Scienza e mito nel Boccaccio*, Padua 1967.

Ramat, R., *Indicazoni per una lettura del* Decameron, in: *Scritti su Giovanni Boccaccio*, ed. Sergio Gensini, Società Storica della Valdelsa 1964, 7–19.

Ricci, P. G., *Studi sulla vita e le opere del Boccaccio*, Mailand–Neapel 1985.

Rossi, A., *Il* Decamerone. *Pratiche testuali e interpretative*, Bologna 1982.

Russo, L., *Letture critiche del* Decameron, Bari 1956.

Russo, V., *Con le muse in Parnasso. Tre studi su Boccaccio*, Neapel 1984.

Sabatini, F., *Napoli angioina. Cultura e societa*, Neapel 1975.

Sapori, A., *La crisi delle compagnie mercantili dei Bardi e dei Peruzzi*, Florenz 1926.

Scaglione, A., *Nature and Love in the Late Middle Ages. An Essay on the Cultural Context of the* Decameron, Berkeley–Los Angeles 1963.

Giovanni Boccaccio, or the Narrative Vocation, in: *Boccaccio: Secoli di Vita*, ed. Marga Cottino-Jones / Edward F. Tuttle, Ravenna 1977, 81–104.

Scuderi, E., *Boccaccio e dintorni*, Catania 1972.

Segré, C., *Lingua, stile, società*, Mailand 1963.

Singleton, C. S., *On Meaning in the* Decameron, in: *Italica* 21 (1944), 117–124.

Stefanelli, R., *Boccaccio e la poesia*, Neapel 1978.

Stephens, J. N., *Heresy in Medieval and Renaissance Florence*, in: *Past and Present* 54 (1972), 25–60.

Tartaro, A., *Boccaccio* (Storia della critica, 6), Palermo 1981.

Tateo, F., *Retorica e Poetica fra Medioevo e Rinascimento*, Bari 1960.

Tentler, T. N., *Sin and Confession on the Eve of the Reformation*, Princeton 1977.

Todorov, T., *Grammaire du* Décaméron, Den Haag 1969.

Vasoli, C., *La dialettica e la retorica dell'Umanesimo. „Invenzione" e „Metodo" nella cultura del XV e XVI secolo*, Milano 1968.

La „crisi" linguistica trecentesca, tra „nominalismo" e coscienza critica del „verbum", in: *Conciliarismo, stati nazionali, inizi dell'Umanesimo*. Atti del XXV Convegno storico internazionale, Todi, 9–12 ottobre 1988, Spoleto 1990, 245–263.

Zaccaria, V., *La difesa della poesia nelle* Genealogie *del Boccaccio*, in: *Lettere Italiane* 38 (1986), 281–311.

Per il testo delle Genealogie deorum gentilium, in: *Studi sul Boccaccio* 16 (1987), 179–240.

Nachwort

Dieses *Divertimento* eines gelernten Philosophiehistorikers mit Hang zur Dichtung hätte ich nie vorzulegen gewagt ohne die Ermutigung und die konkrete Hilfe meiner gelehrten Freunde Eugenio Garin und Cesare Vasoli. Was ich ihnen verdanke, habe ich im einleitenden Kapitel *Poesie als Philosophie* gesagt. Durch ihre Vermittlung lernte ich bedeutende Literaturhistoriker kennen, die mir einzelne wertvolle Winke gaben; ich nenne dankbar Giuseppe Billanovich und Cesare Segre. Roberto Fedi machte mich 1982/83 in seinem Florentiner Seminar mit der romanistischen Boccaccio-Forschung vertraut.

Das gute Zureden von Germana Ernst (Florenz – Bozzano [Lucca]) überwand letzte Bedenken. Mit ihrer Freundlichkeit, mit ihrer hervorragenden Kenntnis des älteren Italienisch und mit ihrem Exemplar des großen Wörterbuches der Accademia della Crusca hat sie mir bei der Übersetzung des Boccaccio-Textes geholfen. Dafür und für ihr Interesse danke ich ihr herzlich.

Zu meinem Text und zur Übersetzung haben mir Anja Giebel, Marion Häffner und Klaus Kahnert (alle Bochum) manchen Hinweis gegeben. Die Übersetzung habe ich mit ihrer Hilfe mehrfach durchgearbeitet. Freundlicherweise hörten sich Bettina Augustin, Iain Galbraith, Peter Grosz und Michael Wolff (alle Mainz) die vorletzte Version an. Was dabei herauskam, waren vergnügte Unterhaltungen und gute Übersetzungsvorschläge. All dies geschah unter der diskreten Leitung von Helke Voß, die sich bei der allmählichen Verbesserung des Manuskripts wiederum als unvergleichlich kompetente, aufmerksame und freundliche Lektorin bewährt hat. Es war ein Vergnügen, mit ihr zu arbeiten. K. F.